算能

洞察能源与计算产业未来

The future of computing and energy

李日升 编著

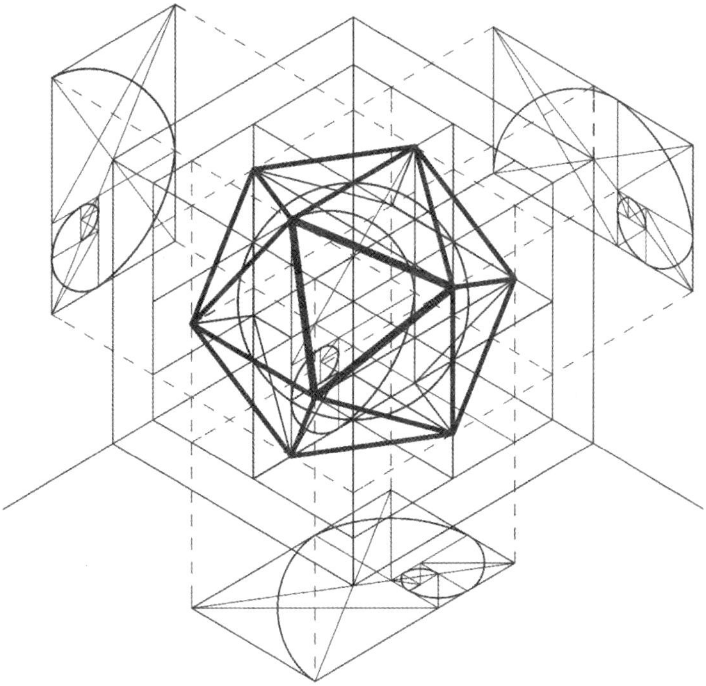

新华出版社

图书在版编目（CIP）数据

算能：洞察能源与计算产业未来 / 李日升编著.
--北京：新华出版社，2020.12
ISBN 978-7-5166-5479-8

I. ①算… II. ①李… III. ①计算机网络一信息产业
一文集②能源工业一文集 IV. ①F49-53 ②F407.2-53

中国版本图书馆 CIP 数据核字(2020)第 214087 号

算能：洞察能源与计算产业未来

编　　著：李日升　　封面设计：牛磊

责任编辑：唐波勇　刘宏森

出版发行：新华出版社
地　　址：北京石景山区京原路 8 号　　邮　　编：100040
网　　址：http://www.xinhuanet.com/publish
经　　销：新华书店、新华出版社天猫旗舰店、京东旗舰店及各大网店
购书热线：010-63077122　　中国新闻书店购书热线：010-73072012

照　　排：百家设计
印　　刷：天津文林印务有限公司

成品尺寸：170mm×240mm
印　　张：22.75　　字　　数：300 千字
版　　次：2020 年 12 月第一版　　印　　次：2020 年 12 月第一次印刷

书　　号：ISBN 978-7-5166-5479-8
定　　价：68.00 元

编 写 委 员 会

编著 李日升

编委 包达瀚 张桃 汪烈东 刘云锋 张媛

鸣 谢

孙泽宇先生

比特大陆

追远创投

嘉银投资

凯迈投资

丰元资本

导 言

SAI 赛热科技，项目启动于 2018 年，公司名字“赛热”寄托了我们成立的初心是用更好的方式解决“热”的问题，这与我们正在做的芯片液冷散热技术提供更高效的散热方式，以及芯片余热利用技术实现能源的再利用不谋而合。

2019 年 3 月，我们正式注册北京赛热科技有限责任公司，2019 年 4 月获得了创世资本孙泽宇先生的种子轮投资，2020 年 4 月获得了比特大陆天使轮战略投资，2020 年 9 月获得了追远创投、杭州嘉银投资、凯迈投资、Amino Capital 丰元资本 Pre-A 轮投资。

经过团队每一位成员的不懈努力，公司成功开辟了 SAIHEAT 芯片余热供热、SAIWATT 清洁电力消纳、SAIBYTE 算力提升能效和 SAICHIP 新型算能芯片四大业务板块，并在国内外多地部署了应用场景。同时我们推出了 SAIPLUS 算能加速器和 SAIWIKI 算能研究院两大产品服务，为超算服务器存量市场提供托管、升级服务，并为对计算和能源市场感兴趣的投资者提供资产配置咨询业务。

在这里，我代表 SAI 赛热科技全体成员，要再次郑重感谢我们的客户、投资者与合作伙伴对我们一直以来的信任和支持！

写本书的目的有三：1. 系统的阐述我们的底层商业逻辑。2. 便于对我们感兴趣的伙伴快速系统地了解我们。3. 分享我们的过往研究成果。

本书内容分为四大模块，模块一“算能产业新机遇”系统地阐述了我们的底层商业逻辑，内容来源于我在官方微信公众号“SAI 赛热科技”发布的系列文章，内容涵盖我们对计算和能源两大行业的认知分析、对经济和科技发展趋势的判断，以及我们的产品和业务是如何基于我们的判断创造价值。模块二“计算产业纵览”模块三“能源产业纵览”模块四“产业金融化纵览”为参考内容，方便大家快速查阅模块一所涉及的内容的补充资料，同时也涵盖了我们认为当下出现的值得关注的热点和变局事件。

SAI 赛热科技将“能效加速，大热若寒”设定为企业的价值观：“能效加速”是方向，我们认为整个社会会向能源利润效率加速提升的方向进化，即每度电在单位时间所产生的价值会越来越大；“大热若寒”是方法，即整个社会要想实现加速“熵减”核心就是要解决“热”的问题，计算产业作为更高能效的产业形态，从芯片到服务器再到数据中心要想提高能效，都要有更好的热管理解决方案。经过多年的研发投入，SAI 赛热科技建立起一整套“芯片液冷散热+芯片余热利用+清洁电力消纳”的技术矩阵体系，有效降低 50%以上计算成本，致力于成为一家全球领先的算能运营商，有效提升计算产业和能源产业能效。

我们十分期待并欢迎有更多合作伙伴的加入与合作，能通过我们的共同努力，帮助客户创造更大的价值，推动整个计算和能源产业实现进一步能效飞跃！

SAI 赛热科技创始人 李日升

2020 年 11 月 7 日

自序

算能时代：算力、电力、热力驱动的平行世界

按照我们的能源利润效率理论，能源利润效率（Efficiency of Energy Profit）EPE=（收入-能源成本）/ 时间，社会会向能源利润效率不断提升的方向进化。例如，互联网和移动互联网已经将大量的信息通过网络传递，这样既节约了信息传递的成本又缩短了传递时间，同时巨大的算力又可以快速处理海量的数据得到更有价值的信息，这无疑大大提升了整体信息传递的能源利润效率。

如果要想再进一步提升能源利润效率，社会该如何进化？反观我们现实生活的痛点，主要表现在两方面：（1）时间和空间还是人类活动的最大局限；（2）算力增速还是无法满足指数级增长的计算需求。

从马车到高铁飞机再到宇宙飞船，人类的活动空间和位移速度大大增加，移动所需的时间也随着技术的进步被逐步缩短，但是飞机还是会晚点，从北京到纽约还是需要半天的时间；互联网连接和存储了世界各地海量的信息，强大的搜索引擎可以让你随时随地知道全世界发生的几乎所有事情，但是人与人之间和人与机器之间的信息传递还是需要不同的语言经过编译、理解转化为对方可以理解的有效信息；超级计算机可以解决很多以往人类无法解决的难题，AlphaGo 可以战胜人类围棋大师，但还是无法计算出整个 30 亿个碱基对组成的基因序列的内在奥秘，以及宇宙中无数恒星的演化问题；科技尤其是医学的进步大大延长了当代人类的平均寿命，但是每个人还是面临衰老和死亡，而一旦死亡大脑中所有的信息和意识将无法存储和延续。

从生物学角度，人类大脑的处理流程与计算机类似，是一个由不同的信号（视觉、听觉、触觉、味觉、嗅觉）输入大脑，按照不同的编译程序

（逻辑思维）处理，并将结果输出的过程，这个处理的过程可以用仪器检测到大脑不同电信号的变化；同样，一个小小的 DNA 储存了海量的生物信息，在足够能量的支持下可以最终编译表达出一个完整的具有意识的人类个体。正如电影《超验骇客》中的剧情一样，我们不禁联想，如果有足够的强的算力和足够先进的脑机接口技术，人类是否就可以将意识转移，以此突破了碳基生命的时间和空间边界，基于更加强大的算力在硅基世界无限畅游？

回到当下，我们要思考的是，即使这样的平行世界终有一天可以变为现实，那么推动它实现的必备要素有哪些？我们认为，无论是现实世界的进一步进化，还是平行世界的最终实现，都有三个最基础的必备要素：

1. 算力。随着时间的推移，我们将会不断产生天量的数据，需要越来越强大的算力来处理这些数据并产生更有价值的信息。算力正在实现全方位的传统替代：信息的处理（手工到计算机），信息的传递（车马到网络），价值的传递（黄金法币到数字资产），强大的算力可以在相同时间内处理更大数量的数据，同时降低处理相同数量数据所消耗的时间和能量。算力强大到一定程度，也许可以瞬间模拟出整个地球的全部细节，小到其中某一户居民窗台的一粒灰尘，并可以计算出全部可能的变化方向，包括这粒灰尘应该飘落的地方。

算力是基于电力和热力的，芯片和其所集成的算法就像是一种编译过的能量使用说明，利用电力将数据按照设定好的方式处理并反馈结果，同时电能也被全部转化成热能散发到空气中。

2. 电力。电力清洁可持续、易存储易传输、高能量密度的特性，使其成为应用前景最广的二次能源。从互联网信息的传递，到电动汽车和机械手臂，电力既是数字世界的源动力，也在逐步成为现实世界的核心驱动力。全世界都在集中力量推动清洁发电和电能替代的全面普及，光伏电、风电、水电作为清洁可持续的发电方式，将会逐步成为发电的主要途径。

按照目前的发展趋势，电力将成为最核心的终端消费能源，同时作为算力的基础，不断增长的算力一定要消耗更多的电力，因此电力生产消费相关的每个环节（发电、输电、储电、耗电）都有很大空间进一步优化。

3. 热力。热力学定理延伸开，我们会发现人类自始至终都在解决热力的问题：人类从食物中汲取碳水化合物，在体内分解为能量维持生命的延续；远古时期通过火的加热让蛋白质更容易消化吸收，推动原始人类智力的提升；生物的生存需要取暖和热水，热力的使用扩展了生物在寒冷地带的生存边界，农作物冬天可以在暖棚中继续生长，人类甚至可以在接近于绝对零度的宇宙空间翱翔；火力发电是利用燃料产生的热量推动涡轮的旋转，但还面临着机组冷却的严峻问题；电力传输要尽可能地减少阻力，电阻过大将会导致电力传输中转变成大量的热，既是电力的浪费又造成火灾的风险；芯片计算产生的大量热量，需要快速的散掉以保证芯片能够继续稳定工作。

更高效的散热方式和更低成本的热量供给，将会继续贯穿人类社会的发展进步，也是能源利润效率提升的必由之路。

期待未来科技的进步，人类可以在算力、电力、热力技术和资源方面实现巨大飞跃，让每个人都能使用到更加清洁实惠的算力、电力和热力资源，并基于此能够真正有机会穿越时间与空间的局限，实现更加完美优越的平行世界。

SAI赛热科技创始人 李日升

2020年8月 北京

目录

Part 1

算能

模块一：算能产业新机遇

洞察能源与计算产业未来

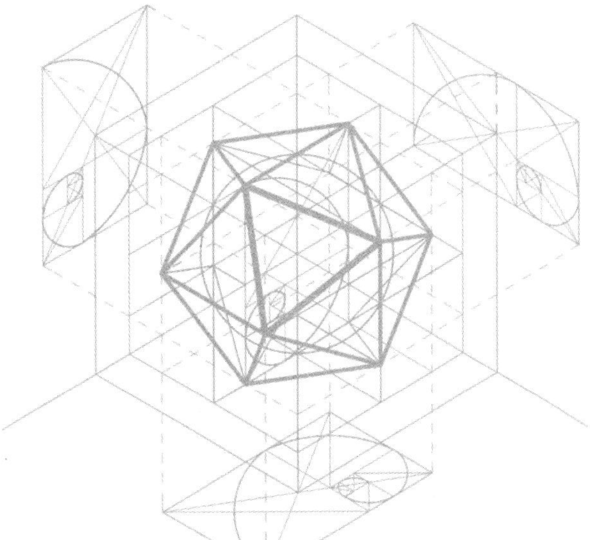

第一章 赛热科技概况

第一节 公司介绍

SAI 赛热科技，是全球领先的芯片能源科技服务商，具备芯片级液冷、芯片余热利用、清洁能源发电三维技术矩阵，致力于降低超算的能源成本和算力成本，实现能源驱动计算、计算驱动世界的时代愿景。公司提供超算设备托管和移动液冷机柜销售服务，核心产品 SAIHUB 算能中心具备液冷散热、余热利用、移动装配三大突出性能，可以有效降低 50%以上能源成本。

公司在成立时，就明确了芯片能源科技的技术方向：通过自主开发的芯片能源软硬件协同系统和电力联供系统，来实现芯片计算产业电力、散热、维护等方面的成本降低，为用户提供分布式联合计算服务，从而提高云计算产业的综合收益。无论是实现产品设备的迭代升级，还是降低客户成本，赛热科技一直都在为帮助客户获取更大的利益而努力。恰处于市场蓝海期的赛热科技，成立时间不过一年多就完成了天使轮战略融资，投资方为比特大陆。此前，赛热科技成立之初就获得了由创世资本孙泽宇投资的数百万元种子轮融资，推动了公司快速进行科技研发和市场拓展。

未来十年，公司的目标是建立以 SAIHEAT 为基础的计算与能源服务矩阵，建立 SAI（Supercomputing Asset Investment）算能运营集团：

1. SAIHEAT，提供更便宜的清洁可持续热力。以热能需求方为圆心建立算能中心，用液冷降低计算散热成本提升散热性能，同时将余热再利用提供热能服务。

2. SAIWATT，提供更便宜的清洁可持续电力。利用更高效的清洁发电和蓄电输电技术，开辟光伏电、水电、风电、废气电等清洁电力资源，为计算产业提供更多更稳定且可持续的电力供给，并实现清洁电力市场的高效调峰和消纳。

3. SAIBYTE，提供更便宜的清洁可持续算力。基于 SAIHEAT 和 SAIWATT 的能源成本优势，大幅降低算力综合成本，面向市场推出更高性价比的云算力服务。同时基于热力和电力侧的合作渠道，利用能源物联网等相关技术，进一步提升整体能源利润效率。

4. SAICHIP，提供更高性价比的新算能芯片。基于新材料和新技术，从芯片内部提升散热性能和稳定性，从而实现更加优秀的算力性能。同时可以根据特定计算需求和算法，快速联合设计厂商研发 ASIC 芯片并部署在 SAIHEAT 机柜产品中，有效降低算力成本提升算力性能，并帮助算力需求方实现算力快速大规模部署。

第二节 产品介绍

经过两年的快速发展，SAIHEAT 已经形成自己独特且具有竞争力的技术矩阵，即基于芯片能源科技的“芯片液冷散热+芯片余热利用+清洁电力资源”，也推出了自己的核心产品可移动液冷托管中心——“SAICAB 算能机柜”和“SAIBOX 算能集装箱”。

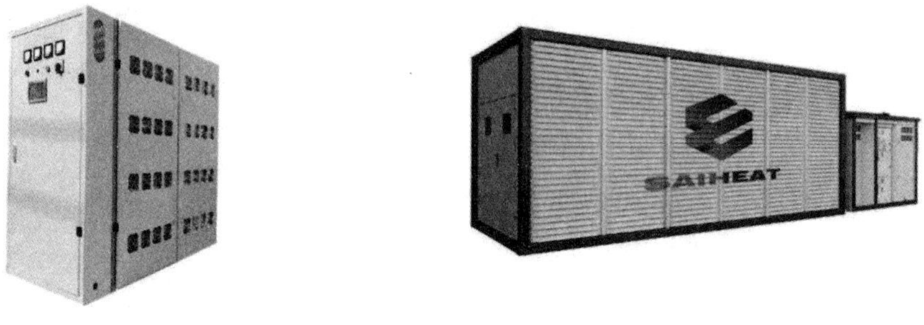

图一：SAICAB 算能机柜和 SAIBOX 算能集装箱

核心产品 SAIHUB 算能中心，具备多个产品型号可以适应多种场景需求，可以大幅度优化算能参数，缩短回本周期，延长芯片寿命，提高投资回报率。具体有如下优势：

商业创新:全球首个超算余热规模化供暖，建立多个清洁能源发电超算中心。

竞争壁垒:芯片液冷散热+余热利用+清洁能源发电，降低 50%计算成本。

团队实力:来自龙头企业一流名校毕业，签约绿色稳定电力超 210 万千瓦。

市场前景:龙头企业战略投资数千万，市场规模超 2500 亿年增速超 30%。

第三节 产品分析

无论是超算产业，还是供热产业，都存在电力成本过高的问题，那么如何解决这个问题就成为了赛热科技的出发点。公司成立后，并没有选择在存量电力资源市场上抢蛋糕，而是选择了进入细分垂直领域——超算产业能源赛道。赛热科技一直为客户提供低于市面价格、性能更好的托管服务，在不改变用户使用习惯的基础上，用较低的获客成本获取更多的客户，并用良好的服务效果增加客户的黏性，扩大了已合作客户的托管份额。

公司创始人李日升给赛热科技的定位是“基于芯片能源科技的算能运营商”，赛热科技想要通过技术+服务双重方式，走向计算产业能源赛道。在确定公司的定位以后，团队不断思考：赛热科技应该怎样成为市场上独有的、不可替代的算能运营商？在反复复盘过往的行业经验以及认真分析传统超算中心运营过程中出现的问题后，得出结论“超算托管设备的可移动性、复用率和运营效率是影响超算中心运作的三个主要因素。”

传统超算中心是不可移动的大型数据中心，其厂房式运作无法适配时间不断变动的能源资源周期。为此，赛热科技选择升级装备，使其摆脱过去电厂附近大型数据中心厂房式固定运作方式的“壳”，成为可轻松移动、轻装上阵的“快车”后，可以更好地满足用户在能源周期内对丰水期或枯水期设备搬迁的需求。挣脱了设备对地域的限制，兼容性更强的设备复用率自然而然地就得到了提高。

“计算可以理解为把电能和数据成为原材料，把数据变得有序化、价值化的过程，而从本质上来讲，它是一个以能源为本位的熵减行为。”换句话说，市场上有多少的计算需求，就必须会消耗相对应的芯片和电力，这是以电力为本位的市场。

收托管电费是赛热科技目前主要的盈利模式，从业务层面上讲，赛热科技同传统的超算中心一样服务于超算服务器的客户，为他们提供托管服务。但相比于传统的超算中心，赛热科技的模式更有竞争力。

举例来说，按单点模型计算，假如赛热科技服务 15 兆瓦到 20 兆瓦，那么就每年会有 2000 万左右的收入规模。如此推算下来，假设赛热科技未来 5 年服务整个加密超算市场存量的 5%，就能够实现 50 亿的总营收和高额利润。这是按照预期的算法模型计算得出的数据，看起来 50 亿营收的数据十分夸张，但事实是，赛热科技产品服务发布的首月就实现了过百万的营收，创造了超过 60%的毛利率。

计算产业有两大赛道，一个是芯片赛道，如浪潮、联想、比特大陆等企业；一个是能源赛道，如光环新网、世纪互联等，为芯片提供托管服务。赛热科技服务的主要对象是体量份额较大的头部客户，他们拥有超过 40%-50%市场份额，只需要服务他们已有规模当中的一小部分就可以实现业务目标。

第二章 赛热科技的底层逻辑

第一节 算能——计算驱动的第四次科技革命

1. 上帝视角看比特币的启示和推动作用

比特币从诞生至今逾十个年头，在完全自由的市场竞争中，它无疑是到目前为止最成功的案例，我们不讨论比特币的价格，而是从更本质的角度去研究比特币带给我们的启示和它的推动意义。

（1）用货币标准评价 BTC——技术降低成本的全球化案例

比特币的快速发展，和它用技术手段解决了至关重要的核心问题“双花”息息相关：

发行规则，BTC 用代码锁定了总量 2100 万个不可增发的事实。相比于很多弱主权国家法币超发通货膨胀的局面，BTC 用技术支撑了不可增发的共识。

可互换性，相比于传统货币，BTC 的可互换性无疑是更胜一筹，不需要第三方的许可，掌握私钥就掌握真正的所有权，不受任何第三方的影响。

信任成本，比特币用技术保证了交易的安全性和可验证性，大大降低了互不相识的交易双方的信任成本。

流通成本，作为一种数字资产，比特币比任何实体货币都有更高的流动速率和更低的流通成本，这也形成了一种正反馈机制，让更多的转账愿意选择比特币作为途径。

（2）用计算产业思路分析 BTC 挖矿——引领芯片计算产业

我们都知道比特币的获得和记账主要是通过“挖矿”行为来实现的，挖矿更加像是一个传统实业，需要大量的硬件投入和建设成本以及较长周期的资金回报期望。

从芯片的维度，挖矿离不开矿机，我们回看比特币矿机发展史，从最早的个人电脑 CPU 时代，到后来的 GPU 和 FPGA 时代，再到 ASIC 时代，挖矿芯片在功耗比上快速迭代，整体算力也呈指数级上涨的趋势。从芯片发展的角度，比特币矿机推动了 ASIC 芯片的大规模应用和芯片制程的快速递进，未来相信比特币矿机很有可能比手机厂商更早大规模采用更领先的纳米制程。紧跟着比特币矿机芯片的步伐，我们看到 AI 的快速发展，人工智能芯片也开始向 ASIC 转变，开始采用 28nm 甚至是 16nm 做小规模的云端训练应用。相信随着 AI 计算需求的快速发展，我们也会看到 AI 芯片的大规模生产、应用和发展。

从单机功耗的维度，这些年我们看到矿机从单台几百瓦到 16nm 时代 1.5kw 左右再到最新一代 7/8nm 的每台 2-3kw，单机功耗越来越大。到了目前每台功率 2-3kw 的阶段，我们会看到很多硬件技术遇到瓶颈：比如生产单个 2-3kw 大电源的稳定性和效率已经出现问题；2-3kw 单机功耗对配电/线缆都提出了新级别的要求；散热问题更加严峻，原来的风冷已经不能满足现在更高热流密度的散热需求，有的厂商甚至需要两组暴力风扇来保证散热效果；能源成本更加凸显，无论是计算所消耗的能源，还是散热所消耗的能源，都达到了一个新的量级，单台能耗和产业总能耗都进入到下一个快速增长的阶段。这些变化都是由算力的需求驱动的，都是自由并且快速发展到了今天的局面。

跳开比特币矿机，我们会发现即将到来的 5G 时代，5G 基站也在往这个方向发展并且面临同样的问题，4G 基站的服务器单机功耗跟 16nm 时代的矿机很接近，而现在 5G 基站的单机功耗达到 3-4kw，而且相比于 4G 基站，需要 3-4 倍的 5G 基站数量才能达到很好的信号覆盖效果，这就意味着电信运营商面临这巨大的能耗成本问题，于是我们看到有些地方为了省电费甚至选择让 5G 基站在晚上休眠；同时 5G 基站单机功耗这么大对配电提出了挑战，很多场景并不具备相应的配电标准，更改配电设施意味着更高的成本投入，所以我们看到华为推出的 5G 基站自带一块蓄电池，就是为了解决配电问题；同样大功耗也会面临严峻的散热问题，尤其是在户外条件下一年四季环境温差可能达到 60 摄氏度以上。

从数据中心的维度，比特币矿场虽然目前相比于传统 IDC 机房显得十分粗放，这主要是受成本的约束，但是比特币矿场的总负荷已经接近 1000 万千瓦（按比特币全网 100E 算力计算，考虑到新一代矿机 60w/T 的平均功耗可以粗略认为全网矿机的平均功耗为 100w/T），这个规模的增长速度超越了传统 IDC 数据中心的增长速度而且还会快速增长。同样，随着人工智能、5G、物联网的快速发展，也会带来指数级的计算需求和相应数据中心用电负荷的增长。与此同时，比特币挖矿作为一个对电费高度敏感的行业，市场的自由之手让矿工和矿场主去主动发掘国内乃至全球的优质廉价电力资源，相应为闲置的电力的所有者也带来了额外收益。未来大量的数据会产生边缘计算和云端计算的需求时，能耗成本也会成为他们共同面临的问题。

综上所述，我们发现比特币挖矿与传统数据中心、AI 与边缘计算的发展趋势有诸多相似之处，这不是巧合，因为这些都可以归类为高性能芯片计算产业，并随着计算需求的快速增长而快速迭代。

（3）用能源角度看待 POW 机制——以能源为本位的流动性溢价

POW（Proof of work）作为比特币的共识机制，对比特币起到了至关重要的作用。上文分析了比特币挖矿也是计算产业中的一类，我们再延伸一步思考挖矿的本质。矿工都知道挖矿主要有两块成本，一块是矿机成本也可视为芯片成本，另一块就是电费，电费作为持续性的成本投入往往占据了大头。但如果我们换一种思路去看待电费成本，成本就是本质，那么挖矿的本质就是以电力为本位的生产活动，矿工的角色就像是以电力为原材料生产比特币这个产品的全球性分布式的工作群体。把比特币当作一种商品，那么它的成本就至关重要，我们都知道商人一定会有动机去寻找和使用更低的生产成本，于是矿工会去主动找廉价的电力。再进一步，如果比特币这种商品是以电力为主要成本生产出来的，那么比特币也可以视作是电力这种原材料的高附加值产物，这个时候对于电力或者相应能源（煤炭、天然气等）的所有者而言，是选择把电力等能源以廉价的原材料卖掉还是就地生产比特币获得更高附加值呢？

此时我们可以把比特币看作是电力（能源）的高附加值产物，结合比特币本身高流通性和低流通成本的特性，相当于为全球分散的煤炭、天然气等发电能源资源提供了全球流动性。在全球化的时代背景下，除了通过贸易渠道销售以外，能源所有者又会多一种收益选择。

2. 高性能计算是第四次科技革命的核心驱动力

（1）计算是物理世界与虚拟世界的桥梁

我们从物理学的角度分析能量在计算活动中的流动路径：（为了简化我们的分析，我们分离出计算活动的重点部分也就是芯片）100%的电能通过芯片，转化成 99%以上的热能（和一小部分电磁波，可以忽略不计），同时完成了计算的任务。计算，无论是处理数据信息还是完成计算，都是将虚拟世界的生产资料变得有序，因此可以视为一个以电能为输入，热能为输出的熵减活动。只要是计算，就一定会消耗对应的能量，通过计算，物理世界的能量等生产资料与虚拟世界的数据信息等生产资料实现了真正的关联，甚至我们可以宏观的认为，每一次计算的结果，都是物理世界的能量在虚拟世界的映射。

（2）芯片是高性能计算的发动机

从第三次科技革命到今天，生产资料的积累维度已经从之前的物理世界延伸到了虚拟世界，数据、信息等数字生产资料开始大量积累，接下来

5G、物联网、AI 和区块链的发展，会带来虚拟世界的生产资料指数级增长，对应如此巨大的生产资料，需要非常强大的计算能力完成处理任务，相应也需要同等量级的能源作为输入，高性能计算芯片就是核心角色。

随着计算任务的指数级增长，芯片从性能和数量两个维度上快速迭代进化，单个芯片的性能越来越强大，功耗越来越低，芯片总量越来越大总功耗越来越高。可以预见的是，未来大量的计算需求，会带来芯片产业的爆发式增长，也会带动为计算提供能源服务的相关产业爆发式增长。把芯片比作发动机，电力就像燃料，有多少燃料就能跑多远的路，给多少的电就能完成相应数量的计算任务，这与现实当中我们对计算产业的认知是一致的。

（3）计算都是以能源为本位的 POW

抛开比特币挖矿，以全局视角看待计算产业，这是一个以电力为生产资料和主要生产成本的行业，因此这也是一个以能源为本位的行业。在这里我们再看 Proof of work 机制，这里的 work 在比特币挖矿机制中被定义为“工作量”，然而 work 本身就是物理学做功的概念，因此我们完全可以把计算定义为电力做功的一类行为活动，所以从这个角度上看所有的计算行为都可以认为是 proof of work 机制。

（4）能源是历次科技革命的源动力

回顾历次科技革命，第一次工业革命的蒸汽，第二次工业革命的电力，第三次科技革命的原子能和信息技术，都是在能源变革后取得了生产力的快速进步。第四次科技革命会有天量的数据生产资料需要计算处理，也许这就是第四次科技革命的核心，即以能源为本位的高性能计算带来数字资产生产资料的大规模价值化。

这样看来，能源依旧是第四次科技革命的源动力，这与客观规律保持一致。

如果把每一次科技革命视作一个周期，那么在周期内的生产活动更多的是需求决定供给，即能源和生产力已经实现了突破，由市场需求来决定到底需要多少生产力的供给，并且不断的优化生产力的成本(即能源成本)；而在周期变革的阶段，由于生产力的快速突破和能源量级的快速提升，大大地解放了原有的生产力束缚，并降低了生产成本，所以这一阶段是供给决定需求，例如过去处理一定规模的数据需要几台超级计算机耗费大量的电处理 1 个月甚至几年，而未来处理同等量级的数据只需要一块芯片耗费极少的电力用不到 1 秒的时间就可以完成。

3. 能源、金融、科技的大融合

（1）能源与计算

正如前面所讲到的，无论是比特币挖矿，还是高性能计算，都通过芯片将能源与计算两个产业融合在一体，计算产业可以视为以能源为主要生产资料和生产成本的生产制造业。

我们再单独分析能源产业，目前全球电力消耗中，有 8%-10%是用于计算的，未来随着计算产业的快速发展，由于电力是目前计算产业的唯一终端能量来源，所以这个占比会快速上升。有相关研究预测未来 5 年，用于计算的耗电量占全球总耗电量的 15%—20%，我们认为这是一个相对保守的预测。我们从电力消费端分析，用于生产制造、生活用途（照明、取暖）的需求市场是跟人口和国家发展息息相关的产业，在未来并不会出现指数级的增长态势，而计算需求市场因为 5G、AI 等技术的普及会产生指数级的增长态势，因此计算市场的耗电量占比会快速的提高。上一轮互联网和移动互联的普及，大量的存储和计算需求推升了计算产业的整体耗电量上升，这一轮新技术的快速普及，无论是数据和计算任务的体量还是产生速度都要比上一轮快很多，因此未来这一轮计算市场耗电量的增长应该也比以往快很多。如果我们看得更远，那么未来虚拟世界作为现实世界映射的平行世界，其数字生产资料的总规模应该不小于现有物理世界，那么要用计算的方式处理这些生产资料所需要消耗的能源也应该是非常大的，所以我们不妨做一个大胆的假设：未来有一天全球电力消耗占比中，计算产业将达到50%甚至更多。

与此同时，计算市场用电需求的快速增长也会推动电力供给侧的改变，如何满足如此快速的电力增长需求，将是一个至关重要的问题。这里不仅需要考虑电力规模的增长空间，还需要考虑电力成本，因为电力成本会直接影响到计算成本，并最终回归到终端用户的算力成本。另一方面，发电供给侧的变化还会延伸到其他相关能源领域，核电、火电、水电等相应发电方式都会参与到这个快速增长的市场，上游的能源供给（包括石油、天然气、煤炭等）都会产生联动效应，全球的能源消费市场格局将会产生新一轮的变化。

如果我们做进一步的猜测，算力成本即能源成本会随着技术的进步而不断下降，但总体需求会快速上升，那么是否会到达一个临界点，即能源流向其他用途的收益开始低于流向计算用途，那么这个时候更多的能源资源开始主动流向计算需求市场。这种情况在比特币挖矿全球市场已经有所体现，相信未来会在更多高性能计算领域展现出来。

（2）金融与计算

现代金融与计算可谓息息相关，无论是全球交易市场还是各个金融组织独立数据中心，每时每刻都在完成大量的计算任务。随着全球化的进一步推动，我们相信金融产业对计算产业依赖度会越来越高：移动支付，交易市场，客户数据，行情分析等需求的快速增长也会推动计算市场的快速增长。

当我们以金融的视角看待能源时，又会发现更多的关联性。如果给金融提炼一个关键词，我觉得“流动性”当属最恰当之一。能源作为一种资产，其价格（这里粗略认为价格=价值）可以视为由两部分组成，一部分是使用价值，即作为燃料、动力等使用场景的使用属性带来的价值；另一部分是附属价值，包括作为一种大宗商品在二级市场上受供需关系和流动性影响产生的价值。前面提到比特币更像是能源的流动性溢价，其实也是使用价值与附属价值的一种结合方式的体现。除了比特币以外，整个计算产业其实也在将能源的使用价值与附属价值结合得更加充分，发挥出能源更大的价值。

所以，纵览上述能源与计算、金融与计算的关系，我们可以总结一下：计算将能源与金融两大产业紧密结合在一起，在未来的发展中，计算和金融的快速增长会带动能源消耗的快速增长。

（3）科技与计算

回归到计算本身，计算的主要载体是芯片。芯片产业是目前全球尖端科技产业的核心之一，几乎所有智能设备和现代服务都离不开芯片，例如手机、电脑等智能终端会直接内置芯片，大数据中心、高性能计算中心都通过大规模高密度的芯片来为终端用户提供服务。围绕芯片的周边产业生态，基本上也集中了所有最先进的技术和企业，从晶圆的生产流片到 PCB 版的制作，涉及到材料、物料、数学、化学等上百个学科。

同时计算产业的发展，也会推动和吸引整个科技产业的进化和聚集。更先进的材料、技术将会流入到芯片的生产制造，更多更专业的人才和企业将会投入到芯片计算产业的研发，更强大的服务和资源将会聚集到芯片计算产业。

综上，计算产业将推动能源、金融、科技产业的大融合，能源、金融、科技本身就是现代社会的三大支柱产业，相互之间有着千丝万缕的联系，而计算更像是能源、金融、科技三者的交集，且在需求的推动下使这个交集的在三大产业当中的占比不断地扩大。

4. 能源、金融、科技的大变革

（1）计算产业的核心——算能

在物理学中，力和做功的关系可以用 E=a*F*t 来简化表示（其中 E 代表能量，也就是做功的多少，F 是力的大小，t 是时间，a 是一个参数且针对不同的力和能量有不一样的数值），例如牛顿力学中做功的计算公式是 W=FS=F*v*t，电力学中 W=P*t，这些场景的中力和能量都可以用我们上述的简化公式提炼出来。

那么我们如何表示计算能力呢？直接的表示方法是定义每秒完成计算的次数或者能力，例如目前比特币矿机的算力在几十 T/s，但是这样的表示方法并不能看到算力与能量之间的直接关系。前面我们分析过计算是一个熵减的过程，一定需要消耗能量，要有能量的输入，而算力是一个瞬间的状态，不能表示整个计算这个熵减过程所产生过的结果。举个最简单的例子，一台矿机的算力是确定的，但是它工作一秒钟和工作一年所能产生的结果是完全不一样的，消耗的能量也是完全不一样的，就像现实生活中把不同重量的砖搬到不同的楼层消耗的能量也不一样。

那如何去评估计算所带来的结果？类似物理学中力与能的关系和定义，我们将算力在一段时间内完成任务的能量定义为算能。我们前面分析过计算与能量的消耗高度相关，如果把计算这件事近似看作是芯片消耗电能完成计算的过程，从热力学第一定律能量守恒的角度出发，那么我们就可以用电能的消耗来间接表示算能，因此算能就等于计算所消耗的电能总和。

在实际过程中，以一台用于计算的设备为单位来研究，其中电能绝大部分用于芯片和其他电器元件的计算，但还有一部分是用于散热等周边服务来维护芯片的稳定工作状态。因此我们就知道，要想提高电能的利用率来提高算能效率，就要尽可能减少非计算工作对电力的消耗。

与此同时，除了提高电能的利用率，提高算能效率本身也是一个非常值得思考的方向。所谓效率，无非是两个参数，即成本和收益，因此要提高算能效率就要从降低算力成本和提高算力收入来入手。而我们更宏观的来看，想提高算能效率，就要降低电力成本和芯片的功耗比，提升芯片的处理能力。这件事从计算产业的第一天起就在不断发生，芯片不断采用更先进的技术和制程来降低功耗，数据中心在不断寻找更廉价的电力和降低总耗电量的途径。

（2）算能驱动能源的变革

延续算能的概念，由于计算产业与电能消耗紧密联系，所以计算产业的发展会为能源产业带来三个主要变化：

a.用于计算的能源总量和占比快速增长。

b.更低成本更加稳定的能源将在计算产业所需的能源品类中占比越来越大。

c.更多种类的一次能源资源将向转变为电力的方向靠拢。

之前说过目前计算耗电量占全球总耗电量的8%-10%，我们不要小看这个数字，由于计算需求会是指数级增长，因此计算耗电量的增长也会呈现指数级态势，因此未来这个数字会在10年内快速增长。从电能供给的角度，存量的电能生产能力的余量可以满足计算需求的增长，但是到一定规模之后，就要开始考虑电力需求市场的重新调配，原本低产值的耗电产业的电力将会转向高产值的计算产业。此后存量电力市场的调配不能满足全球电力的需求时，更多的一次能源将会投入到发电来带动更快速的电力增量市场的增长。

能源成本一直都是人类社会发展的核心命题，因此计算产业也逃离不了能源成本的约束。从宏观的角度，算能需求的增长会带来电能需求的指数级增长，因此更多的廉价甚至是闲置电力将被利用起来，同时更多的天然气、煤炭等一次能源将会集中转变成电力来为计算产业服务。作为算力的运维服务方，将更有动力采用更先进的技术来降低整个数据中心的PUE，例如采用更高效节能的散热方式来降低散热能耗，采用更优质的基础设施来降低电力传输的损耗。

这里再补充一点，依据前面所述，人们在担心量子计算带来安全威胁的同时，应该首先担心的是量子计算的能耗成本问题。

（3）算能驱动金融的变革

由于算能的大幅度提升，对数字生产资料的处理能力大幅提升，金融产业通过与计算产业的结合使得效率大幅度提升成本大幅下降，因此金融产业也会向这个方向不断进化：通过互联网和先进技术来降低金融产业的信任成本、流通成本、交易成本，同时也反向推动计算需求的不断增长。因此移动支付、电子商务、数字金融、全球交易仍然会是未来很长时间快速发展的行业，计算能力将从各个维度渗透到传统金融行业，这更像是一种赋能的过程，不是简单的互联网金融，而是算能金融、智慧金融。

（4）算能驱动科技的变革

算能本身也是依靠科技进步不断进化的，5nm 甚至 3nm 制程将会带来更低功耗的高性能芯片，新材料的研发将会带来更好的散热效果。与此同时随着 5G、AI 的快速普及，物联网和边缘计算的依靠算能的赋能开始凸显价值，科技将推动每一个传统产品都将具备数据获取和计算能力，这些计算能力又会进一步推动算能的发展和进化。

算能，未来有可能超越原子能武器成为国家的核心竞争力，届时所有先进的科学技术将会涌入到这个产业，算能需求的增长会带来相关产业的快速增长，近来被资本热捧的芯片产业，作为国家的核心战略，会在相当长的时间内得到更多的资源倾斜和快速发展的机会，并带动芯片周边产业以及算能服务产业的快速发展。

正如互联网推动电子商务的发展壮大，催生出包括阿里巴巴、亚马逊这样服务于电子商务需求的巨头企业，同样算能需求的快速增长和芯片产业的快速发展，也会为未来可能诞生的算能服务巨头奠定坚实的基础。

第二节 数字资产的价值理论

1. 比特币价格，道琼斯指数和美国总统任期

翻看比特币近 10 年的 K 线月线图，又翻看道琼斯指数近 10 年的 K 线月线图，会发现整体的趋势非常相似：以四年为周期，比特币和美国走了将近 10 年的牛市！

截一张道琼斯指数近 10 年的月 K 图，并将比特币每个牛熊周期中最高价（绿线）和最低价（蓝线）的出现时间点进行了标注，同时将美国总统换届选举的月份用黄线进行标注：

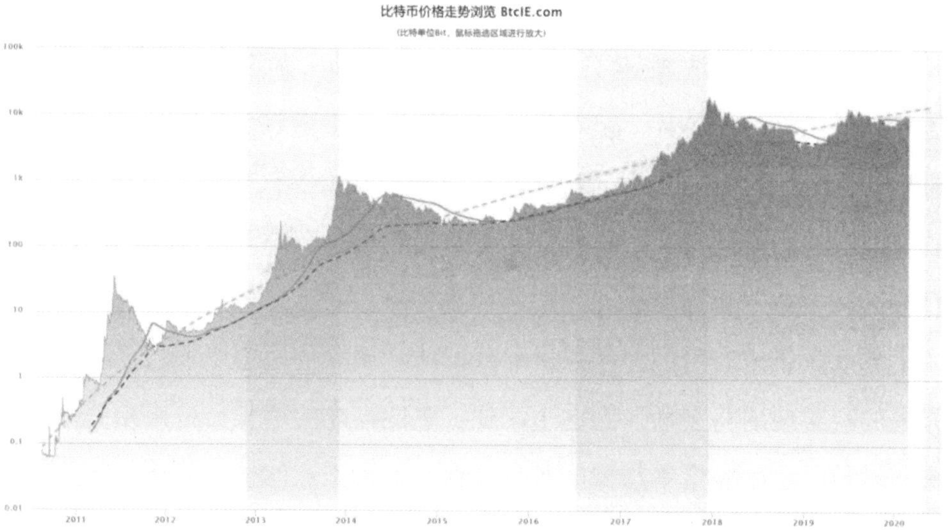

图二：比特币近 10 年的 K 线月线图

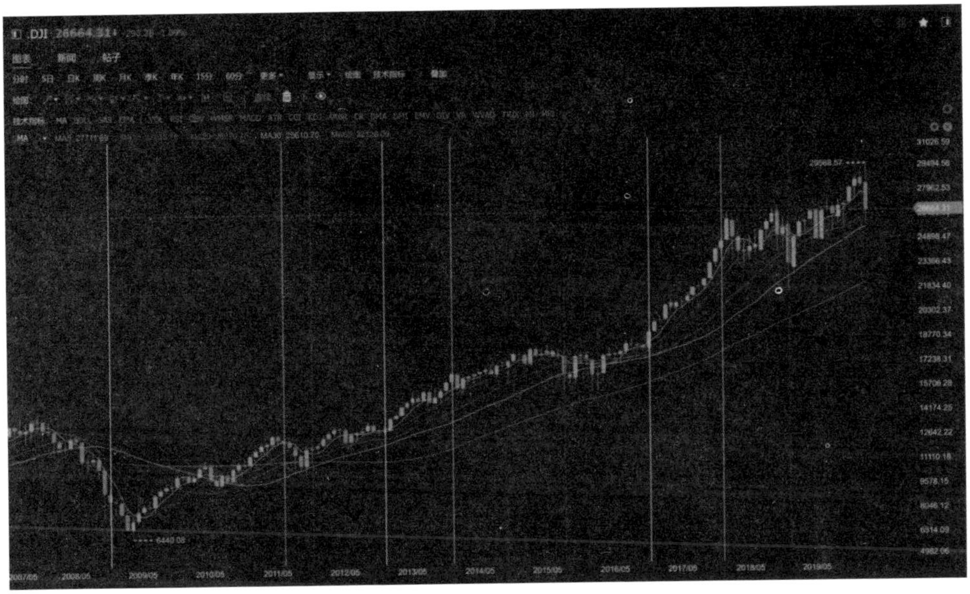

图三：道琼斯指数近10年的K线月线图

得到的结论是：

（1）总统选举年也是比特币减半年；

（2）单个总统任期内（4年），总统上任后道琼斯指数月K线开始快速上涨至周期性高点，此高点与比特币价格周期高点时间相差不超过1个月；

（3）道琼斯指数牛市过后，月K线的最低点与比特币价格在牛市后的最低点出现在几乎相同时间。

这应该不是简单的巧合，因此我们做了大胆推测：

（1）总统连任或新上任，会大力发展经济（包括印钞放水），会带来道琼斯指数的快速上涨和新高。中期选举或换届前一年因为连任和政策的可持续性存在不确定因素，道琼斯指数也开始盘整出现熊市；

（2）比特币的价格和周期，与道琼斯指数和“美元经济”高度相关，毕竟美元是比特币交易的主要计价方式，美国又有合规市场；

（3）比特币的减半行情其实是减半后的快速上涨，更准确地说，应该是在美国总统选举后开始的，下一次选举是 2020 年 11 月。

再进一步分析，如果今年选举后美国股市没有大幅上涨和牛市，那 BTC 几十倍的涨幅还会出现么？我觉得从 BTC 存量二级市场的角度，减半确实可以打破现有的供给平衡，减半后理论上减少每天 50%的 BTC 供给，但这个不平衡理论上只会导致 BTC 价格翻几倍，存量市场不可能推动几十倍上百倍的涨幅。那到底是因为减半价格上涨吸引了增量市场大规模进入呢，还是道琼斯的牛市推动资金溢出到 BTC 呢？

再做一个大胆的推测：中本聪是故意将减半时间设置为美国总统上任时间，即每四年的 11 月份。刚好比特币第一次减半的时间是 2012 年 11 月 28 日，也是在当月奥巴马连任。而这之后，因为比特币算力的指数级增长（尤其是 ASIC 矿机的出现）远远超过了中本聪的设想，所以减半时间不断提前，上一次提前到 2016 年的 7 月，而这一次即将提前到 2020 年的 5 月。

为什么比特币价格跟美国道琼斯指数高度相关？我觉得除了比特币基本以美元计价和美国有合规法币通道外，假设我们是美国中产或者是持有较多美元资产的人或机构，我们明知道美元购买力一定会贬值，那如何对抗美元通胀呢？2008 年之后，美国的房地产是不行的(不像几个亚洲国家以房地产支撑经济主体)，所以只有美股，最近十年又多了一个 BTC。而且，美股的投资者(大部分是机构)跟美国 BTC 的投资者是高度重合的。

为什么中国市场没有这种相关性？一方面是法币通道问题，另一方面是中国的中产抗通胀都去买房子了，买股票的大部分基本被套牢……

今年减半后会怎么样？比特币和道琼斯指数几乎是正相关，今年没那么简单。下半年是美企业债的兑付期，历史性一万多亿企业债集中到期，美股和美债是共生关系，这也是为什么美国马上会启动 20 年国债计划。操作不好两市都有崩盘的可能，所以今年特朗普连任后要收拾这个烂摊子一定得大放水，那么放水程度就决定了道琼斯的上涨程度。另一方面，如果前面的推测正确，那么这次减半会和上次一样，并不会在减半后马上上涨（反而可能下跌，因为提前释放了减半利好），而是要到 11 月份美国选举之后总统开始放水，道琼斯开始上涨，比特币牛市才真正到来。

如果到时候道琼斯崩盘，那么验证我们推测是否正确的机会就来了。我个人推测如果道琼斯崩盘，那么比特币大概率也是要跟着崩的，因为目前还没有出现第二个像美国体量一样的合规比特币投资渠道。

为什么比特币的涨跌幅比道琼斯指数大？比特币因为市场规模小，所以会放大道琼斯的波动幅度，最简单的例子，比特币现在市值跟特斯拉差不多，同样一笔资金购买整个美股和购买特斯拉股票能带来的涨幅肯定差几十倍。但是 BTC 市场的波动幅度随着比特币整个市场的扩大和成熟，也会越来越小了。

我相信随着时间的延续和研究的深入，我们会发现更多的关联，做出更多的推测并得到更多的验证机会，最后还是愿世界和平吧！

2. 再论比特币：财富的区块理论和杠杆理论

2.1 前言

写这篇文章缘由，可以追溯到之前看的两本书和最近爆的两颗“雷”。

两本书，一本是刚刚读完的张五常先生的《经济解释》，一部科学客观且解释力极强的经济学著作；另一本是希夫父子的《小岛经济学》，一本通俗易懂的经济学入门读物。

两颗“雷”，一颗是本周两次熔断的“美股之雷”，另一颗是跟随下跌 60%的“比特币之雷”，二者都对全球经济带来了巨大而深远的影响。

在之前的文章《比特币价格，道琼斯指数和美国总统任期》中，我发现并分析了比特币跟美股和美国总统任期的高度正相关性，打破所有币圈矿圈的“周期迷信”，找到了比特币价格周期性表现的根源在于美国总统上任后的经济政策。因此要想知道未来比特币的价格，必须要判断整个全球经济的形势，要想推断未来经济的发展和可能出现的危机，必须深入到更底层的本质，才有可能得出有解释力、预测力的结论。这就是本文的主要目的。

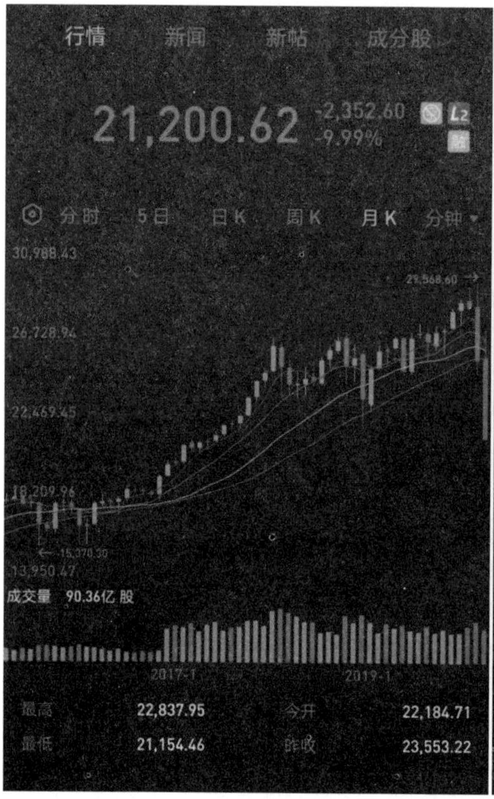

图四：美股价格走势

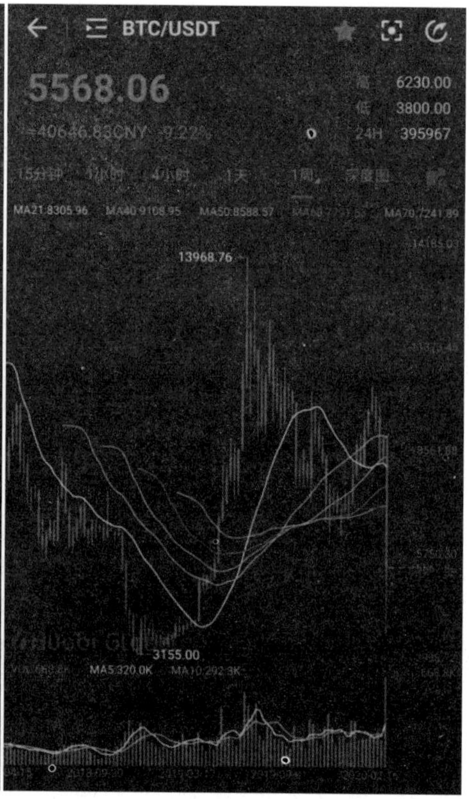

图五：比特币价格走势

2.2 什么是财富

借用《小岛经济学》的故事做一些调整：假设一群人生活在一个封闭的小岛，鱼作为唯一的食物来源，人们一开始仅靠捕鱼为生，那么鱼在这个岛上就是真正的“财富”。每个人捕鱼水平不一样，有的人很聪明发明了渔网，有的人力气大用渔网一次可以补很多鱼，于是有了分工整体生产效率提升。后来鱼越来越多每天吃不完，也就是“财富”有了“结余”，这时有人开始经营仓库，可以储存鱼留着以后吃。再后来家家户户存的鱼越来越多，随着分工的明确，物质资料越来越丰富，有的人用 100 条鱼换取别人盖好的一栋房子，诸如此类的交易越来越频繁，人们发现直接用鱼搬来搬去交易很不方便，人们需要便于携带、容易分割、状态稳定的替代物，从特殊的石头，到贝壳，再到特殊的金属；后来人越来越多，在部落与部落的竞争和交易下有了领导管理者和信用的意识，于是部落领导者发明了纸质的鱼券，更便于携带和交易，并且承诺一张鱼券随时可以兑换仓库里的一条鱼，从此贸易更加的发达，推动生产力进一步发展。

故事说到这里大家就能明白“货币”是怎么产生的，但应该更深入的思考什么是“财富”“货币”和“仓库”？准确地说，“鱼”是财富，“货币”只是财富的存储载体和计量单位。延续张五常先生《经济解释》中的看法，财富是资源，资源是“缺少的”，因而产生需求、交易、竞争。

3. 财富需要储存和计量

小岛捕鱼的故事我们可以知道，交易创造财富，财富也需要积累和计量。《经济解释》中张五常先生提出了一个“仓库理论”，说的是财富的积累需要仓库，人的生命是有限的，仓库可以让财富延续下去，房子、股票、收藏品、货币都是不同形式的“仓库”。关于“货币”，张五常先生的看法是“货币的目的是便于交易，因此价格要相对稳定”。

回到现实中，我认为财富的积累和交易往往是融为一体的，比如你手里有 100 万现金用于在未来某一时间购买一辆车，此时“现金”既实现了财富的“储存”又实现了“计量”。同时在“仓库理论”中，对“仓库”的分类仅从仓库数量无限和有限以及仓库本身是否有租值的角度进行了区分，简单列举了房子和收藏品等几种“仓库”，但是这两个维度并不能涵盖现实生活中所有仓库的全部特性。因此我重新梳理了现实存在的“仓库”类型，并提出了“区块理论”。

4. 区块理论

4.1 “区块”定义

“区块”一次来源于比特币白皮书中的 Block，本来是指记录交易的数据每隔 10 分钟左右打包成一个数据块，这个不可篡改的数据块是财富积累和交易的证明。因此我引用区块的概念到广义的财富领域，用于定义财富储存和交易的载体。

我们将载体根据总体数量是否有限以及供应发行机制是否中心化可以分为四大类，去中心化货币区块（A），去中心化资产区块（B），中心化资产区块（C），中心化货币区块（D），我先放上最重要的一个表格——财富区块表，然后慢慢解释：

表一：财富区块表

类目	鱼	区块 A	区块 B	区块 C	区块 D	参数 1	参数 2	现象 1	现象 2	现象 3	现象 4
标准	价值本体	去中心化 总量无限	去中心化 总量有限	中心化 总量有限	中心化 总量无限	A 与 D 汇率	C（或 B）与 D 汇率	货币区块表现	资产区块表现	货币政策	代表年份
优势	真实直接用途	价值稳定 频繁交易	价值变化 长期投资	价值变化 中期投资	人为定价 储蓄/调控						
代表	财富	理想货币 真实物价	去中心化资产 黄金，收藏，比特币	中心化资产股市，楼市，债市	各国法币 美元，人民币	物价（黄金）	法币计价资产	黄金	美股	美元	
初始状态	2000 条	2000	2000	2000	2000	1:1	1:1	稳定	稳定	稳定	
经济增长	3000 条	3000	2000	2000	1500	2:1	1.33:1	下跌 X2	下跌 X1	极度紧缩	中国 00-02
					2500	1.2:1	0.8:1	下跌 X1	上涨 X1	紧缩	美国 12-16
					3500	0.85:1	0.57:1	上涨 X1	上涨 X2	膨胀	美国 17-19
经济衰退	1000 条	1000	2000	2000	500	2:1	4:1	下跌 X1	下跌 X2	紧缩	美国 20-21
					1500	0.67:1	1.33:1	上涨 X1	下跌 X1	膨胀	美国 07-08
					2500	0.4:1	0.8:1	上涨 X2	上涨 X1	极度膨胀	美国 09-11

我们将市场上的“资产”进行了重新划分，即“财富”和积累并计量财富的“区块”，继续以小岛捕鱼为例，鱼就是财富的本体，是人类生存需要的根本资源之一，以宏观的角度看，“鱼”这种财富只会有三种状态，即“保持不变”，“增加”和“减少”，我们以具体数字量化举例，初始有 2000 条，讨论增长到 3000 条或者减少到 1000 条两种基本情况。假设每一条鱼相同，且都需要一个大小相同的盒子来储存，这个“盒子”就是“区块”；“盒子”都是由生产成本和材料局限的，因此在没有干预的情况下，为了方便交易，应该有多少鱼就随时生产出多少个“盒子”来储存和交易，也就是“区块 A”类型；当然如果没有干预，很多生产“盒子”的商家也

会竞争来降低成本或者提升收入，比如用更好的材料可以存储更久，或者用更好的方法压缩鱼使得一个盒子可以放好几条鱼，这种优质的“盒子”往往是有限的，也就是“区块 C”类型；还有一种可能，各个部落都有指定能生产“盒子”的人，交易变得复杂之后，就可能出现某些盒子不用装鱼是“空盒子”在市场上交易，也就是“区块 D”类型。当 D 出现了风险，人们开始寻找区块 B 来长时间保管自己的财富。

4.2 “区块”分类

我们将“鱼”和“盒子”映射到现实生活中的“财富”和用于财富储存和交易的“区块”，进一步将“区块”进行归类：

“区块 A”：又称去中心化货币区块，总量无限，供应发行不受中心化角色影响，价值稳定，利于交易；黄金一度被推动作为这样的角色，但是黄金本身价值波动很大，而且开采缓慢没办法保证财富增长的一一对应，日常小额交易也不方便；后来的白银，再到挂钩金属的纸币（如美元），再到挂钩纸币的纸币（如港元），再到无锚的货币（现在各国法币），再到数字货币（如 BTC），人们想了无数的替代品想要找到“区块 A”的最佳选择。

考虑到价值稳定，即一个单位的区块 A 需要相对稳定的购买一定量的鱼，而人类社会的总财富大趋势是肯定不断增长，那么为了实现购买力的稳定，区块 A 的总量必须是无限的，而且可以快速动态的跟财富一一对应来调节数量的多少，还不能受个别意志的干预。目前现实世界还没有一个完美的 A 类区块，张五常先生在《经济解释》中设想的 A 类区块是锚定全球几十种基础产品（如大米）且不受区域限制自由流通的人民币；

持有 A 类区块（现实局限大部分是 D 类区块）的人们往往是为了实现基础和高频的交易刚需，和部分的储值目的，获得市场平均租值（利息）。这也符合现实的状况，有多余财富往往会以法币的形式存在银行，主流的交易计量的载体是法币（体量不是最大是因为 C 类中心化资产区块可以加杠杆快速膨胀，使得相对于 D 类区块的名义价值大大增多）。

“区块 B”：又称去中心化资产区块，总量有限，供应发行不受中心化角色影响，利于长期投资和规避中心化货币区块风险；包括黄金，收藏品都具备这一类特质，而比特币由于还处于早期，市场接受度有限，但比特币本身的特性相比于黄金和收藏品更有优势；

比特币作为去中心化资产，相比于黄金和收藏品，比特币通过计算和开源维护整个系统的安全和稳定，开采（发行）成本更低，流通成本更低（通过网络），储存成本更低（私钥）。我们知道在没有干预的情况下，市场一定会向效率更高成本更低的方向进化（选择），因此我们相信比特币在未来会具有巨大的潜力来替代黄金和收藏品的地位。

黄金在也经历了长时间使用量和开采量不平衡的状态导致价格的大幅波动，以及无数中心化货币和资产危机助推去中心化资产来保证财富安全的共识。比特币才诞生十年，距离普遍的共识还有非常遥远的路，但由于他本身特性导致普及成本低，因而会比黄金走完这段路用时更短。

“区块 C”：又称中心化资产区块，总量有限，利于投资，风险更高，收益更高；市场上的绝大部分金融资产或者说风险资产都属于这一类，包括股市、房市、债市等，是在人们解决了温饱有一定储蓄的情况下，追求高于储蓄的投资回报而选择的。

资产类区块与某个财富（资源）直接关联，可以说资产类区块本身也是一种财富。例如股票直接对应某家公司的收入和知识产权，房产对应了土地和空间的使用权。

“区块 D”：又称中心化货币区块，隐含着武力或法律权力，由权力区域内的拥有者人为定价，利于调控；这类区块主要是各国发行的法定货币，当然也包括组织或个人在自己权利范围内发行的强制性积分等，其数量、流通等均由发行者自己决定。

表二：财富区块表

类目	鱼	区块 A	区块 B	区块 C	区块 D	参数 1	参数 2	现象 1	现象 2	现象 3	现象 4
标准	价值本体	去中心化 总量无限	去中心化 总量有限	中心化 总量有限	中心化 总量无限	A 与 D 汇率	C（或 B）与 D 汇率	货币区块表现	资产区块表现	货币政策	代表年份
优势	真实直接用途	价值稳定 频繁交易	价值变化 长期投资	价值变化 中期投资	人为定价 储蓄/调控						
代表	财富	理想货币 真实物价	去中心化资产 黄金，收藏，比特币	中心化资产股市，楼市，债市	各国法币 美元，人民币	物价（黄金）	法币计价资产	黄金	美股	美元	
初始状态	2000 条	2000	2000	2000	2000	1:1	1:1	稳定	稳定	稳定	
经济增长	3000 条	3000	2000	2000	1500	2:1	1.33:1	下跌 X2	下跌 X1	极度紧缩	中国 00-02
					2500	1.2:1	0.8:1	下跌 X1	上涨 X1	紧缩	美国 12-16
					3500	0.85:1	0.57:1	上涨 X1	上涨 X2	膨胀	美国 17-19
经济衰退	1000 条	1000	2000	2000	500	2:1	4:1	下跌 X1	下跌 X2	紧缩	美国 20-21
					1500	0.67:1	1.33:1	上涨 X1	下跌 X1	膨胀	美国 07-08
					2500	0.4:1	0.8:1	上涨 X2	上涨 X1	极度膨胀	美国 09-11

“参数 1”与“现象 1”：因为区块 A 与真实财富一一对应，参数 1 代表法币计价的真实物价变化，而由于黄金被赋予了去中心化货币的职能，因而参数 1 也可以理解为法币计价的黄金价格变化，现象 1 就是参数 1 变化时真实世界的直观表现，代表了人们规避中心化货币风险时的选择。

“参数 2”与“现象 2”：参数 2 代表法币计价的资产类区块价格变化，资产类区块是人们满足基本生活需求和财富结余储蓄的情况下，为了追求更高回报做出的选择趋势；参数 2 的变化即现象 2 反映了整个经济发展情况和趋势。

4.3 概念区分：

货币主要目的是便于财富的交易，因此需要币值稳定，可分割便于流动，所以总量无限、单位价值稳定的区块利于提升交易效率降低交易成本。货币本身不是财富（不是资源，不“缺少”，可以理解为特定人印出来的纸），是财富的计量单位，货币因为不缺少所以没有租值，即可以理解为理想条件下相同数量的货币购买力不变，或相同数量的货币不会产生额外收益。

资产主要目的是便于财富的积累。投资、储蓄和消费是一件事，都是用已有的财富作为成本（代价）兑换未来的某种需求，资产的总量有限、单位价值可变；资产需要具备增值能力，因而会有下跌的风险，价值会有较大波动，资产具有流通杠杆和借贷杠杆两大特性，稍后会在杠杆理论介绍。资产本身往往也是财富（是资源会缺少），有除了交易外的具体用途，例如土地可以盖房子，房子可以居住，股票可以用来分红，黄金可以用来做装饰，比特币为能源提供流动性。赋予资产以货币的功能，就会遇到黄金，贝壳，比特币币值不稳定阻碍交易等问题。中心化和去中心化主要在于发行方式是否受人为因素干扰（单点故障），而通货膨胀和通货紧缩是指中心化货币 D 的数量相对于真实财富（去中心化货币 A）的比值，而真实财富会有增长和减少两种情况，对应到资产就会产生 6 种情况，这也是为什么在市场认为的通货膨胀时，资产类区块和货币类区块有涨有跌。

我们延续捕鱼的例子，初始状态有 2000 条鱼作为财富，按一定比例用区块 A/B/C/D 存储和计量，一段时间后鱼可能增长到 3000 条也可能减少到 1000 条，这时的参数 1 和参数 2 就是各个财富区块的变化。如果映射到现实社会，黄金和美股代表了全球的经济状态，且都是以美元计价，我们就可以根据参数 1 和参数 2 得出现实世界中的变化趋势。

4.4 重点解释：

现象 1 和现象 2 中的上涨和下跌是相对于初始稳定状态的变化，而乘以的倍数就是变化的幅度。而在实际情况下，往往是 6 种状态中的一种变化到另一种。

表三：财富区块表

类目	鱼	区块 A	区块 B	区块 C	区块 D	参数 1	参数 2	现象 1	现象 2	现象 3	现象 4
标准	价值本体	去中心化 总量无限	去中心化 总量有限	中心化 总量有限	中心化 总量无限	A 与 D 汇率	C（或 B）与 D 汇率	货币区块表现	资产区块表现	货币政策	代表年份
优势	真实直接用途	价值稳定 频繁交易	价值变化 长期投资	价值变化 中期投资	人为定价 储蓄/调控						
代表	财富	理想货币 真实物价	去中心化资产 黄金，收藏，比特币	中心化资产股市，楼市，债市	各国法币 美元，人民币	物价（黄金）	法币计价资产	黄金	美股	美元	
初始状态	2000 条	2000	2000	2000	2000	1:1	1:1	稳定	稳定	稳定	
经济增长	3000 条	3000	2000	2000	1500	2:1	1.33:1	下跌 X2	下跌 X1	极度紧缩	中国 00-02
					2500	1.2:1	0.8:1	下跌 X1	上涨 X1	紧缩	美国 12-16
					3500	0.85:1	0.57:1	上涨 X1	上涨 X2	膨胀	美国 17-19
经济衰退	1000 条	1000	2000	2000	500	2:1	4:1	下跌 X1	下跌 X2	紧缩	美国 20-21
					1500	0.67:1	1.33:1	上涨 X1	下跌 X1	膨胀	美国 07-08
					2500	0.4:1	0.8:1	上涨 X2	上涨 X1	极度膨胀	美国 09-11

最直接的例子，根据黄金和美股的走势，我们可以判断美国在 2017-2019 年处于经济增长的通货膨胀状态，而进入 2020 年初危机的发生

和黄金美股的走势验证了美国经济进入短暂的衰退和紧缩，此时中心化资产（美股）从 2 倍涨幅变成两倍跌幅，是 4 倍的下跌效果，刚好也验证了本周出现的历史罕见的美股两次熔断。我们还可以进一步预测，短期受疫情和多方面影响，整体经济还处于衰退期，目前各国纷纷出台的放水政策使经济如果进入衰退期膨胀状态，相比于现在的衰退期紧缩黄金将快速上涨，美股缓慢上涨；随后经济逐步恢复放水持续进行且效果逐步显现，美股会进入快速上涨阶段。

4.5 避险资产

所谓的避险资产，为了避免歧义，应该说的是避险区块，至于避的是什么类型的险就要分情况讨论：

中心化货币通货膨胀：无论是在经济增长还是衰退期间，去中心化货币区块（黄金）都会上涨，尤其是在经济衰退时会快速上涨；

中心化货币通货紧缩：资产区块（相对法币）都会下跌，也就是说这时候中心化货币购买力会增强，此时现金为王；

根据上表，我们可以判断在不同情况下，什么样的财富区块更适合避险。

5. 杠杆理论

我们在区块理论中的财富区块表将区块划分为资产类区块和货币类区块，资产类区块包括去中心化资产区块和中心化资产区块，由于他们都是总量有限单位价值变化的财富载体，且资产本身也是财富或跟资源直接相关，我将会用杠杆理论来阐述资产类区块的价值变化和风险来源。

5.1 流通杠杆

举个股票极端的例子，股票在交易所流通时，发行 1 万股发行价 1 元/股，其中 9999 股在我手里不动，另外 1 股在市场上流通交易，那么我左手 100 元卖出右手 100 元买进，此时显示价格应该是 100 元，市值从 1 万元拉到 100 万元（股市/币圈都是一样的，这种极端情况想拉多少拉到多少）。

但是，是不是我手里 9999 股都能以 100 元/股卖出拿到 999900 元现金呢？明显不可能。

房地产其实是一样的，链家上同一个小区有 1000 个住户，其中有 5 个住户想卖房子，有 1 个住户因为急用钱以 2 万元/平方米价格卖出，显示此小区最近成交价是 2 万元/平方米，此时你也来买能买到这个价格么？明显不一定。可能另外四个卖家不着急出手，挂的价格是 4 万元/平方米，你要是着急并且一定要现在买，就只能买到 4 万元/平方米的房子；如果这时候 1000 户里有 999 户要出售而且都很着急用钱，那在买家不多的情况下就只能报更低的价格，而且会越来越低，低到地板去。

现实生活没有这么极端，但是这个例子就在表明资产类区块自身因为流通比例不是 100%，因此价值带了流通杠杆，想要上涨不需要提供 100% 的对应资金，涨得快跌得也快。

流通杠杆的另一层含义是会放大供需的不平衡，因为这类区块并不是所有人都持有也不是持有的所有都流通，所以当短时间内大量新增购买资金出现时会出现价格暴涨，当卖出需求增加购买资金不足时会出现价格暴跌。

5.2 借贷杠杆

《经济解释》中重点提到了借贷膨胀，指出历史上借贷膨胀带来的危机都会对经济带来重创。先举现实中的例子，2008 年的次贷危机就是房地产不断循环抵押，最后杠杆率过高风险来临时无法还本付息导致的连环危机；2017-2020 年美国股市的飙涨，核心的原因来自股票的回购导致股票价格飞涨（本身就有流通杠杆，放大价格波动和供给不平衡），而疫情和石油价格暴跌导致股价暴跌，因而质押的股票价值大幅度减少，借贷杠杆和流通杠杆将下跌放大了数十倍。2020 年 3 月的比特币巨大跌幅，来源于借贷高杠杆，很多人抵押了手中的 BTC 换出一部分 USDT，再用 USDT 去买 BTC 抵押换出 USDT，以此往复按照 60%的质押率扣除手续费，这样操作下来原本 1 个 BTC 大概可以操作成 2 个 BTC，这样一旦币价上涨将会获得相比以前近两倍的回报；同样矿机市场也存在借贷杠杆，交易所也有借贷。所有这些借贷杠杆在上涨时带来超额回报，在下跌时会同样带来超额亏损。

合适的抵押借贷，可以用于缓解流动性危机，从形式上可以看做将资产类区块抵押换取货币类区块，由于货币类区块价格稳定，在合适抵押率的情况下抵押的资产区块大幅下跌也在安全边际之内。但是如果用抵押出来的货币区块再去购买资产区块，那就面临着两个资产区块同时下跌的风险。

5.3 借贷杠杆危机

关于借贷杠杆危机，借贷杠杆是加倍透支了自己的财富作为成本以追求超额的回报，带来资金流入和价格上升的虚假繁荣。危机一方面可能来自自身流动性危机，例如利息过高还不起利息或者合约到期无法归还本金，另一方面可能来自外部市场的波动使得抵押率不足强制平仓。现实生活中的案例数不胜数，当危机发生泡沫破裂时，损失的是已经积累的财富和未来会创造的财富，因而想要再回到现在这本不该出现的虚假繁荣程度，需要数倍的财富积累。所以现实世界的借贷杠杆危机，都需要相当长的时间才能缓慢恢复，对经济产生巨大的伤害。

6. 比特币的价值

6.1 美股是过去十年财富配置的必然选择

表四：财富区块表

类目	鱼	区块A	区块B	区块C	区块D	参数1	参数2	现象1	现象2	现象3	现象4
标准	价值本体	去中心化 总量无限	去中心化 总量有限	中心化 总量有限	中心化 总量无限	A与D汇率	C（或B）与D汇率	货币区块表现	资产区块表现	货币政策	代表年份
优势	真实直接用途	价值稳定 频繁交易	价值变化 长期投资	价值变化 中期投资	人为定价 储蓄/调控						
代表	财富	理想货币 真实物价	去中心化资产 黄金，收藏，比特币	中心化资产股市，楼市，债市	各国法币 美元，人民币	物价（黄金）	法币计价资产	黄金	美股	美元	
初始状态	2000条	2000	2000	2000	2000	1:1	1:1	稳定	稳定	稳定	
经济增长	3000条	3000	2000	2000	1500	2:1	1.33:1	下跌X2	下跌X1	极度紧缩	中国00-02
					2500	1.2:1	0.8:1	下跌X1	上涨X1	紧缩	美国12-16
					3500	0.85:1	0.57:1	上涨X1	上涨X2	膨胀	美国17-19
经济衰退	1000条	1000	2000	2000	500	2:1	4:1	下跌X1	下跌X2	紧缩	美国20-21
					1500	0.67:1	1.33:1	上涨X1	下跌X1	膨胀	美国07-08
					2500	0.4:1	0.8:1	上涨X2	上涨X1	极度膨胀	美国09-11

最近几十年全球依旧以美元为结算单位（财富的计价单位），美国是全球最大的经济体，过去十年是美国次贷危机后经济复苏增长的阶段，而美国政府货币政策依旧持续放水，根据财富区块表可知，在这个阶段进行财富配置，要想规避美元超发的风险并且获得更高收益，需要配置以美元计价的资产类区块。在美国的中心化资产区块中，为什么是美股而不是美国的房市和债市呢？

因为次贷危机后，美国的房地产一蹶不振，美国政府法币超发的主要路径也是美股，美股本身也代表着全球最近先进的生产力（财富），因而成为美国经济的风向标，也成为世界三大泡沫之一，于是人们也更倾向于在财富配置选择资产类区块时选择美股，而不是房产或者债券，数据也印证了这一事实，美国人平均财富配置占比中美股占到28%排资产类区块第一。

6.2 为什么比特币走势不像黄金而像道琼斯指数？

我们在《比特币价格，道琼斯指数和美国总统任期》中提到比特币的月度 K 线跟道琼斯指数的月度 K 线高度重合，而且波动性存在一定的比例关系，这周的大幅下跌又一次验证了这个结论。

上面提到过去十年的经济情况下，财富应该更多配置为美元计价的资产类区块，根据实际情况，美股是最好的选择，这点在事实上也得到了验证。而道琼斯指数是美股的风向标，其中 30 只成分股总市值超过 10 万亿美金，几乎代表了全球最领先的商业企业。因而道琼斯指数也成为全球经济的风向标，成为资产类区块的主要财富配置标的。

前文提到黄金被赋予了去中心化货币职能，在财富配置时更多会被视为去中心化货币区块。而比特币作为标准的去中心化资产区块，又具备以下与道琼斯指数的相同点：

a. 都是资产类区块，具备成熟的流通杠杆和借贷杠杆（交易所，借贷服务）；

b. 都以美元计价，美元合规法币通道，全球资本交易，流动性强；

因此，市场在选择将财富配置为美元计价的资产类区块时，自然会发现比特币与美股的相似性，或多或少配置一定的比例，因此比特币与道琼斯指数的走势才如此相像。

6.3 比特币的短期目标——全球能源科技金融指数

能源、科技和金融产业是全球科技进步的主要力量，资产类区块本身就是财富，道琼斯成分股中能源、科技和金融类股票占比超 80%，而比特币与能源、科技和金融产业息息相关：

能源方面，比特币系统本身通过挖矿（计算）维持安全和稳定，我们在《算能——计算驱动的第四次科技革命》提到计算是以能源为本位，所以可以认为比特币映射的是全球分布的能源（电力），并为能源所有者带来流动性溢价（比直接卖电收益高）；

金融方面，而比特币本身去中心化特性，在大额跨境交易和匿名安全性上又成为全球金融领域的一大亮点，本身成为一种优质的财富交易载体，同时全球数万家交易所 24H 交易，其流动性要超过美股；

科技方面，比特币计算需要高性能芯片，半导体（芯片）又是推动近 50 年科技进步的主要力量，比特币服务器推动 ASIC 芯片快速发展，率先采用 7nm 制程，比特大陆也成为台积电头部客户之一。

如果将比特币看作是一家公司的股票，那么这家公司没有中心化管理团队和领导者；员工是遍布全球的开发者、矿工、矿机生产商、应用服务商、能源所有者，用户来自全球；创造的价值包括：为能源所有者提供流动性溢价，为资金安全快速流动提供交易媒介，为法币弱势及金融服务欠缺地区提供去中心化普惠金融服务，为全球投资者提供优质的去中心化资产区块对抗通胀等。

道琼斯 30 只成分股中，能源、金融、科技类公司总市值 5 万亿美金，今天的 BTC 市值约 1000 亿美金，而且作为资产类区块本身所具备的流通杠杆（大量用户涌入放大供需矛盾和价格涨幅）和借贷杠杆（这次 20 年 3

月的借贷杠杆破裂会去掉很多风险隐患），长期看未来 BTC 必定会创造更大的价值。

6.4 比特币的长期目标——规模最大的去中心化资产类区块

目前比特币的市值非常小，用户参与规模也不超过 5000 万人，相比于全球 70 多亿人口还有非常大的空间。在财富的区块理论中，我们提到比特币作为去中心化资产区块，相比于黄金和收藏品有非常大的优势，包括发行成本、流通成本、储存成本更低，再加上互联网的普及和年轻人对新金融的认知，比特币很有希望能逐步超越黄金、收藏品等成为最大规模的去中心化资产区块。

7. 理性看待比特币

最近的学习和思考教会我要理性地看待问题，发现问题的本质，比如我认为：

比特币并没有所谓的减半周期，这周期性跟美股一样是来源于全球（美国）的经济情况、货币政策和放水频率；比特币还不具备货币区块属性，应该鼓励竞争币的出现，一方面比特币市场规模太小，体量和人群共识与黄金还相距甚远；另一方面比特币本身币值不稳定波动大，交易确认慢都不利于市场交易行为，也许未来可以解决，或者在竞争中被更具备去中心化货币区块属性的替代；

比特币是一种特定经济和货币条件下财富配置的优质选择，当然长远来看经济增长和法币超发是常态；

比特币不应该成为个人财富增长的全部来源，更建议通过努力创造并获得更多财富，然后如果真的认同比特币价值，可以选择将一部分财富配置为资产类区块中的比特币，不要倾尽全部更不要用借贷杠杆，因为财富区块表告诉我们遇到黑天鹅会跌的更快（本周暴跌就是活生生的案例）；

比特币不是去政府化的自由，是个人认知和选择自由，不应该以此从事违法和伤害他人的行为（资产转移和非法逃税），不要一味地反对政府追求自由，自由永远是有约束的自由；政府也是人组成的，跟公司一样，会决策失误会有各种问题，但不要忘记现在的安全稳定和举世瞩目的基建也是这家“大公司”主导实现的，从经济学上看政府是市场进化效率提升的必然选择。

比特币是学习经济学很好的工具，不要偏激的只看奥派经济学，要多了解凯恩斯、芝加哥、华盛顿等学派的理论，经济学不是好与不好的价值观，应该是科学的逻辑可以有解释力的推断世事。

第三节 算能参数 SAI－精确计算加密超算的投资回报率

很多人觉得比特币挖矿是一个特殊的行业，其实宏观地看待挖矿它跟传统的计算行业没有太大的区别：计算行业的成本主要来源于服务器购买和电费支出，挖矿的主要成本也是矿机购买和电费支出，二者都是将算力或其产物出售来获得回报。在《算能——计算驱动的第四次科技革命》中指出，计算产业是以电力、数据为生产资料的生产制造业，能源和芯片是计算产业的核心。

1. 挖矿的成本与回报率计算

很多人在挖矿时，把购买矿机当作是主要成本，而忽略了能源成本的重要性；有些人购买矿机只注重单 T 算力的成本，而不重视芯片的功耗比；有些人购买矿机可能花了更高的代价要买最低功耗比的机器，最后却发现投资回报率并不如其他机器。这是问题都是由于在决策时没有对目标结果（投资回报率）做精确的定量分析，仅凭感觉做定性分析产生的结果。

1.1 挖矿的目的是什么？

这个问题看似简单，其实很多人没想清楚。首先矿工选择挖矿，一定是为了获取 BTC 的超额回报，这是建立在对 BTC 长期（1-3 年）价格看多的情况下做出的选择。而目前获得 BTC 的途径无非就是两种：在交易所、OTC 等二级市场直接购买，或者通过挖矿获取。所以我们有一个大前提，就是无论选择直接购买 BTC 还是挖矿，都是在对 BTC 价格处于上升通道预期的时候。经历了 2017 年的牛市、2018 年底的熊市底部、和 2019 年的震荡反转，目前整个市场还是普遍认为 2020 年的减半以及减半后会有新的一轮牛市到来，所以各种资金开始准备以不同方式进入到这个市场。也正是在这样的大背景下我们才会讨论要不要挖矿、怎么挖矿以及挖矿和买币哪个更好的问题。

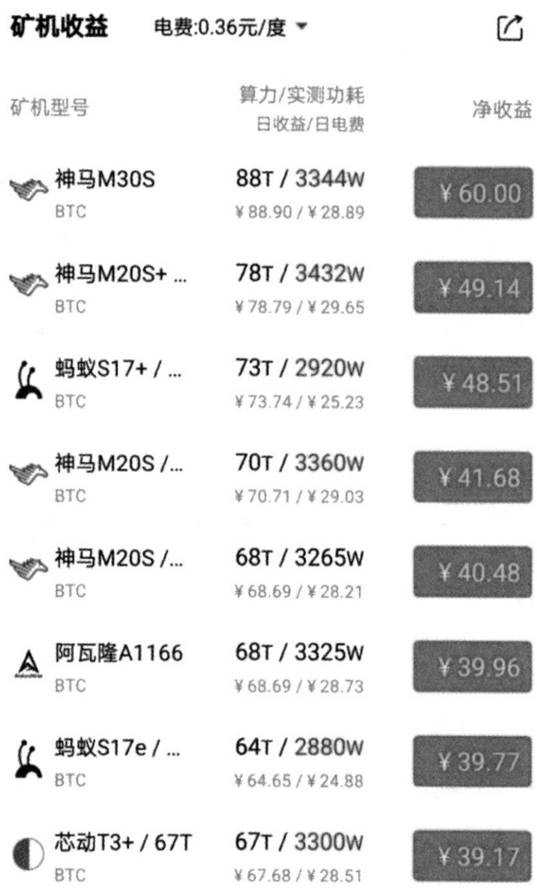

图六：矿机收益

很多普通矿工会觉得挖矿是更低成本获取 BTC 的方式，这种想法来源于一个简单的计算：如上图所示，以最新一代矿机为例，以当前 7300USD 的币价和 0.36 元/度的电费计算，每天应交的电费与挖到的收益的比值（即电费占比）约为 40%，以此来说明挖矿可以以市场价格 40%的更低成本来获得比特币。

这样明显是不对的，因为相比于拿一笔资金直接购买比特币，挖矿要先用资金购买矿机，前期很长一段时间处于矿机未回本状态，而此时直接购买比特币如果币价上涨了就是直接获得净收益。如果考虑的更细致，会想到矿机本身也是资产，再卖出去也会有一定价值，如果操作的时机得当，可以比原先更高的价格卖出，相当于白挖了一段时间币，但即便这样操作，收益率就能跑赢直接买币么？不一定，这需要我们精确计算。

1.2 挖矿投资回报率计算

矿工在实际挖矿过程中的操作是一个复杂的过程，单说卖币交电费这件事，就有很多种操作方式：每天挖出来直接卖出需要的电费，每个月选择一个合适的价格卖币交电费，不卖币用额外的法币交电费等等，到底哪一种方式更好呢？这要回到我们之前讨论的前提，即 BTC 价格处于一个上升通道，最终应该手里有更多 BTC 个数才能获得更高收益，早期挖出来的币因为当时币价低需要卖出更多的币才能交电费是不合算的，因为电费是以法币计价是一个确定的数，挖矿每年要交的电费是可以算出来的，那选择在 7500-9500USD 把一部分币卖掉还是选择最后币价到更高的位置一起卖掉就一目了然了，所以最好的方式应该是不卖币用额外的资金交电费，最终剩下的 BTC 个数才是最多的。我们用一个简化模型验证一下，用 1000 万资金挖矿两年，每个难度周期难度上涨 2%（实际会更高），以年平均电费 0.36 元/度计算，按 S17PRO 50T 10000 元/台的机型计算最后可以获得的 BTC 个数：

方案一：1000 万全部买成机器，每个月买币交电费。为了简化计算第一年币价是 7500USD 第二年是 15000USD，通过计算器可算出最后累计剩余 BTC 个数约为 112.7 个。

方案二：446 万用来购买机器，553 万用来交两年的电费，最后累计剩余 BTC 个数为 127.5 个（如图）。

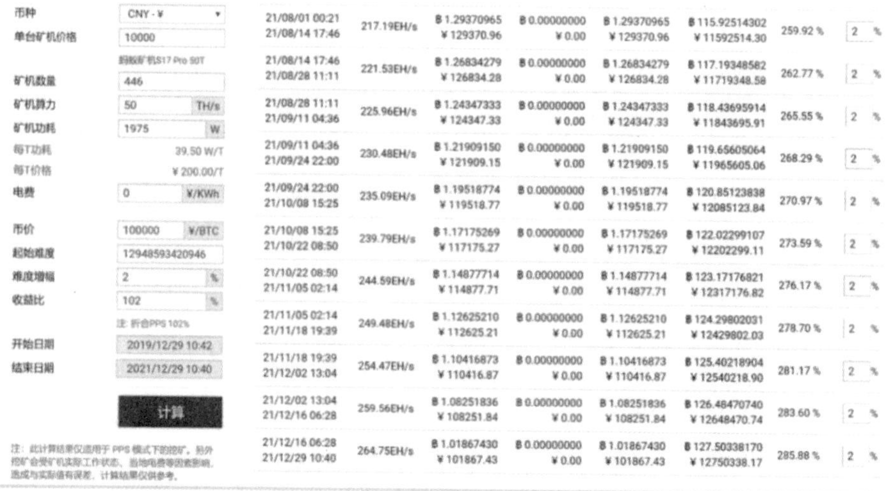

币种	CNY - ¥
单台矿机价格	10000
	蚂蚁矿机S17 Pro 50T
矿机数量	446
矿机算力	50 TH/s
矿机功耗	1975 W
每T功耗	39.50 W/T
每T价格	¥ 200.00/T
电费	0 ¥/KWh
币价	100000 ¥/BTC
起始难度	12948593420946
难度增幅	2 %
收益比	102 %
	注：折合PPS 102%
开始日期	2019/12/29 10:42
结束日期	2021/12/29 10:40
	计算

注：此计算结果仅适用于 PPS 模式下的挖矿，另外挖矿会受矿机实际工作状态、当地电费等因素影响，造成与实际值有误差，计算结果仅供参考。

21/08/01 00:21 21/08/14 17:46	217.19EH/s	฿ 1.29370965 ¥ 129370.96	฿ 0.00000000 ¥ 0.00	฿ 1.29370965 ¥ 129370.96	฿ 115.92514302 ¥ 11592514.30	259.92 %	2 %
21/08/14 17:46 21/08/28 11:11	221.53EH/s	฿ 1.26834279 ¥ 126834.28	฿ 0.00000000 ¥ 0.00	฿ 1.26834279 ¥ 126834.28	฿ 117.19348582 ¥ 11719348.58	262.77 %	2 %
21/08/28 11:11 21/09/11 04:36	225.96EH/s	฿ 1.24347333 ¥ 124347.33	฿ 0.00000000 ¥ 0.00	฿ 1.24347333 ¥ 124347.33	฿ 118.43695914 ¥ 11843695.91	265.55 %	2 %
21/09/11 04:36 21/09/24 22:00	230.48EH/s	฿ 1.21909150 ¥ 121909.15	฿ 0.00000000 ¥ 0.00	฿ 1.21909150 ¥ 121909.15	฿ 119.65605064 ¥ 11965605.06	268.29 %	2 %
21/09/24 22:00 21/10/08 15:25	235.09EH/s	฿ 1.19518774 ¥ 119518.77	฿ 0.00000000 ¥ 0.00	฿ 1.19518774 ¥ 119518.77	฿ 120.85123838 ¥ 12085123.84	270.97 %	2 %
21/10/08 15:25 21/10/22 08:50	239.79EH/s	฿ 1.17175269 ¥ 117175.27	฿ 0.00000000 ¥ 0.00	฿ 1.17175269 ¥ 117175.27	฿ 122.02299107 ¥ 12202299.11	273.59 %	2 %
21/10/22 08:50 21/11/05 02:14	244.59EH/s	฿ 1.14877714 ¥ 114877.71	฿ 0.00000000 ¥ 0.00	฿ 1.14877714 ¥ 114877.71	฿ 123.17176821 ¥ 12317176.82	276.17 %	2 %
21/11/05 02:14 21/11/18 19:39	249.48EH/s	฿ 1.12625210 ¥ 112625.21	฿ 0.00000000 ¥ 0.00	฿ 1.12625210 ¥ 112625.21	฿ 124.29802031 ¥ 12429802.03	278.70 %	2 %
21/11/18 19:39 21/12/02 13:04	254.47EH/s	฿ 1.10416873 ¥ 110416.87	฿ 0.00000000 ¥ 0.00	฿ 1.10416873 ¥ 110416.87	฿ 125.40218904 ¥ 12540218.90	281.17 %	2 %
21/12/02 13:04 21/12/16 06:28	259.56EH/s	฿ 1.08251836 ¥ 108251.84	฿ 0.00000000 ¥ 0.00	฿ 1.08251836 ¥ 108251.84	฿ 126.48470740 ¥ 12648470.74	283.60 %	2 %
21/12/16 06:28 21/12/29 10:40	264.75EH/s	฿ 1.01867430 ¥ 101867.43	฿ 0.00000000 ¥ 0.00	฿ 1.01867430 ¥ 101867.43	฿ 127.50338170 ¥ 12750338.17	285.88 %	2 %

图七：挖币投资回报计算

若两年后矿机残值 25%，币价为 15000USD（新矿机售价应为当前单日每 T 算力净收益*算力*200 天，考虑到减半和算力增长，两年后算力大概率翻倍，所以每日收益 BTC 个数约为现在的 1/4，币价翻倍和机器折旧的影响使残值剩余 25%已经比较理想了），则最终方案一净资产约 1433 万投资回报率 143%，方案二净资产为 1450 万投资回报率 145%，而当初直接买币两年后净资产为 2000 万投资回报率 200%。若两年后矿机残值为 0，则方案二的投资回报率比方案一多 15%。

若以矿机的视角看，时间拉得更长则最终残值会接近于 0，过程中几次矿机的交易也是按照当时币价和难度情况以及机器折旧情况进行计算的，所以我们把这个过程连接起来，相当于买一个全新矿机一直挖到报废。根据前面的计算我们选择不卖币用法币交电费的模型，这个时候我们可以得出计算公式：

$$\text{挖矿每 T 算力投资回报率 } R = \frac{P\cdot\Sigma_0^d \alpha}{A+d\cdot g\cdot e}$$

P 为币价（元），挖矿 d 天，每日单 T 算力收益为α 个币，单 T 算力购买成本为 A 元，g 为芯片功耗比（kw/T），e 为每 kw 单日电费（元）；关于每 T 算力每日收益 BTC 个数α 的变化趋势参加下图：

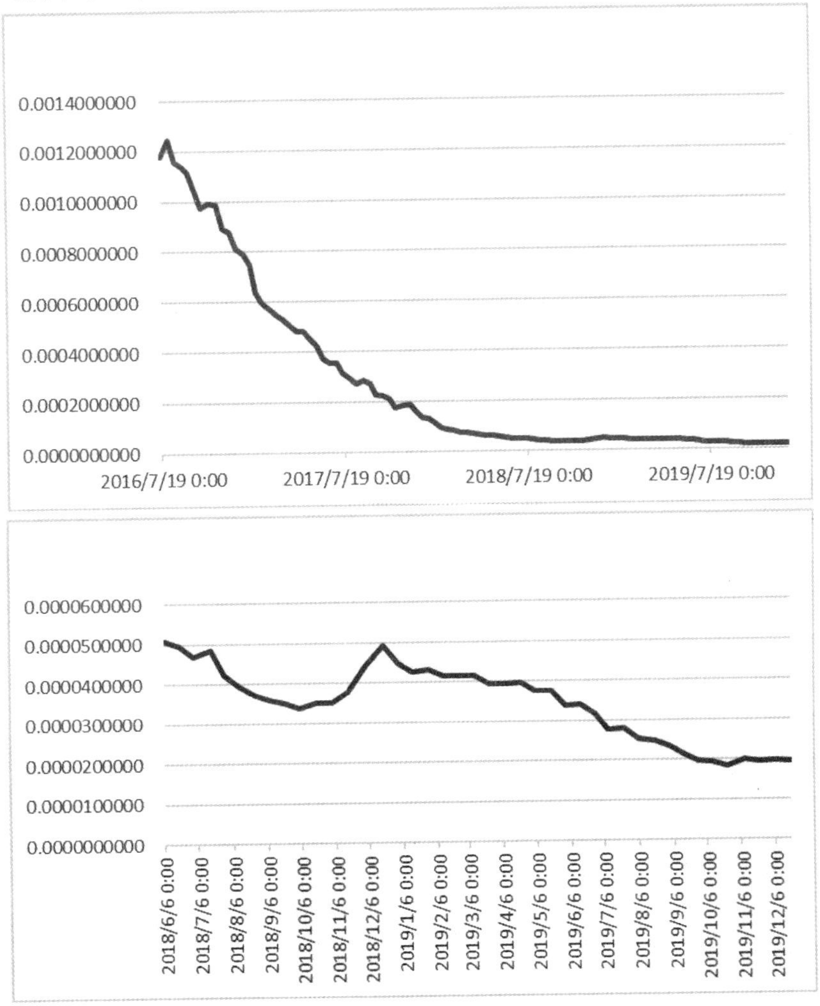

图八：每 T 算力每日收益 BTC 个数 α 的变化趋势

2. 算能参数 SAI 与算能定理 SAI Equation

2.1 算能参数 SAI

$$挖矿每T算力投资回报率\ \mathbf{R} = \frac{P\cdot\Sigma_0^d\alpha}{A+d\cdot g\cdot e}$$

P 为币价（元），挖矿 d 天，每日单 T 算力收益为α 个币，单 T 算力购买成本为 A 元，g 为芯片功耗比（kw/T）, e 为每 kw 单日电费（元）；

上述公式中，币价和每日收益α 是可以在时间 d 确定的情况下，根据二级市场和矿机生产情况有初步的预测，属于客观不可改变参数；而 A+d*g*e 成为决定整个挖矿投资回报率的其中各个参数都是矿工在选择矿机和矿场时根据条件确定的。所以我们将每 T 算力在 d 时间长度挖矿的算力成本与能源成本之和定义为算能参数 SAI，简称 S，则：

$$\mathbf{S} = A+d\cdot g\cdot e$$

以 360 天为一个周期对比主流机型的算能参数 S，电费按全年 0.37 元/度，按照 2019 年 12 月 27 日各主流矿机一手现货价格如下表。从投资回报率的角度，T17 的算能参数最小回报率最高，但是考虑一年后矿机残值 S17+肯定高于 T17，二者算能参数非常接近，因此 S17+是目前时间点最好的选择。

表五：各主流矿机一手现货价格

参数	S17 + 73T	T17 42 T	M20S 68T	M21S 56T
单T购买成本A	200	147	186	140
功耗比g(kw/T)	0.04	0.056	0.048	0.06
算能参数S	327.87	326	339	331

2.2 算能定理 SAI Equation

我们从宏观视角看 BTC 市场，如果将时间线拉长，那么需求者需要获得 BTC 要么直接购买，要么挖矿获得，两种方式的成本应该是接近的。如果出现成本差价，那么市场是最真实的，一定会通过自由调节之手进行调节，如果一段时间挖矿获取 BTC 的投资回报率高于直接买币，那么更多的资金将会开始挖矿，从而挤压挖矿的利润至低于直接买币的水平，这时资金发现直接买币更加合算又会开始直接买币，以此往复导致两种方式的投资回报率在一个相对稳定的区间内往复波动。在真实市场中，我们会发现一段较长的时间内挖矿收益加上矿机残值的投资回报率，与直接在二级市场直接买币的投资回报率也会接近。我们用 R1 表示挖矿的投资回报率，R2 表示直接买币的投资回报率，算能参数为 S=A+d*g*e，初始币价为 P1，最终币价为 P2，那么根据 R1=R2，可以得出：

$$\frac{P2\cdot\Sigma_0^d\alpha}{A+d\cdot g\cdot \mathrm{e}}=\frac{P2}{P1}$$

上述公式简化变形后，可以得到算能定理（SAI Equation）：在理想条件下，相同时间、相同金额资金选择挖矿和选择直接买币预期能得到的 BTC 总数相同，获得的投资回报率相同，即：

$$\Sigma_0^d\alpha=\frac{A+d\cdot g\cdot \mathrm{e}}{P1}$$

通过算能定理，我们可以根据当前币价和一段时间的难度预期变化，判断出当前时间选择直接买币还是挖矿回报率更高。

注意：

a. 我们不能根据算能定理中挖矿难度的提升回报率降低进而推测币价会上涨，这是典型的因果颠倒，币价是最真实的反应整个复杂市场的供需关系和预期，只会因为币价上涨所以更多人去挖矿导致难度上涨，反之不成立。

b. 算能定理反映的是当前市场宏观整体动态稳定性，是整个市场的平均水平，因此通过控制变量得出某一具体参数的数值也仅是一个判断依据，例如有免费电挖矿，那么实际算能参数会远低于目前理论平均算能参数，可以果断选择挖矿。

c. 实际状态下，不是所有矿工把矿机挖到报废残值为 0，因此 R1 会增加矿机残值部分价值。而算能定理可以理解为租赁一段时间的云算力，即没有矿机残值的所有权。

3. 算能定理与算能参数的实际应用

3.1 当前挖矿市场成本分析

2019 年 12 月 29 日全网难度约为 12.95T，每 T 收益α = 0.00001942，根据 2019 年 Q4 主流矿机厂商的订单以及台积电和三星 7nm 和 8nm 芯片产能安排，可以预计到明年 5 月份减半前全网算力会达到 120-140E，因此减半后α 可能在 0.00000600 左右，当前币价是 7350USD，因此根据算能定理计算出当前算能参数 S=120。对应目前枯水期 0.38 元/度的平均电费和全网 80w/T（简化为 50E 算力是 16nm 的 100w/T，另外 50E 是新矿机 60w/T 水平）的平均功耗比，可以计算出算力成本 A=-10，显然这是不符合实际情况的，那么就证明目前选择购买主流新矿机的矿工的最终投资回报率会远低于直接买币。

通过上述实际情况分析，我们会发现市场上的算能参数是高于目前理论测算，这该怎么解释呢？

关于单 T 算力成本 A：一手新矿机的 A 是受生产成本限制的，矿机厂商不可能亏本卖矿机，新矿机的主要成本是芯片成本，矿机厂商投入巨资研发新的纳米制程的原因也在于降低算能参数。芯片成本主要是晶圆成本，是按面积算的，更小的纳米制程不光功耗比 g 更低，而且芯片面积更小降低 A，根据 S=A+d*g*e 可以大大降低算能参数 S 来提高挖矿的投资回报率。在二手市场，矿机相对自由流动，再加上机器本身损耗会是单 T 算力成本 A 低于一手同种矿机，A 也更加接近算能公式推算出的平均成本，但是矿机毕竟是实物，不可能像 BTC 一样在全球交易市场 24 小时极低成本流通，因此还是会偏离理论价格。在非牛市阶段，尤其是到了熊市，二手市场机器的算能参数会更加接近算能定理的理论值。

关于电费成本 e：目前处于枯水期，绝大部分新矿机选择枯水电而且签了全年，平均成本在 0.37 元/度左右。但到了丰水期，水电裸电价格可能在 0.2 元/度左右，届时实际算能参数会降低。关于每 T 收益α 和功耗比 g：目前即将迎来减半，减半不光是新产出的 BTC 产量减少，也将淘汰一批老的算力，目前老算力主力是 S9，目前全网大概有 40E 算力是 s9，如果全部淘汰，那么对难度和功耗比都会有不小的影响。但实际过程应该不会像想象的那么剧烈全网瞬间掉算力，因为挖矿本来就是同位竞争，有的人刷了降频固件，有的人改了控制板让 s9 二合一进一步降低功耗，还有的人电费成本更低，再加上币价上涨也会增加收益。所以 s9 的真正全部淘汰应该是在新一轮牛市的顶峰前后，在高币价的推动下大算力新矿机大量生产投入运行，才会带来全网算力的进一步“新陈代谢”。

3.2 关机币价和矿机淘汰

关于关机币价，通过算能定理公式，可以很容易得出关机币价：

$$P = \frac{g \cdot e}{\alpha}$$

对具体的矿工具体机型可以算出关机币价，可是投资回报率跟关机币价没有任何关系，而且实际操作中可能是不会卖币交电费的模式，因此关机币价对这类型矿工没什么参考意义。而需要每个月卖币交电费的矿工才会比较关注这个价格，但是我们之前就证明过，在一个上升预期中，每个月卖币交电费挖矿的投资回报率并不理想。

关于矿机淘汰，有了算能定理和算能参数，我们会对矿机淘汰有全新的定义，以前矿机会因为关机币价被市场认为需要淘汰，但真正能决定是否淘汰矿机的其实是算能参数。我们拿目前市场上 6200 一台的 T17 42T

和已经淘汰的 200 元一台的 841 来说明，同样挖矿 180 天：

表六：841 和 T17 的算能参数

参数	841 12T 1500W	T17 42T 2350W
A	15.4	147.6
g	0.125	0.056
e	0.38	0.38
s	220.6	239.5

如果不考虑矿机残值，那么从今天起挖矿 180 天，选择 841 的投资回报率会高于 T17。当然 T17 在半年后的残值会很高，但是如果 841 可以用到 0.15 元以下的电，那么 841 的投资回报率会比 T17 高一倍，甚至已经接近算能定理在当前币价下直接买币的投资回报率。

3.3 矿机抵押借贷的杠杆操作

现在市场上出现更加丰富的金融产品类型，假设初始资金以单 T 成本 A1 投资挖矿（不卖币预留法币交电费），那么可以先用这些资金按当前币价 P1 购买成 BTC，然后在质押平台以当前价格 P1 质押出金额 60%的 USDT，再用 USDT 以首付 60%购买单 T 成本 A1 的矿机，假定挖矿 180 天，180 天后币价为 P2，矿机每 T 算力残值为 A2，且币贷和矿机分期付都可以接受最后还本付息且利息为月化 1%，按照算能公式每 T 算力可以得到的 BTC 个数应为：

$$\frac{\Sigma_0^d \alpha}{A1 + d \cdot g \cdot \mathrm{e}} + \frac{A1}{P1} + \frac{A2 - 1.06 \cdot A1}{P2}$$

直接购买比特币可以购买的 BTC 的个数为：

$$\frac{A1}{P1}$$

根据目前的实际币价和难度，如果用 100 万资金买 T17，假设 180 天后币价翻倍，那么可以测算出这样操作下来跟直接买币的投资回报率是接近的。具体分析一下，其实相当于挖矿借了一倍杠杆，而且是先拿初始资金全部以目前价格买了币，但是因为抵押后买了矿机，而目前新矿机的算能参数相对于算能定理的理论值高出很多，所以只有币价翻倍加上抵押借贷形成的两倍杠杆才能使资金的投资回报率追上直接买币。但这无疑是非常高风险的操作，一方面币价趋势不是100%确定，另一方面实际借贷的还款方式也不可能是最后还本付息，所以最后折算下来不一定合算，关键还是看算能参数。

3.4 挖矿投资回报率高于买币的情况

$$S= A+d\cdot g\cdot e$$

回到算能参数，根据算能定理，挖矿和直接买币的投资回报率会在一定范围内反复波动，市场会不断修正难度，算力价格，币价，电费，芯片功耗比等各个参数。大部分情况下，由于矿工不是芯片生产者，芯片也受生产成本所限，实际算能参数会高于算能定理测算值，但是会通过矿机残值和币价的多重作用弥补回来。由于算能定理中，币价和算力收益是客观不可控，同时对所有参与者一视同仁也是客观公平的，所以挖矿收益率 R1 大于直接买币收益率 R2 的情况可以分为两类：

a. 由于算力的滞后性，在币价快速大幅上涨而算力来不及上涨时，根据市场短时间内的真实算能参数可能导致 R1>R2。但是这个概率很低，而且窗口期非常短。更重要的是如果币价出现了快速大幅上涨，很可能意味着牛市已经来了，历史上比特币每一轮牛市币价快速大幅上涨的持续时间都非常短，这时不能再单纯对未来币价持续长期看多，而且上一轮牛市币价到达顶峰前经历过 6 次 40%左右的下跌回调。再加上挖矿的实际操作过程“摩擦”非常大，矿机运输和部署通电需要时间，挖矿回本也需要时间，很大概率会错过。所以这种情况遇到了纯属运气。

b. 围绕算能参数，选择合适的芯片（决定 A 和 g），寻找更低成本的能源并优化整体解决方案降低能源消耗（降低 e）是算能参数整体降低，实现挖矿的投资回报率高于直接从市场上买币。根据目前的技术水平，虽然台积电已经开始 5nm 制程的试产甚至开始 3nm 的研发筹备，但是受技术条件的限制新一代的制程比 7nm 在功耗比方面的提升可能只会有 20%-30%，而且新的制程良品率不高加上要收回流片生产线的成本，所以芯片单 T 算力价格 A 会很高，此时算能参数也会很高。而另一方面只要能源成本降一半，就相当于接下来纳米制程提升两代，而且对应的算力成本 A 因为二手市场的成熟甚至面临淘汰可以变得非常低，此时的算能参数也非常低，是有很大概率可以实现 R1>R2。

3.5 挖矿回本问题

把这个问题放在这么后面，是因为如果矿工挖矿考虑的还是回本的问题，那么他可能不适合挖矿，但还是依据算能定理进行一下简单的分析，依据算能定理，挖矿回本可以表示为：

$$P2 \cdot \Sigma_0^d \alpha + A2 = A1 + d \cdot g \cdot e$$

（其中 P2 为期望达到的币价，A2 为矿机残值）

矿工根据自己购买的矿机情况和托管矿场情况，就可以推算出要想回本的话币价和难度需要达到什么条件，再根据币价趋势和算力增长预测来判断。

3.6 能源和挖矿对于比特币的意义

根据算能定理

$$\Sigma_0^d \alpha = \frac{A + d \cdot g \cdot \mathrm{e}}{P1}$$

根据算能定理在理想条件下，相同时间、相同金额资金选择挖矿和选择直接买币预期能得到的 BTC 总数相同，获得的投资回报率相同。

从供需关系的角度，等式左侧可以视作是一级市场可以获得的 BTC 个数，等式右侧可以视作是二级市场可以获得的 BTC 个数。在理想条件下等式的成立，以及在现实情况下二者在一定范围内波动可以证明，挖矿是一种动态调节一级市场和二级市场供需关系的手段，这种调节是在完全自由选择的情况下实现的。

从熵的角度，挖矿的行为有两个目的，一个是完成记账任务获取新区块的记账奖励即挖出新币，另一个是完成记账行为获取手续费保证整个 BTC 交易网络的安全和稳定。这两个任务都可以视为是熵减行为，因此需要不断的能量输入才能保持相对稳定。而挖矿的本质就是计算，计算是一种以电能为输入的熵减行为，完美契合了 BTC 网络的需求。因此未来即使全部区块挖完，手续费会成为矿工的全部收入来源，依旧可以支撑整个系统稳定运行。

从流动性的角度，交易所内的交易和交易所间的搬砖套利为 BTC 带来了二级市场极强的流动性，而挖矿可以将 BTC 视为以电能为生产原料的产物，挖矿对电能所有者来说赋予电能全球流动性。

原本世界各地的闲置电力资源（窝电、弃水弃电、清洁能源）受限于基础设施不完备而无法创造更多价值，现在可以通过转变成 BTC 获得全球流动性和对应的流动性溢价，从而得到更高的回报。与此同时各地能源成本不同，BTC 通过二级市场的币价和一级市场的算力来综合调节供需关系，挖矿对矿工来说相当于能源套利方式激励他们不断寻找成本更低的优质能源，这里的供给调节的不是供给的数量，而是供给的成本，高成本的供给被淘汰，低成本的供给获得更多收益来达到新的平衡。

第四节 算能时代的新基建

1. 算能时代的比特币、石油和美元

在《算能——计算驱动的第四次科技革命》中，我们提到计算和能源的关系：计算是以能源为本位的，人类社会的进步一直是依靠能源的支撑和能源技术的革新。石油被比作工业的血液，那么电力和芯片就是计算产业的心脏和大脑。

历史的车轮滚滚向前，回头看会发现诸多规律。200 年前，第一次工业革命的蒸汽机带来动力的飞跃，英国崛起；100 年前，第二次工业革命的电气时代又一次取得能源效率和供给的突破，此阶段的两次世界大战后，英国债务与 GDP 比值超过 240%开始落幕，美国渔翁得利而一举成为世界头号强国；又过了大约 100 年，2010 年中国的发电量跃居世界第一并步步领先（参见《中国电力史》），世界也开始进入由石油驱动的工业强国到由电力驱动的算能强国的分水岭，我们看到了 5G、AI、高性能计算、AR/VR、区块链等计算支撑的产业开始加速。

时间走到了 2020 年，这是一个历史巨变的转折年：2019 年底美国依托页岩油气技术的突破一跃超过沙特和俄罗斯成为原油第一大净出口国；2020 年 2 月新冠疫情在全球逐步爆发，生产和经济的停滞，成为充斥着巨大借贷杠杆的美股一戳即破的导火索（参见《再论比特币：财富的区块理论和杠杆理论》）；恰巧而来的沙特和俄罗斯的石油价格战将 WTI 原油价格打到 20 美元以下，美股四次熔断；连锁反应还没有结束，油价在这个位置会导致美国大量的页岩油气企业停产甚至破产，而他们的背后是包括美国养老基金在内的巨大资本的支持，这些债务问题会成为 7 月份美国企业债到期的连环导火索，即使美联储无限 QE，美国经济也不一定扛得住美元的贬值和全球美债抛售的洪水。（参见《沙特石油战的来龙去脉》）

先说石油，明白了石油、美元和美债的关系，就明白了过去 50 年全球

的政治、经济和军事事件的本质原因：

1971年布雷顿森林体系在政府不断印钞（美元）的情况下不得不瓦解，此时的美元真的成了一张无锚的“绿纸”，该如何维护美元的霸主地位呢？另一边石油成为各国工业发展命脉，石油危机带来的高油价也让美国和发达国家受尽了苦头，美国借着武力和几次中东战争，将美元先后捆绑了沙特和全球石油交易，各个产油国用石油换美元再去买美债，钱又回到了美国人手里，不必担心印钞机开得太猛大水漫到美国国内。与石油的绑定再次让美元成为“全球价值交易”的载体，并且可以延续一直以来的印钞游戏。当然也会有人不听话，于是利比亚的卡扎菲要建立“非洲欧元”被干掉，伊拉克萨达姆威胁用“欧元结算石油”也被干掉，苏联被石油美元的价格压制像笼中困兽最后不得不解体，伊朗也因为与中国和俄罗斯的石油贸易被美国经济封锁，委内瑞拉作为十大产油国之一自己都发了石油币来试图逃脱美国制裁。

2020年，石油美元的立场发生了根本变化：在这之前，美国是石油净进口国，为了维护美元与石油的绑定关系，以及低油价对俄罗斯的经济限制和对美国GDP的促进，美国在中东的军费超过7000亿美金；从现在开始，美国成为石油净出口第一大国（中国依旧是净进口第一大国），石油出口带来的收入既可以维护石油美元的全球地位，又可以缓解美国国债压力，还可以增加相关能源公司的收入缓解企业债压力，同时油价提振也会给美股信心。因此，从此开始，美国从军事上撤离中东压缩军事开支，但维护以色列（一方面是犹太与伊斯兰的对抗，另一方面是为了美国国内犹太人的选票，当然也许还有特朗普女婿库什叶家族在犹太人当中的斡旋），从经济上加大页岩油气开发出口占领市场份额增加收入，解决债务问题变向保护能源企业债务和美股，从政治上继续转移全世界的矛盾到亚洲。

再说美元，美元地位伴随着美国增速的放缓和其他全球角色的崛起会逐步下降，那谁会有潜力吃掉美元的贸易份额？首先欧元在过去20年是比较成功的，但是整个欧洲的经济和生产力跟美国一样在逐步衰退。人民币很有前途，但是挑战巨大。上一个挑战美元地位的还是日本，结果是《广场协定》和 30 年的经济停滞。人民币只能通过一带一路和石油贸易一点点的推进，但是中华文明的优良传统（闷声发大财）一定要保持，不要嘚瑟，不要冒进。（参见《人民币与美元的战争》）

最后的重点，回到计算本身，我们以比特币为例（未来可能是类似的产品在竞争中替代比特币，没那么绝对，凡事都在不断变化），做一个大胆的假设：如果产油国选择用欧元、人民币部分替代美元作为贸易结算时，也使用了比特币会发生什么？

比特币的中期发展目标，是成为石油贸易的结算货币之一。

从产油国角度，天下苦美元久矣！美元的经济制裁和超发膨胀让他们成为直接受害者，最近可能要通过的 NOPEC 法案可能让所有 OPEC 成员国面临美国反托拉斯垄断的起诉，这也是美国在为自己的出口和定价权铺路。目前全球石油年贸易额在 4000 亿美金左右，比特币市值稍微小了点但前期够用了。使用比特币结算，首先依靠比特币去中心化安全特性突破的就是美元的封锁，同时比特币的全球流动性仅次于外汇市场但超过任何一种证券产品，可以快速方便的转换成各国法币用来交易也可以直接交易。至于价格波动不用那么担心，衍生品市场（期货与期权）的逐步完善可以解决。

更重要的是，遇到油气资源过剩的情况，可以直接发电通过挖矿的形式得到比特币，说不定还比卖掉赚得多。而且任何人和政权都无法直接干预。

从比特币的角度，使用价值是发展的大前提。黄金不是一开始就用做避险储值的，是先用做交易发现种种不利于交易的问题（参见《再论比特币：财富的区块理论和杠杆理论》）；美元也是先锚定黄金后来锚定石油才成为全球贸易载体的；不然为什么委内瑞拉的石油币没什么人用？为什么古玩和收藏的市场越来越小？这些产品的本质特性（总量有限，去中心化，易存储）其实跟比特币一模一样，但都逐步衰退。比特币渗透到石油贸易领域，既符合使用者的核心诉求，又能为自身创造更多的价值。

从能源的角度，竞争已经从工业上升到了计算产业。计算需求的快速增长带来能源需求的快速增长，未来产油国、产气国的问题是其他能源的替代品（比如电动汽车、可再生能源）的逐步出现，他们自己的出路在哪里。比特币挖矿只是计算产业对能源竞争的一个缩影，未来AI、5G等更多的计算需求的爆发才是高光时刻。

关于计算成本，无非就是两件事，芯片成本和能源成本。我们SAI赛热科技，会一直致力于通过芯片能源科技来降低计算的能源成本和芯片成本，为全球计算产业提供高性价比的综合能源服务，迎接算能时代的到来！

2.石油开采与比特币挖矿的异曲同工

石油的主要用途是作为燃料，电力的主要用途是用于工业生产和日常生活（照明）以及快速增长的计算需求，我们现在将这两个行业做一个更细致的对比，以石油开采和比特币挖矿为例：

1.前期投入，石油需要寻找储油丰富的地块和购买采油设备，比特币挖矿需要寻找大量廉价的电力并购买矿机设备；

2.开采过程，油田一旦开始生产会持续运行，矿场一旦开始运转也需要持续运行，停产成本都非常高；

3.产品流转，原油通过油管等储存运输也可以在二级市场交易，比特币通过网络储存运输也可以在二级市场交易；

4.价格需求，原油价格由供需决定产量过多价格下跌，比特币价格也有供需决定用的人少卖的人多一样下跌；

由此4个基础延伸，我们在现实生活中也观察到了二者相似的现象：

a.散户淘汰效应，需要燃料的车主不会想自己去勘探油田采油提炼得到汽油，需要比特币的个体也不太会想找电选机器在运维矿场获得比特币，因为他们这么做没有任何成本优势；

b.生产聚集效应，产油国或者石油巨头拥有独特的资源优势和成本优势规模会越来越大，大矿工和大矿场拥有独特的芯片成本优势和能源成本优势规模也会越来越大；

c. 成本不影响价格，石油价格不会因为某国的生产成本高就稳定在成本之上，比特币价格也不会因为某些矿工的挖矿成本高就停留在关机币价之上，因为价格是由供需关系决定的；

d. 需求严重影响价格，疫情影响燃料需求到冰点油价跌至谷底迫使产油国协商停产，经济影响投资需求到冰点币价跌至谷底迫使部分矿工关机矿机淘汰；

e. 资源去中心，肉体受局限。石油资源是天然分布不均的，其总量多少不会受到人为的干预，但是因为生产聚集效应导致会产能的相对集中，中东石油价格战照样让美国欧洲吃不消，美国因此也会用武力来干预石油生产；比特币总量也是设定好的，但是因为生产聚集效应有矿工大户、矿池大户和矿场大户，矿机巨头无法垄断芯片反而会利用技术推动功耗比的下降和生产成本的降低，矿机生产不是中心化，因为生产出来的大部分被各种矿工买走，如果你说矿机厂商是万恶之源，就好像你说生产石油钻探机的设备商是万恶之源一样好笑。

我们还可以扩展出很多客观的分析结论，当然石油和比特币还有许多本质上的不同，汽油也只是原油提炼的诸多产品之一，比特币也只是计算产生的产品类型之一。

但是社会发展和经济进步以能源为本位的底层逻辑不变，科学技术最重大的进步之一，就是在能源的发现和利用上取得突破。

可以预见的未来，计算需求会突飞猛进，用于计算的电力需求也会同步猛增，能源成本（电力成本和散热成本）对计算成本来说依旧是高于芯片成本的核心成本，科技依旧是降低能源成本的第一生产力。

3. 新基建启示：不懂 BTC 挖矿不是好投资者

站在投资者的角度，如果让我给投资人一个分类，我认为一等投资人发现创造新价值，二等投资人组局营造新风口，三等投资人搭伙跟风追热点，四等投资人盲目撒网保本金。

3.1 新基建下的 IDC——是风口不是洼地

新基建的提出，让很多行业从业者和投资机构认为这是 IDC 行业的巨大风口需要全力布局，在我看来这种想法半对半错。对于 IDC 行业来说是好事，因为伴随着科技的发展计算和存储需求在指数级增长，必然带来相关的 IDC 的快速增长；但对想要布局的投资者而言，无论你是专业的投资机构还是关联产业角色，都要深入了解谨慎考虑再做决定。

从公开资料可以知道，目前国内 IDC 总负荷约 2300 万千瓦，这是过去二十年通讯行业、互联网和移动互联网的发展所推动的，伴随着 5G、物联网、AI 的发展，IDC 将迎来新一波增长，但权威预测实际年负荷增长率也很难超过 20%。因为 IDC 的前期投入巨大，门槛很高，同时消耗大量的电能，还面临着各地对 PUE 的严格限制。

从投资角度，IDC 门槛高、毛利低、回报少，既很难带来高额回报，又会面临各种规模瓶颈。但是，市场处处都是二八定律，能有理性判断能力的毕竟是少数，能发现价值洼地的则少之又少了。

3.2 比特币挖矿——真正的价值洼地

我们承认，比特币诞生至今也就 11 年，相对而言还是一个非常小众甚至大部分人完全不了解的行业。据不完全统计，到目前为止持有过比特币的人群也不超过 6000 万人，可是全球有 70 多亿人口，纵观市场还有多少行业会存在这样的“潜在人口红利”呢？

挖矿作为比特币生态的重要组成部分，承担了维护系统安全稳定的任务。目前全球挖矿总负荷约 800 万千瓦（中国约占 70%），只用了十年时间就增长到了传统 IDC 体量的 40%，并且依旧保持着远超传统 IDC 增速的高速增长态势。我们在之前的文章已经分析过，从本质上比特币挖矿也是计算行业的一部分，跟计算行业的传统 IDC 有着诸多相似之处，都是以芯片成本和能源成本为核心成本的行业。

在之前的文章中我们做过一个类比，比特币目前更像是一个全球能源科技金融指数，大周期上与道琼斯指数有高度相关性，这种相关性来源于比特币和道琼斯成分股的投资者可能是同一拨人或者关联群体：我们看道琼斯指数的成分股，基本上集中在能源、科技、金融三大社会支柱产业，而在能源方面比特币挖矿需要消耗大量的电力（火电、水电、天然气电等），在科技方面比特币本身是由密码极客发起得到了计算机行业和芯片行业的大量关注，在金融方面比特币本身作为一种另类清算体系具有很多不可替代的金融价值。

比特币挖矿作为比特币行业的基础设施，无论是合规性还是抗风险性，都是一个价值洼地，然而很多投资者因为各种各样的误解和偏见都忽略了它。至于细节原因，相信优秀的投资者一定会去深入研究并得到自己的判断。

另一方面，真正的趋势不需要政策的支持，市场的自由之手会做出正确的选择。在没有任何政策支持的情况下：

（1）比特币矿机的芯片率先完成 CPU-GPU-FPGA-AISC 的进化并采用最先进的 7nm 制程；

（2）矿机生产商比特大陆成立四年收入超百亿净利过 50 亿，曾成为台积电中国第二大客户；

（3）全球比特币矿场规模快速增长，大量闲置能源被重新利用，国内地方政府主动建立水电消纳示范区和云计算产业园；

（4）比特币价格曾突破 2 万美金/个，虽然经历数次大幅波动，用户群体却直线增长；

（5）为了给比特币交易提供服务，全球数万家交易所纷纷成立，美国更是有纳斯达克和顶级机构的合规性支持，其流动性和交易额目前仅次于外汇市场，潜力十分巨大；

4. 加密超算产业后 10 年——OSEC 算能合作组织

以 BTC、ETH 为代表的加密货币挖矿，在短短的十年撑起了一个巨大的加密超算产业市场：全球有超过 1000 万千瓦的电力负荷用于加密超算；比特大陆、神马矿机、芯动科技等 ASIC 超算服务器生产商以及 AMD、英伟达等 GPU 超算服务器生产商业务指数级增长，其中比特大陆作为第一大厂商成为台积电全球第六大、亚洲第二大客户年营收过百亿。

而中国，在加密超算产业拥有得天独厚的优势：在芯片侧，前五大 ASIC 超算服务器厂商来自中国，占市场总份额的 95%以上；在能源侧，中国是全球第一大电力生产国，相对廉价且充足的电力和安全稳定的经商环境吸引聚集了全球 65%以上的加密超算中心，并且在合规性上陆续取得了突破。未来十年，加密超算产业将走向何方？

4.1 变局：工业革命与石油美元

伴随着两次工业革命，石油成为全世界最重要的能源资源之一。产油国经过几次石油战争和政治经济动荡，开始联合起来组成石油输出国组织 OPEC（Organization of the Petroleum Exporting Countries），美国作为世界霸主也深受其影响，不得不用武力和经济多重手段来控制中东地区并主导石油交易，这让美国和美元成为最大的受益者。

2020 年注定是变局之年：一方面，石油供给端，2019 年美国借助页岩油气开发技术的突破成为全球第一大原油出口国，这意味着美国的政治经济不会被中东地区石油“卡脖子”，同时“石油美元”可以依赖自身的石油出口交易来保证，这会大大影响美国未来在中东地区的外交政策；另一方面，石油需求端，疫情影响油价大跌只是一个引子，各国鉴于依赖石油会影响国家安全的担忧，基于电力的新能源汽车的大力推广是必然趋势。油气需求的减少将会是常态，这对产油国将是巨大的隐患。

4.2 突破：超算产业与能源产业转型

计算产业正在迅猛发展，计算需求的增长带动了芯片需求和能源需求的快速增长，以加密超算为代表的超算产业正在向规模化、专业化进化。正如石油产业一样，加密超算产业是加密资产的生产端，是一个典型的 To

B 业务且会具有明显的马太效应，规模化专业化会带来成本优势，并形成正反馈进一步促进规模化专业化。散户不具有成本优势会被逐步淘汰或聚集（云算力），就像不会有人开车觉得加油站的油太贵而自己去挖油井采油一样。而对比传统 IDC 上市公司 30-40 倍的 PE 和年化 8%的投资回报率，加密超算中心超过 40%的年化投资回报率却在交易估值中只有 1.5-2 倍的 PE，这中间合规性成为资产评估差异的决定性因素。合规、成本和资本，是超算产业走向规模化专业化的基本要素。

传统能源产业也需要转型，电力资源会成为最重要的能源资源，而加密超算会让电力资源拥有者获得更高的销售溢价，同时加密资产也会逐步成为除黄金外的重要战略储备之一。

4.3 OSEC 算能合作组织

基于对未来超算产业发展趋势的判断和行业内头部角色的需求，我们决定发起成立超算与能源合作组织 OSEC（Organization of Supercomputing and Energy Cooperations），简称算能合作组织，目的是信息资源共享并共同推动超算产业在合法合规、算力成本、资本联结上快速发展。在成立初期，主要面向直接参与加密超算产业且具有一定规模和优秀商誉的企业组织，我们随时欢迎行业同仁交流合作。

第五节 资产配置新物种：加密超算与自由通货

1. 人人都需要自由通货

读完哈耶克《货币的非国家化》，印象最深刻的是预测可以自由竞争的多元通货的优越性。在我看来，凡是可以自由竞争的生态，都会实现正向进化，即向能源效率更高的方向发展。在现实生活中，很多人认为比特币是哈耶克心目中的完美货币，但按照哈耶克的论述我认为并不是。我对通货有另一种分类和看法：

从使用属性上，我更愿意将通货（Currency）分为储值通货（总量有限，价值波动大）和交易通货（总量无限，价值较稳定）。哈耶克认为的完美货币更偏向于交易通货，即价值稳定且不会受主观影响随意增发造成通胀，以实现利于交易的最终目的。而BTC从性质上来看，更偏向于我所说的储值通货，即总量有限无法增发价格波动大，且并不适合高频交易（价格不稳定不利于交易且技术底层不利于快速交易）。有时候储值通货和交易通货并没有明确的界限，甚至可能会随着通货本身的性质改变而变化。例如，黄金最开始可能是作为交易通货使用，但受本身性质的影响逐步成为了储值通货。

从控制属性上又可分为可控通货和自由通货，法币当然属于可控通货，自由通货即流通和性质不受人为主观控制，更加去中心化。

人人都需要自由通货，加密资产是未来最好的自由通货。加密资产具备去中心化安全可靠的基本特性，同时流通成本和维护成本更低且能源效率更高。

2.加密超算是机构资产配置的更好选择

对于个人，想要配置加密资产的路径相对较多，无论是场外OTC还是交易所都比较容易，反而由于没有成本优势不适合通过挖矿来获取加密资产。

对于企业、基金等机构角色，尤其是在有些国家没有合规法币通道和交易所的情况下，加密超算（挖矿）成了更好的资产配置选择。从资产配置角度，加密超算可以获得加密资产，相比于现金、股票、房产是一种新型资产，已经吸引了头部家族办公室、企业、基金的青睐；从合规性的角度，加密超算从购买服务器到进行托管服务等全流程合规，既没有任何法律风险又可以实现合理避税等目的，还有可能获得加密资产牛市带来的超额回报。

对于想要配置加密资产的机构，除非体量非常大可以把控加密超算全流程，绝大部分机构并不具备这样的能力，那么就需要专业的运营商来提供全流程服务，包括投资咨询、设备选购、托管服务、收益管理等综合服务整合，这也会推动加密超算行业从生产制造业向科技金融服务业进化。

第六节 成为新时代的能源巨擘

1. 标准石油特拉斯

创办标准石油特拉斯的洛克菲勒应该是历史上最富有的人，也是我最敬佩的人之一，从《洛克菲勒自传》中我们可以更加深入了解标准石油从成立到成为托拉斯的历史轨迹，不难发现托拉斯是商业自由进化的必由之路。有趣的是，当标准石油被反托拉斯法案瓦解成如今的埃克森美孚等数家能源巨头后，事情并没有结束，我同样非常敬佩的经济学家张五常在 1976 年接手了加州标准石油的反托拉斯案顾问工作，后来写出了著名的《反托拉斯的谬误》，有理有据地论证了托拉斯存在和合理性与必然性。

在我看来，洛克菲勒和标准石油托拉斯做了两件重要的事，才成就了当年的辉煌：一是在消费端尽可能培养和提升市场对石油的需求，二是在生产端通过技术研发和产业整合降低产品成本。为了实现这两个目的，作为一个以营利为目的的商业主体，在满足更多客观必备条件的情况下，一步步进化成托拉斯就是大概率事件了。

2. 金控与影子银行

随着金融业的发达，商业玩法也越来越多样化，国际资本大鳄精心谋划就可以主导东南亚的金融危机，国内也陆续出现了德隆系、明天系等金融巨头。他们的共同特点，是一方面拥有大量相对成本很低的资金供给（银行、保险、信托等），另一方面通过规模优势影响资产交易价格从中获利，因而可以在监管不完善的年代快速崛起。

但他们没有像标准石油特拉斯那样持续地推动某个产业的整体进步和消费成本的降低，过度使用的债务和杠杆成为他们发展的加速器和衰退的跳楼机，因而他们在历史的长河中仅有很短的套利生存空间便纷纷落幕。

3. 算能时代新格局

我们在之前的文章中已经详细阐述了我们的判断，即未来是以计算为基础的算能时代，我们对算能时代的消费端和生产端作出进一步预测：

在消费端，机构资产配置、油气能源转型和美元需求替代将成为超算产业发展的核心推动力量：加密超算是国内机构资金配置加密资产的唯一合规路径，可以有效实现机构合理避税、资产保值增值等功能；OPEC 体系下的产油国将共同面临供给增加需求减少的长期态势，能源发电用于超算将成为一举多得的产业转型路径，甚至会成为各个国家金融安全与经济发展的重要战略；在非洲等金融支付落后或者美元匮乏的地区，加密资产依托使用便捷、安全高效的特性有潜力成为优质的交易媒介，而加密超算可以将能源资源证券化的特性也可能成为间接获取美元的优质流动性载体。

第七节 量子理论新视角：算能中心的三网联供

1900 年普朗克为了克服经典理论解释黑体辐射规律的困难，引入了能量子概念，为量子理论奠定了基石。随后，爱因斯坦针对光电效应实验与经典理论的矛盾，提出了光量子假说，并在固体比热问题上成功地运用了能量子概念，为量子理论的发展打开了局面。

我们之前提出一个宏观视角即从熵的角度理解计算：计算可以认为是以电能和原始数据为原材料，把无序数据变得有序和价值化的熵减行为，计算需求与能源消耗是一一对应的。

那在微观世界的计算行为是什么样的呢？我们把计算分为三个主要过程，即电能传递、芯片计算、热能耗散。基于量子理论，我们拓展出了新的视角：

首先，电能通过电线传递给芯片，这个过程是由电子来完成的，基于量子理论，实际上可以理解为环绕金属原子的电子在能量的驱动下从导线的一头向另一头依次发生跃迁而间接的实现了能量的快速传递。

然后，芯片利用电能完成了计算任务，这个过程中芯片的软件算法和硬件结构可以理解为对能源的消耗进行编码，按照编码方式消耗掉电能就可以得出预先想要的一个结果。

最后，芯片完成计算后会产生热，宏观世界的表现是通过芯片 100%的电能变成 99.9%以上的热能和很小一部分电磁波，而在微观世界里就是驱动电子不断跃迁变化的能量由于性质发生变化无法使金属原子周围的电子继续跃迁而以热能形式传递到周围环境（空气）中去。

基于量子理论和相对论，我们可以对很多早期的物理概念进行延伸：质量守恒就是能量守恒，各种粒子（原子、电子、光子）都是能量的不同表现形式，所有能量的变化都倾向于转变成热能而趋于稳定。

回到宏观世界，我们知道社会的发展本质上都是靠能量推动（蒸汽-电力），科技的进步本质上就是发现更多的能量并提升能量的利用效率，计算和算力作为更高效的能量利用方式必将在未来社会发展中的作用越来越大。在工业革命时代伴随着石油的发现和利用，在商业世界诞生了有史以来最大的巨头——标准石油特拉斯，我们相信在未来一定会产生一个同样的巨头为计算提供能源服务。

当前社会对能源的需求主要表现在电力、石油和热力，这些是支撑社会正常运行和人类正常生活的基础要素，但很多人还没有察觉的是现在我们对算力的需求已经无处不在，手机、网络、软件等各项服务都是基于算力实现，而且对算力的需求在指数级增长，这也正是我们国家提出“新基建”的重要之处。

除了不但寻找更多的能源供给（例如清洁能源），能源作为一种有限稀缺资源，我们一直以来都想尽一切办法提升使用效率，所以我们看到新技术在各个领域不断出现，在计算领域也一样：芯片也在不断进化来降低功耗比。随着技术和成本的瓶颈，除了提升效率外，能源再利用也越来越被重视。所以我们在工业领域看到了高品位热的余热利用，那在计算领域是否有这样的机会？答案是肯定的！因为人们对算力的需求同时，背后是对电力的大量需求并产生对应数量的热量，这些热量以往需要消耗更多的电力去散热，现在我们可以把它们收集起来其满足热力需求，这样既实现了能源的二次利用又降低了各方需求的成本。

从量子理论的视角，人们对基于电力的热量需求本质上就是电子的电能转变成热能的过程，芯片计算很有可能是实现这一路径的最优过程，因为可以既完成计算任务又解决芯片的散热需求和人们的供热需求。

第八节 创造价值的本质：不断提升能源利润效率

以能量为本位的理论思想，我们进一步从经济学的角度分析可以得到结论：所有的成本都是能源成本，能量是时间向量即在时间的维度上不可逆。

举例来说：农业上植物的生长主要依靠光能，不同地理位置光能的效率不同长成的作物的经济价值也不同；工业上依靠手工生产和机器生产相比，消耗相同成本的能源（人力工资和电费）产生利润的速度却是天壤之别；在计算产业，新一代的芯片具有更低的功耗比和更强的性能，消耗相同的电力可以产生更大的算力和价值。

我们定义能源利润效率（Energy Profit Efficiency，简称 EPE），则 EPE=(收入 I-能源成本 EC)/时间 T，即单位时间内一定数量的能源成本投入可以产生的利润，以此来计算价值创造的速度并判断事物进化的方向。

应用示例：以计算产业为例，算力收入取决于算力价格即市场的供需情况，而设备、人力、电费的投入都可以折算成能源成本。企业要想提升利润本质上要提升 EPE，即在收入端提升产品服务增加收入，在能源成本端降低设备、人力和电费成本，在时间端提升算力性能降低功耗比。

另一方面，企业管理也可以完全依照 EPE 的标准来设定目标、绩效和管理团队。首先一家企业得以存活必须要有利润，那么一定要为客户持续创造价值，而企业是由人组成和并决策运作的，所以管理的关键点在于人。因此作为一家企业要想提升 EPE，一定要从收入、能源成本和时间三方面入手：

（1）做好时间管理，增加每个人的时间投入和时间利用效率，提升产品服务的时间利用效率；

（2）管好能源成本，员工工资、房租、设备投入、电费消耗等可以统一折算成能源成本并尽可能节约不必要的开支，风险也是成本因此在投入时做好风险评估。

（3）努力增加收入，在能源成本和时间投入确定的情况下，想尽一切办法增加收入，开辟新业务、新渠道、新客户并提升复购率、订单额。

综上，对于一家企业而言，落实到执行层面增加研发投入和管理好人员时间，既可以通过技术进步降低能源成本提升时间利用率，又可以做出更好的产品服务来增加收入，是最好的提升 EPE 的方式。

第九节 未来平行世界的三要素：算力、电力和热力

按照我们的能源利润效率理论，能源利润效率（Efficiency of Energy

Profit）EPE=（收入-能源成本）/ 时间，社会会向能源利润效率不断提升的方向进化。例如，互联网和移动互联网已经将大量的信息通过网络传递，这样既节约了信息传递的成本又缩短了传递时间，同时巨大的算力又可以快速处理海量的数据得到更有价值的信息，这无疑大大提升了能源利润效率。

如果要想再进一步提升能源利润效率，社会该如何进化？反观我们现实生活的痛点，主要表现在两方面：（1）时间和空间还是人类活动的最大局限；（2）算力增速还是无法满足指数级增长的计算需求。

从马车到高铁飞机再到宇宙飞船，人类的活动空间和位移速度大大增加，移动所需的时间也随着技术的进步被逐步缩短，但是飞机还是会晚点，从北京到纽约还是需要半天的时间；互联网链接和存储了世界各地海量的信息，强大的搜索引擎可以让你随时随地知道全世界发生的几乎所有事情，但是人与人之间和人与机器之间的信息传递还是需要不同的语言经过编译、理解转化为对方可以理解的有效信息；超级计算机可以解决很多以往人类无法解决的难题，AlphaGo 可以战胜人类围棋大师，但是还是无法计算出整个 30 亿个碱基对组成的基因序列的内在奥秘以及宇宙中无数恒星的演化问题；科技尤其是医学的进步大大延长了当代人类的平均寿命，但是每个人还是面临衰老和死亡，而一旦死亡，大脑中所有的信息和意识将无法存储和延续。

从生物学角度，人类大脑的处理流程与计算机类似，是一个由不同的信号（视觉、听觉、触觉、味觉、嗅觉）输入大脑，按照不同的编译程序（逻辑思维）处理，并将结果输出的过程，这个处理的过程可以用仪器检测到不同电信号的变化；同样，一个小小的 DNA 储存了海量的生物信息，在足够能量的支持下可以最终编译表达出一个完整的具有意识的人类个体。正如电影《超验骇客》中的剧情一样，我们不禁联想，如果有足够的强的算力和足够先进的脑机接口技术，人类是否就可以将意识转移，以此突破了碳基生命的时间和空间边界，基于更加强大的算力在硅基世界无限畅游？

回到当下，我们要思考的是，即使这样的平行世界终有一天可以变为现实，那么推动它实现的必备要素有哪些？我们认为，无论是现实世界的进一步进化，还是平行世界的最终实现，都有三个最基础的必备要素：

1. 算力。随着时间的推移，我们将会不断产生天量的数据，需要越来越强大的算力来处理这些数据并产生更有价值的信息。算力正在实现全方位的传统替代：信息的处理（手工到计算机），信息的传递（车马到网络），价值的传递（黄金法币到数字资产），强大的算力可以在相同时间内处理更大数量的数据，同时降低处理相同数量数据所消耗的时间和能量。算力强大到一定程度，可以瞬间模拟出整个地球的全部细节，小到其中某一户居民窗台的一粒灰尘，并可以计算出全部可能的变化方向包括这粒灰尘应该飘落的地方。

算力是基于电力和热力的，芯片和其所集成的算法就像是一种编译过的能量使用说明，利用电力将数据按照设定好的方式处理并反馈结果，同时电能也被全部转化成热能散发到空气中。

2. 电力。电力清洁可持续、易存储易传输、高能量密度的特性，使其成为应用前景最广的二次能源。从互联网信息的传递，到电动汽车和机械手臂，电力既是数字世界的源动力，也在逐步成为现实世界的核心驱动力。全世界都在集中力量推动清洁发电和电能替代的全面普及，光伏电、风电、水电作为清洁可持续的发电方式，将会逐步成为发电的主要途径。

按照目前的发展趋势，电力将成为最核心的终端消费能源，同时作为算力的基础，不断增长的算力一定要消耗更多的电力，因此电力生产消费相关的每个环节（发电、输电、储电、耗电）都有很大空间进一步优化。

3. 热力。热力学定理延伸开，我们会发现人类自始至终都在解决热力的问题：人类从食物中汲取碳水化合物，在体内分解为能量维持生命的延续；远古时期通过火的加热让蛋白质更容易消化吸收，推动原始人类智力的提升；生物的生存需要取暖和热水，热力的使用扩展了生物在寒冷地带的生存边界，农作物冬天可以在暖棚中继续生长，人类甚至可以在接近于绝对零度的宇宙空间翱翔；火力发电是利用燃料产生的热量推动涡轮的旋转，但还面临着机组冷却的严峻问题；电力传输要尽可能地减少阻力，电阻过大将会导致电力传输中转变成大量的热，既是电力的浪费又造成火灾的风险；芯片计算产生的大量热量，需要快速的散掉以保证芯片能够继续稳定工作。

更高效的散热方式和更低成本的热量供给，将会继续贯穿人类社会的发展进步，也是能源利润效率提升的必由之路。

期待未来科技的进步，人类可以在算力、电力、热力方面实现巨大飞跃，让每个人都能使用到更加清洁实惠的算力、电力和热力资源，并基于此能够真正有机会实现更加完美优越的平行世界。

第十节 SAI赛热科技的使命：持续加速提升算能能效

1. 能效3.0：算能时代

我们提出的能效公式，即能源利润效率=（收入-成本）/ 时间，代表了单位能量在单位时间能够创造的价值。

人类社会进步的本质，是一个熵减加速的过程，即能效加速提升的过程，大致可以分为三个阶段：能效1.0，热能时代，蒸汽机等热能技术的广泛利用，相比于人力具备巨大的效率优势；能效2.0，电能时代，发电机和电动机等电能技术的广泛利用，相比于热能实现了更高的能量密度和能效提升；能效3.0，计算机和AI、大数据、云计算的广泛利用，基于电能更进一步提升了信息和价值的传递和处理能效。

我们看到每一次能效的跃迁，都需要大量的科学技术和基础设施的铺垫，现如今在能效3.0阶段，AI、大数据和云计算方面的科技进步已经建立了基础的生态条件，接下来就是利用算能来对整个人类社会进行彻底的改造升级，例如：自动驾驶改变司机和传统汽车，产业互联网实现传统产业的数字化转型，零售业向智能化、定制化、高效化的智慧零售转型，教育和医疗在算能驱动下更加个性化、敏捷化......

我们相信在算能时代，我们生活的每一个角落能想到的每一件事，背后都会有算力的支持和赋能。

电力成本（主要包括发电、输电、UPS 等），热力成本（主要包括散热设备，散热耗电），芯片成本（主要来源于晶圆成本和工艺制程等），以及算法成本（包括系统层、应用层、云端层等），这四个因素是决定完成一定量计算任务总成本的核心要素，也是降低算能成本的核心优化方向。

回到能效公式，要想提升算能能效，无非就是三条路径：增加算能收入，降低算能成本，缩短时间成本。算能与所有产业的结合，都会提升原有产业的能源利用效率，因此可以有效增加算能收入；依据算能成本的四要素，不断研究开发先进技术是降低算能成本的主要方式。

2. 算能时代的顶峰：硅基平行世界

当算能能效进一步进化，所有的信息都可以被快速低成本的收集处理，碳基生命的绝大部分需求将会在硅基世界里更好地满足，一个更加完美的数字化的硅基平行世界将由此而建立。当人类意识也可以精确地数字化并被无缝转移到硅基世界的时候，碳基生物将实现另一种意义的永生。

3. 赛热团队的初心和使命

我们成立赛热科技的初心，正如“赛热”这个名字一样，用科技的力量加速熵减，解决一切跟熵增的“热”相关的问题。我们相信算能的价值，也憧憬硅基平行世界这个美好的愿景，因此愿意倾其所有投入到这个行业。从创业的视角来看，我们更像是以投资的方式做创业：发现一件值得投资的事，深入研究整个赛道，发现巨大的市场蓝海，筹集资源全心投入。

我们认为一个企业真正的壁垒，是能不断地加速创造价值，即比其他所有人创造价值的速度更快，甚至是加速度更快。本质上，这也就要求我们整个公司、每一个人的能效都在加速提升，同时加速提升算能能效也是赛热科技得以持续发展的唯一要素，是我们整个团队的使命所在。

第十一节 中国算能产业的顶层战略

作为“SAI 赛热科技的底层逻辑”系列文章的延续，我之前已经建立了包括算能、算能参数、算能定理、财富区块、能效加速等理论的基础原理框架，本文将基于这个框架，提出我们该如何判断计算与能源产业趋势，并寻找出一条战略性发展路径。同时，部分内容也是我对黄奇帆先生新书《结构性改革》的读后思考。

1. 中国算能产业的基本面

1.1 产业链

（1）电力：中国是全球第一大发电大国，发电输电成本较低，基础设施相对完善；全球每年发电量有 5%-8%用于计算，预计 2030 年这一占比增加到 15%-25%。

（2）基建：中国传统数据中心负荷规模约 2300 万 kw，集中在用户富集区即一、二线城市及其周边区域，规模复合增长率 15%+，占全球规模 30%以上；中国超算数据中心负荷规模约 1000 万 kw，集中在能源富集区即西北、西南等火电、水电丰富地区，以加密超算产业为主，规模复合增长率 30%+，占全球规模 70%以上。

（3）芯片：因受到美国技术制裁，中芯国际及芯片生产相关产业仍处于全力追赶状态，CPU 和 GPU 类服务器面临技术障碍和发展瓶颈；ASIC 芯片和服务器具备全面优势，比特大陆等全球前五大 ASIC 超算服务器厂商均来自中国，产品市场占有率超过 95%，单比特大陆一家市场占有率就超过 60%，并成为台积电全球前六、亚洲第二大客户，产品持续与苹果、三星、英伟达等一同采用最先进的芯片制程。

（4）用户：在传统计算领域，中国是全球互联网和移动互联网用户最多的国家，前期具备巨大的人口和流量红利，目前人口和流量红利趋于饱和但依旧会保持巨大的规模优势；在超级计算领域，AI 超算利用中国的数据基础优势具备规模红利和巨大的发展潜力，加密超算利用中国的电力、基建、芯片优势成为服务全球算力需求的中心。

1.2 价值链

（1）中国传统计算产业，每年贡献电费约 700 亿人民币，数据中心总资产规模超过 1 万亿人民币，所辐射的电信及互联网产业规模超过 15 万亿人民币；

（2）中国超级计算产业，AI 超算尚处于起步阶段，已经诞生数个独角兽企业；加密超算每年贡献电费约 400 亿人民币且快速增长，加密超算中心总资产规模超过 2000 亿人民币，服务全球加密资产产业规模超过 5 万亿人民币。

1.3 供应链

（1）中国传统计算产业，核心产值领域包括芯片服务器和底层操作系统都被其他国家垄断和限制，需要大力投入自主研发并至少花 5-10 年实现追赶；计算产业基础设施包括数据中心、电信网络等核心供应链配套完善，用户基于互联网、移动互联网和电信业务需求量大，数据规模大，具备快速发展的基础优势。

（2）中国超级计算产业，AI 超算在核心算法和商业应用场景方面尚待观察；加密超算具备全面领先优势，加密超算服务器和加密超算中心在技术和规模方面均处于全球领先的主导地位，加密资产交易服务平台交易量占全球规模一半以上。

2. 传统计算主导“国内大循环为主”

2.1 大力推动新基建

服务算力的基础设施，是产业互联网和数字经济的基础。传统基建的服务对象是传统经济和人类的日常生活，而新基建服务的是基于大数据、云计算、人工智能、区块链的数字经济。

国家提出的供给侧结构性改革，核心就是去产能、去库存、去杠杆、降成本、补短板五大任务。大力发展新基建，既能实现落后闲置能源产能的有效升级利用，又能为地方政府在房地产过度发展的环境下找到新的发力点和突破点，同时可以为进一步降低计算产业和数字经济运行成本打下优质的基础。

2.2 芯片/算法补短板

目前我国在传统计算产业的主要短板在芯片的生产制造和软件操作系统，例如光刻机、Windows、Android&iOS 等都由其他国家垄断，5G 产业软硬件的领先优势也受到全球市场和供应链的压制。因此在国家和企业层面都已经在全力加大科研投入和支持力度，力争在“卡脖子”的技术上逐个击破。

2.3 数字经济内循环

经济摩擦和疫情的双重打击，让我国不得不重新审视国际格局寻求新的发力点，因此国家提出了“以国内大循环为主”，这其中数字经济为国内经济大循环提供了巨大的支撑力量。包括互联网和移动互联网的大量应用和服务，有效打通了线上和线下服务，更高效地实现了信息传输、产品流通、服务支持。

因此在接下来的一段时期，我们依旧需要全力推动以新基建和传统计算产业为支撑的数字经济快速发展，推动消费互联网和产业互联网的升级，为国内大循环进一步降本增效。

3. 加密超算加码“国内国际双循环”

3.1 西部地区新基建

传统计算产业主要分布在用户富集区，因此集中在一、二线城市及其周边，需要控制能源消耗来缓解电力短缺和电力成本等问题。而在广大的西北和西南地区，有着丰富的电力资源和大量淘汰落后产能，这些地区如果盲目追赶“新基建”的风潮建设大量传统数据中心，只会面临机位闲置、资源浪费和资金亏损的严峻问题。

加密超算产业，因其对网络和时延要求低、对能源成本极其敏感的特性，非常适合在西部能源富集区大力发展，而且近年来由西部各地方政府支持推动的电力消纳园区正在主动顺应这一市场需求的发展趋势。西部地区火电、水电、风电、光伏电资源丰富，且有大量闲置冗余现象，导致调峰消纳压力巨大，固定投资回报周期加长。大力推动加密超算产业在西部能源富集区的发展，既实现了闲置电力资源的充分消纳利用，也带动了偏远落后地区的去落后产能和产业转型，相比传统计算实现了用较少的前期投入带来较多的地方经济收入，帮助西部地区初步建立新基建所需的基础设施，为下一步数字经济的全面发展做好准备。

3.2 算力服务自贸区

传统计算产业和数字经济主要服务国内市场用户和国内大循环，而加密超算产业的算力需求是分布式全球化的，中国加密超算产业在全球占据主导地位，可以有效利用这一优势发展算力服务贸易。

目前我国服务贸易有巨大短板，一是我国服务贸易逆差很大，2018 年 7594 亿美元的服务贸易进出口总量中，逆差达到 2922 亿美元，居世界首位并占全球服务贸易逆差 40%；二是结构效益不好，我国服务贸易主要集中在劳动密集型行业，而知识密集型行业、资本密集型、资源环境密集型的服务贸易能力很弱，均表现为大幅度逆差。

如果能有效利用中国在加密超算产业的领先优势和主导地位，带动西部地区建立加密超算中心和算力服务自贸区，为全球提供高性价比的加密超算算力服务，那么就会产生十分显著的效果：每年为西部地区消纳 700-1000 亿度闲置电力，为电力相关能源产业增加 200-300 亿元人民币外汇收入；每年向全球销售算力服务可减少 250 亿美金服务贸易逆差，约占现有逆差的 9%；带动西部地区落后产能和整体经济的数字化转型，汇集全球算力需求推动国内上游 ASIC 和 GPU 服务器产业的快速发展。

3.3 离岸人民币结算

基于加密资产算力服务的全球化格局和中国加密超算产业的领先优势，可以进一步尝试在香港、海南等地建立离岸人民币与加密资产结算体系，推动人民币国际化与算力服务贸易全球化，吸引全球资金进入中国。

2019年8月初，美国财政部突然宣布中国是“汇率操纵国”，过去10年间美国财政部从未如此表态过，由此可知这次声明的事态严重性。美国在2015年出台了一个法案，专门制定了针对世界范围内“汇率操纵国”的惩罚条款，一旦某个国家被认定为操纵国，美国政府将可以采取十条惩戒性措施，包括在融资、信用、上市、贸易、结算、资产方面等一系列制裁和冻结措施。其中，第八条惩罚条款指出，利用比特币系统帮助和刺激“汇率操纵国”的企业和个人抽逃资金出国，针对这一条我们辩证去看，一旦发生肯定会出现部分国内资金想方设法出逃的情况，但比特币并不是最好的选择，因为国内比特币二级市场的交易受到严格禁止；而同时在现有世界格局下，会有更多资金看好中国愿意进入但因此受到阻碍，由于比特币交易在全球主要发达国家和经济体都有合规通道，再加上中国的算力服务优势，可以通过加密资产和加密超算服务帮助全球资金进入中国，此时离岸人民币与加密资产结算体系就显得尤为重要。

我们看到由中国团队管理运行的加密资产交易平台占据全球加密资产交易量一半以上，其中火币、OKEX均成功借壳香港上市主体，并将总部搬迁至海南自贸区，同时香港也在筹备推出数字资产交易牌照，这些都为算力服务贸易和加密资产离岸结算奠定了基础。

3.4 金融风险安全阀

需要注意的是，上述针对“汇率操纵国”的十条内容基本上涵盖了“金融风险”的全部内容，要么不打，要打就是这十条，我们应对“汇率风险”“金融风险”“长臂管辖风险”无外乎也是上述十条。

因此加快推进西部地区新基建，建立算力服务自贸区和离岸人民币与加密资产的结算体系就是一个系统性的风险防御体系。目前全球加密资产产业规模已经超过 2 万亿美金，预计未来 3-5 年将快速增加到 20-30 万亿美金。当前，美国、日本、新加坡、韩国等均有国家级别合规的加密资产交易平台和服务平台。以美国为例，Coinbase 是美国最大的加密资产合规交易所，其现货交易量占全球 20%以上；Bakkt 作为美国洲际交易所集团（ICE）的重点投资项目，正逐步成为全球最大的加密货币衍生品合规交易所；美国灰度基金累计管理比特币信托规模超过 120 亿美金并快速增长；富达资产全力布局加密资产相关产业；PayPal 面向数千万用户上线了购买比特币服务，并支持比特币等加密资产在 2800 万全球商户体系的交易结算。

美国正在全力抢占加密资产二级市场的话语权，而中国具备主导加密资产一级算力市场的得天独厚优势。算力是加密资产的安全基础和价值基础，在加密资产算力产业的话语权，可以有效传导至加密资产的二级市场，因此战略意义愈发显现。

加密超算产业应当成为我们应对金融风险的多维策略之一，与此同时做好国内金融系统的供给侧结构性改革并妥善推进人民币国际化进程，只有这样才能全面应对未来的风险和把握新时代的机遇。

3.5 全球货币新格局

美国债务水平已经创下历史新高，可以预见的是为了应对持续恶化的疫情和经济形势，新一届美国政府不得不继续加大放水力度，美元信任危机将越发严重。

全球货币的发展历史依旧清晰可见，无论是第一次工业革命英国煤炭产业和工业力量奠定英镑的全球地位，还是第二次工业革命、二战、石油贸易帮助美元牢牢锁定当今世界的主要货币格局，要想成为真正的全球货币，必须要有足够强大的信用和交易生态支撑。人民币国际化势在必行，但必定困难重重，还记得上一个试图国际化的日元，溃败在了《广场协定》

脚下并从此一蹶不振。

人民币要想最终实现国际化，就要全面推进人民币跨境结算，积极开展国与国间的本币互换，建设人民币离岸交易市场，推动人民币大宗物资清算定价，加强人民币在“一带一路”沿线国家的影响力，加快建设一个以人民币为清算货币的全球商业银行网络。

“布雷顿森林体系”瓦解使美元与黄金彻底脱钩，必须依靠石油贸易来维护美元的话语权。各国在主动增加黄金储备的同时，一方面在积极寻找更多“类黄金”的价值存储载体，另一方面也更加渴望一个有“锚”的可信全球货币体系，不再想成为美元超发通胀的牺牲品。以比特币为首的加密资产，因其抗通胀、去中心化、匿名安全的特性正在逐步成为更多国家的战略储备。美国在加密资产二级市场的主导权，一方面是源于美国企业和个人逐步意识到持有美元资产贬值的潜在风险，想以此保护资产安全；另一方面是美国决策者看到了加密资产市场的巨大发展潜力，试图像控制石油一样控制美元在加密资产交易结算话语权，进一步提升美元地位。

因此，人民币应当抓住加密资产市场的发展机遇，一方面充分利用加密超算服务贸易和加密资产境外交易平台，推动数字人民币与加密资产的全球交易结算，提升话语权和影响力；另一方面充分利用加密资产适合作为“全球货币之锚”的特性，将法定数字货币与之以合适的方式锚定，提升公信力，与世界各国加强合作引领全球货币新格局。

3.6 能源金融新生态

我们国家一直坚持的开放合作的姿态，将有利于我们与世界各国的互惠互利共同进步，在这个过程中我们既要解决自身遇到的困难和问题，也要在能力允许的范围内为各国解决问题提供优质解决方案。当前的世界格局，本质上是“一美独大”和“多元合作”的制度理念对抗，我们遇到的所有问题，其他坚持“多元合作”理念的国家也会遇到，我们发展数字经济、实现能源转型、防范金融风险的需求别的国家同样会有。

加密资产和加密超算产业正在全球各国飞速发展，无论是东南亚的新加坡、缅甸、不丹、马来西亚，还是中亚的哈萨克斯坦、吉尔吉斯斯坦，再到北美的美国、加拿大和欧洲的挪威、冰岛，各国正在以不同的方式抢占加密资产一级和二级市场的新机遇。尤其是加密超算产业，正在成为各国实现能源产业转型和金融安全的重要战略布局。从能源视角看，全球能源富集国家，都有条件和动力推动加密超算产业在本国的发展，这样既能改变他们当前 GDP 对廉价能源资源出口的过度依赖现状，又能充分发挥能源资源丰富廉价的优势实现更高的能源资源溢价，同时推动实现能源产业的数字化、科技化、金融化转型和金融安全的战略目的。

中国在加密超算产业的全产业链、价值链、供应链优势，一方面帮助我们在全球加密超算产业实现主导话语权，实现加密超算产业服务国内国际双循环的目的；另一方面，我们可以融合我们在加密超算产业芯片服务器、基础设施、算力运维、算力交易方面的优势，对外输出整体解决方案，帮助其他国家快速建立加密超算产业，在此基础上共同推动全球能源金融新生态的发展。

4. SAI 赛热科技赋能算能产业进化

4.1 算力产业互联网

SAI 赛热科技是一家基于芯片能源科技的全球算能运营商，致力于通过“芯片余热利用+清洁电力消纳+算力提升能效+新型算能芯片”的四维技术矩阵，有效降低计算产业能源成本和算力成本，推动计算和能源产业能效加速提升。

通过降低计算的热力、电力、算法、芯片四大核心成本，我们正在成为算力产业的“加速器”，与产业上下游深度合作共赢，以此建立一张覆盖全球的算力产业互联网，共同为用户提供更高性价比的算力服务。

4.2 电力产业互联网

电力是计算产业的核心成本之一，SAI 赛热科技具备优质的清洁电力消纳解决方案和全球电力资源，通过技术链接算力用电方和电力资源方，帮助算力客户获取廉价电力资源的同时，也帮助电力客户实现降本增效。

一方面，我们通过更高效的液冷散热技术降低了计算散热对电力的额外消耗和项目整体 PUE，实现节能降耗；另一方面，我们也为清洁电力消纳和传统电力调峰提供了更优质的解决方案，不再像以往需要昂贵的储能设备投入或者产生资源浪费。我们建立起一张以清洁电力为纽带的电力产业互联网，形成对整个传统电力产业的有效补充和资源优化配置。

4.3 热力产业互联网

SAI 赛热科技创造性的芯片余热利用解决方案，有效利用计算产业产生的废热提供热力服务，独具创新地开辟了一条降低热力产业成本的新路径。未来的大趋势是计算产业的全面快速发展，这就必然产生与算力对应的散热问题，如果能将计算产生的热量全部收集起来加以利用，既从本质上解决了散热耗电量大的问题，又实现了能源的再利用，推动计算产业节能化、绿色化。

在实际运行场景，SAI 赛热科技正在逐步建立一张以计算余热为纽带的热力产业互联网，以更低成本更高价值完成了热力服务，有效弥补了传统热力产业覆盖范围有限和综合成本高昂的缺陷。

综上，我们 SAI 赛热科技将始终秉持“能效加速，大热若寒”的价值观，聚焦中国算能产业顶层战略发展方向，全力以赴为用户和市场创造更多价值！

Part 2

算能

模块二：计算产业纵览

洞察能源与计算产业未来

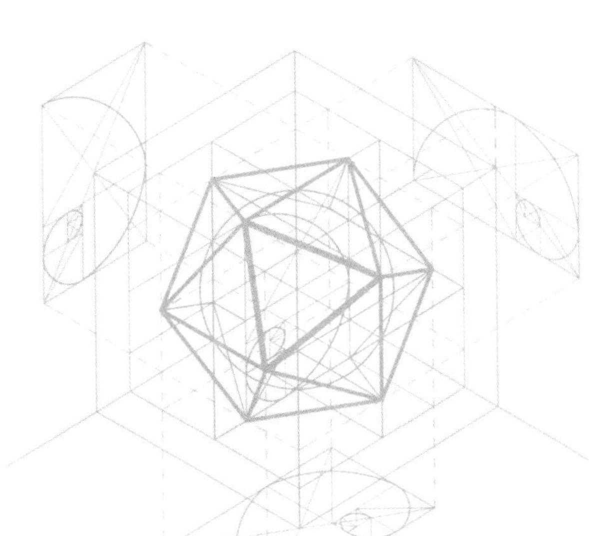

第一章 算法赛道

第一节 操作系统

1. Windows

作为我们最熟悉、使用得最多的电脑操作系统，Windows 系统从推出到现在已历经几十年了，从最初的 Windows1 到现在的 Windows10 系统，微软 Windows 系统的应用在 PC 端可谓是绝对的霸主，今天我们就回顾一下 Windows 的发展历程吧。

微软 Windows 系统是第一个将图形用户界面和多任务技术引入了桌面计算领域。用窗口替换了命令提示符，整个操作系统变得更有组织性，屏幕变成了虚拟桌面，一切都非常直观。它为未来的产品铺平了道路。正是在 Windows 1.0 的基础上，微软才得以推出一个又一个的重要产品。

Windows2（1987 年 12 月发布）

Windows2.0 版本对使用者界面做了一些改进。2.0 版本还增强了键盘和鼠标界面，特别是加入了功能表和对话框。

Windows3（1990 年 5 月发布）

Windows3.0 将 Win/286 和 Win/386 结合到同一种产品中。是第一个在家用和办公室市场上取得立足点的版本。著名的纸牌游戏 Solitaire 也在这个版本第一次登场了。随后微软还发布了 3.1 版本，增加了彩色屏保和对 TrueType 字体的支持，Windows3.1 只能在保护模式下运行，并且要求至少配置了 1MB 内存的 286 或 386 处理器的 PC。

Windows NT（1993 年 7 月发布）

Windows NT 是第一款支持 32 位的 Windows 系统，系统可以在不同类型的英特尔处理器上运行，可以同时运行多个应用程序。

Windows95（1995 年 8 月发布）

Windows 95 第一次引进了“开始”按钮和任务栏。95 虽然缺少了 NT 中某些功能，诸如高安全性和对 RISC 机器的可携性等，但是 95 具有需要较少硬件资源的优点。

Windows 98（1998 年 6 月发布）

Windows 98 附带了整合式 IE 浏览器，标志着操作系统开始支持互联网时代的到来。微软还重新设计了其文件管理器，增加了快速关机选项，另外还努力简化了驱动程序升级和下载系统补丁的工作。微软甚至还增加了对 TV 调频器的支持，让用户们可以在电脑上看电视，那主要是为了支持微软的 WebTV 服务。

Windows 2000/ME（2000 年 2 月/9 月发布）

微软 Windows 2000 原先的名字是 NT 5.0，主打特点是速度会比前几代 Windows 明显提升，它瞄准的客户主要是大型企业。

几个月后，微软推出了 Windows ME 系统。这款软件被普遍认为是两代 Windows 系统之间的夹生产品，它增加了家庭联网功能和用于播放数字音乐和编辑视频的软件。它还承诺会加快系统启动速度，简化技术支持，但是应用程序在它上面运行时，速度反而比在 Windows 98 上运行时还要慢。

就在一年之后，Windows ME 就被 Windows XP 迅速取代了。

Windows XP（2001 年 10 月发布）

Windows XP 是微软 Windows 产品开发历史上的一次飞跃性的产品，不管是外观还是给用户的感觉，它都与前几代 Windows 很不一样。但它保留了 Windows 系统的很多核心功能。也正是从这一代 Windows 开始，微软将各种网络服务与操作系统联系到了一起。

Windows Vista（2007年1月发布）

Vista 换上了一个更加现代化的界面，微软称之为“Aero”，还增加了一些安全功能，改善了搜索功能。微软还调整了某些内置的生产力和娱乐软件，比如邮件、日历、DVD制作和图库等

Windows7（2009年10月发布）

Windows 7 的新外观比以前的 Windows 系统更美观，另外它还避免了 Vista犯下的一些错。

微软修改了 Windows 7 中的任务条，允许用户“钉”软件以及快速浏览公开软件的预览版本。它还增加了在开放应用程序中发布流行任务的快捷键，并且可以快速组织窗口，将它们收拢到屏幕的一角。

Windows 7 还增加了一些更加高级的触摸导航功能，进一步改善了搜索、通用系统性能和内置媒体播放器软件。

Windows8（2012年10月发布）

Windows 8 最大的成就是将微软领入了平板电脑时代，它的界面是专为触摸式控制而设计的。被应用于个人电脑和平板电脑上，尤其是移动触控电子设备，如触屏手机、平板电脑等。该系统具有良好的续航能力，并且启动速度更快、占用内存更少，并兼容 Windows 7 所支持的软件和硬件。另外在界面设计上，采用平面化设计。

Windows10（2015年7月发布）

Windows10 为微软发布的最后一个独立 Windows 版本。Windows 10 共有7个发行版本，分别面向不同用户和设备。微软表示向运行 Windows7、Windows 8.1 以及 Windows Phone 8.1 的所有设备提供,用户可以在 Windows 10 发布后的第一年享受免费升级到 Windows10 服务。

Windows 10 操作系统在易用性和安全性方面有了极大的提升，除了针对云服务、智能移动设备、自然人机交互等新技术进行融合外，还对固态硬盘、生物识别、高分辨率屏幕等硬件进行了优化完善与支持。

2. 塞班

塞班系统（Symbian），大约从 2002 年的时候，中国手机玩家才开始慢慢的接触到这一名称，并在诺基亚推出了 7650、N-Gage、6600、7610 等第一批经典机型之后，最终使得塞班系统（Symbian）制霸整个手机行业，真正开启了最辉煌的十年发展历程。

2.1 塞班系统前传：Psion 公司和 EPOC 操作系统

首先我们得追溯到 1980 年，一位名为 David Potter 的欧洲人在英国伦敦创立了一家名为 Psion 的公司（宝意昂），这是欧洲市场上出现的第一批 PDA 厂商（Personal Digital Assistant 掌上电脑），在当时他们开发了一套 EPOC 操作系统，是“Electronic Piece of Cheese”的缩写，意思是“使用电子产品就好像吃奶酪一样简单”。

据了解，EPOC 操作系统是专门为掌上电脑、移动信息设备研发的，在 80 年代也是一套类似于 Android 的开方式操作系统，在早期研发的时候就加入了无线通信和安装第三方应用程序的系统设计，在无线通信方面与当年的其他操作系统相比具备先天优势。

在 20 世纪 80 年代—90 年代的时候，针对掌上电脑设备，除了 EPOC 系统之外，还有就是微软的 Windows CE 系统，两者都是 32 位的操作系统，但是 EPOC 系统确拥有实时性、多任务的，多线程、低功耗，内存占用少等诸多优势。

2.2 塞班系统起源：Psion 联合诺基亚、爱立信、摩托罗拉组建了 Symbian 公司

虽然 EPOC 系统在 PDA 设备上拥有很多的优势，甚至还能够与微软 Windows CE 系统分庭抗衡，但是在 20 世纪 90 年代的时候，Psion 公司也发现了自己的弱小，正巧又赶上了手机行业的迅速发展，于是在 1998 年，Psion 公司联合诺基亚、爱立信、摩托罗拉公司，一起组建了 Symbian 公司。

早期 Symbian 系统的定位是一个开放式平台，有点类似现如今的 Android 系统，任何人都可以为支持 Symbian 的设备开发软件，Symbian 很明智的推出了白金合作计划，最终成功的吸引了 ARM、德州仪器、松下、西门子、三星、联想等厂商先后加入，塞班系统联盟由此诞生！

2.3 塞班手机鼻祖：全球第一款基于 Symbian 操作系统的手机

塞班系统联盟成立之后，自然要搞出一些大事情来，多家厂商耗时一年多的时间，终于在 199 年 3 月份，Symbian 推出了 Symbian5.0 操作系统，支持标准网络页面的浏览器，支持 java 语言环境，可以运行小型应用程序。在当年，Symbian 还被美国杂志 Red Herring 评选为“综合评定最佳”和“最具长期潜力”的公司。

既然 Symbian5.0 操作系统已经问世，那么自然要推广到市场上，在当年可能爱立信比较受宠，于是成为由爱立信在双禧年（2000 年）正式发布了全球第一款搭载 Symbian 操作系统的手机——爱立信 R380，该机不仅是塞班手机的鼻祖，也是智能手机的鼻祖。

1999 年，Matsushita（松下）加入 Symbian，成为其股东和许可证持有者 。

2000 年，索尼、三洋也取得 Symbian 操作系统的许可证，成为 Symbian 联盟成员之一。

2.4 塞班时代壮大：诺基亚推出塞班 S60v2 第二版用户界面

2003 年，发生了两件大事，第一是塞班公司推出 Symbian7.0 操作系统，诺基亚根据该系统定制发布了 Series 60 第二版用户界面（S60v2），软件扩展名为 sis，支持的手机包括：诺基亚：N70、N72、N90、3230、6260、6600、6620、6630、6670、6680、6681、6682、7610、5610，联想：P930，三星：D720/730，松下：X700/X800。

第二件事情是，摩托罗拉在 2013 年 8 月与 Symbian 合同到期，以 7400 万欧元的价格将手中 Symbian 公司的股票出售给了 Psion 和诺基亚，从此，摩托罗拉退出了塞班系统联盟。

2.5 塞班黄金时代：诺基亚发布S60v3第三版用户界面，全球塞班手机总量突破一亿部

2005年，被诺基亚掌控全局的塞班公司推出了Symbian9.0操作系统，诺基亚也随后发布了Series 60第三版用户界面（S60v3），随着Symbian系统的知名度和搭载机型越来越多，最终到2006年的时候，塞班公司正式宣布：全球Symbian手机总量达到一亿部。

2.6 塞班危机初现：苹果和Android出现

2007年，智能手机行业重大转折之年，在这一年诺基亚还沉寂在S60v3带来的成功，并且大力拓展中国市场，更是在北京成立了研发中心，这是Symbian全球第四个研发中心。而就是这一年，iPhone来了，Android也来了，苹果和谷歌进军手机操作系统行业，塞班危机初现。

诺基亚在2007年，如放羊的孩子一般，虽然业内都告诉它狼来了，但是诺基亚却依旧站在巅峰成就上面享受自己在手机行业的胜利，甚至还嘲笑iPhone和Android在前期的各种缺陷问题，比如应用少、质量差等等。

2.7 塞班夕阳时代：联盟成员转投Android，Symbian^3系统最后的挣扎

2009年—2010年，LG、索尼爱立信、三星等厂商宣布退出塞班联盟，开始转投Android阵营。这时候，塞班系统联盟仅仅剩下了诺基亚一家，曾经辉煌的塞班，终于迎来了没落的夕阳时代，在垂死之际，塞班又吸起了iPhone和Android的一些优势（电容屏、多点触控、2D/3D游戏加速等），最终在2010年MWC大会上发布了Symbian^3系统。

2010年10月，第一款Symbian^3系统手机诺基亚N8正式发布，诺基亚将宣传重点放在了那颗1200万像素的摄像头上，本以为它会成为Symbian史上一次里程碑式的转变，结果Symbian^3并没能拯救塞班系统和诺基亚。

2.8 塞班终于倒下：诺基亚弃 Symbian 名称，808 成最后一款 Symbian 系统手机

2010 年 12 月，塞班基金会相关网站正式关闭，不再提供服务器存有的源代码下载。

2011 年 Q1，塞班系统市场份额首次被 Android 系统超过，同年，塞班在全球的市场占有率降至 22.1%，中国市场占有率则降为 23%。

2011 年 08 月，诺基亚宣布，放弃 Symbian 名称，下一代操作系统会被命名诺基亚 Belle，原来的塞班 Anna 系统也同样会更改为诺基亚 Anna，至此塞班系统倒了下来，正式退出历史舞台。

2012 年 2 月 27 日，诺基亚在 MWC 大会上发布了诺基亚 808 PureView 手机，该机拥有 4100 万像素摄像头，它是最后一款 Symbian 系统手机，也是塞班为整个世界奉上的最后一次惊喜。

3. 安卓

Android 是由 Google 公司和开放手机联盟领导并开发的一种基于 Linux 的自由且开放源代码的操作系统，主要使用于移动设备。

其最初由 Andy Rubin 开发，后被 Google 于 2005 年 8 月收购。之后 Google 与 84 家硬件制造商、软件开发商及电信营运商组建开放手机联盟，共同研发改良 Android 系统，完成开发后，Google 以 Apache 开源许可证的授权方式，发布了 Android 的源代码。

与苹果的 iOS 相反，安卓最大的特点就是“开放”，你可以在手机中任意安装软件，安卓的每个角落似乎都可以进行魔改。大部分手机厂商也都会基于安卓的原生系统进行定制，推出自行研制的安卓版本，进行二次开发，加入更多便利 APP、功能等等，以此提高用户的黏性。

安卓一词本义为机器人，在正式发行之前，拥有着两个内部测试版本，并以著名机器人的名称为它们命名，其名为“阿童木”与“发条机器人”。后来由于版权问题，谷歌逐渐将其命名规则变更为甜点，以此作为系统版

本的代号，看来开发者们也是一群十足的吃货。

3.1 系统的演变

具体的甜点名称于安卓 1.5 开始使用，其命名为“纸杯蛋糕”，也是安卓系统发展的里程碑。安卓 1.5 提供了许多保有市场竞争力的功能，例如智能虚拟键盘，在线文件快速浏览以及视频录制分享功能等等，也是当今手机系统一直沿用的基本功能。

同年，安卓 1.6“甜甜圈”发布，虽然版本号只多了 0.1，但它带来的变化远比数字多得多。除了对界面进行优化之外，还支持 CDMA，以便更好地进行通信。同时也提供了对多种屏幕分辨率以及比例的支持，减少了系统对设计方面的限制，也为之后整个系统的发展带来了深远的影响。

接着就进入了安卓的“2”时代，2.0/2.1/2.2/2.3 相继出现。如果你是一名安卓老用户，肯定会记得早年安卓系统无比缺乏细节的窘境，例如界面过渡缺乏动画、菜单滑动别扭、就连双指进行缩放操作也会漂移，更别说各种形态不一的图标、参差不齐的框架布局了。

整个“2”时代，虽然在系统界面上进行了一定程度的优化，但界面设计依旧不成体系，为了弥补这点，市面上出现了不少重做整个系统界面的第三方 ROM，大家熟悉的 MIUI 也诞生于这个时代。

随着系统界面的不断改进，安卓的“3”“4”时代终于到了，而安卓 4.0“冰淇淋三明治”毫无疑问是安卓当时变化最大的，更新最多的一个版本。

除了已经在安卓 3.0 蜂巢中所展露的虚拟按钮，“4”时代的更新还带来了全新的搜索和增强通知功能栏，以及手势功能，甚至为盲人用户设计了语音输出，更加注重于交互方面。

而攒够了一定资本的谷歌，也为安卓重新设计了一套 UI，Hold 界面就此诞生。其带来了全新的定义，布局强调简约，有秩序，使得很多安卓 APP 不再是 iOS 应用的简单移植，有了自己的一套视觉风格。

当然，Hold 界面操作不顺手的问题依旧存在，为了进行改变，安卓 5.1 随之出现。2014 年推出的安卓 5.1 可以说是自安卓系统 2008 年问世以来最大的升级，采用新的用户界面设计 Material Design，以一种剪纸的拟态来提高整个 UI 的层次感，并加入大量动态特效，系统的交互更加优秀鲜活，后续也不断地进行着更新，一直沿用到安卓 6.0，这也是安卓在系统设计上，能够跟 iOS 一较高下的重要资本。

经过了安卓 6.0“棉花糖”对软件运行速度上的大幅度优化，安卓 7.0“牛轧糖”便以流畅为标准，进行了更高层次的升级，系统可以限制后台能调用的资源，使前台运行能够更加流畅。

结束了对 6.0 与 7.0 的改进，安卓 8.0“奥利奥”的出现，更是加大了系统对 APP 在后台操作的限制，APP 一旦进入后台，短时间内需要停止所有的后台服务，并且能够在不卸载程序以及不改变用户使用习惯的情况下，减少后台用电，并延长了手机在睡眠模式下电池的续航能力。

为何安卓容易出现卡顿，耗电的问题？很大程度上是因为安卓并没有对 APP 进行严格的管理，系统发展到安卓 9.0，更是呈现出一种向 iOS 靠拢的趋势。其禁止 APP 调用第三方的 API，简单来说就是非官方的 APP 不允许在安卓手机运行，毕竟第三方 APP 的安全性和效率没有官方 APP 强。

针对卡顿的问题，在底层优化方面，安卓 9.0 也进行了一定程度的改动，促使与 8.0 之间产生了巨大的鸿沟。其针对 CPU、内存、存储资源，让各类应用都能得到最佳的资源配置，触屏方面也进行了绘制加速，使得滑动更加顺畅。

3.2 现在的安卓发展

系统经过数年的演变，终于发展到如今的安卓 10.0，其大大收紧了隐私方面的问题，例如后台应用启动的限制、设备位置信息显示的限制等等。虽然部分人认为安卓 10 似乎正在逐渐走向封闭的堕落之路，但其实这些改动或许是谷歌拯救系统生态环境的救赎之举。

4. iOS 和 MacOS

iOS（原名为 iPhone OS），是苹果公司为其移动设备所开发的专有移动操作系统，为其公司的许多移动设备提供操作界面，支持设备包括 iPhone、iPad 和 iPod touch。iPhone OS 自 iOS 4 起便改名为 iOS，它是全球第二大最受欢迎的移动操作系统，仅次于 Google 开发的 Android 系统。回顾开发的历史，主要有以下节点：

（1）Mac OS X 10.0 Cheetah（猎豹）

Mac OS X 是 Mac OS 的第十代系统，但实际上与先前的 Mac OS（麦金塔系统）是彻底分离开来的，底层架构完全不同，系统的视觉效果也更为华丽，OS X 前期均采用猫科动物命名，后来改为加州景点名称。

2001 年 3 月 24 日，苹果推出了 OS X 10.0 Cheetah，虽然其系统运行速度较慢，功能也不齐全，但由于重写了与之前完全不同的系统，因此系统内核的 Bug 要比以往少得多，稳定性也十分出色。

（2）Mac OS X 10.1 Puma（美洲豹）

同年 9 月 25 日，Mac OS X 10.1 Puma 的推出增强了 Cheetah 的运行效率，并引入了色彩管理、DVD 播放等功能，这也是 OS X 版本中 Mac 的首个默认操作系统。

（3）Mac OS X 10.6 Snow Leopard（雪豹）

在 2008 年的 WWDC 大会上，乔布斯正式发布 Mac OS X 10.6 Snow Leopard，现在 MacBook 上常用的触摸板中文手写功能、屏幕共享功能等都是在这一代系统加入的。

（4）iPhone OS 2.0

2008 年 7 月，iPhone OS 2.0 正式发布，从这一代开始，苹果引入 App Store，用户可以直接在里面下载、安装 App，可以轻易地购买付费软件，早在诺基亚还称王，安卓还未成气候的时候，苹果就已经在打造这两年很流行的“生态圈”了，而这造就了如今 iOS 跟 Android 之间的差距。

（5）Mac OS X 10.7 Lion（狮子）

2011 年 WWDC 大会上，沿用多年的 Mac OS X 改用线上发售 + 下载的形式进行销售，本次更新可谓意义重大。全系列的 ILife 软件得到了更新，并引入了多点触控、手势操作等功能，我们熟悉的 Launchpad 界面也是在该版本引入，还可以全屏运行程序。更重要的是，推出了全新的 Mac App Store 商店，还加入了我们现在常用的 AirDrop 功能。从这一代系统里，我们可以看到脱胎于 OS X 的 iOS 开始对 OS X 产生逆向的影响，两个系统开始出现越来越多的共同点。

（6）iPhone Runs OS X

最开始的时候，乔布斯表示要在 iPhone 上运行 OS X，于是 iPhone 配备了大屏幕，搭载多指触控技术，支持重力感应，还有虚拟 QWERTY 键盘、Safari 浏览器，这一切都让同时代的“智能手机”难以企及，当然，初代 iOS 也有许多不成熟的地方，不能更换桌面壁纸，没有 App Store，不支持安装应用程序，这一切在现在看来也是无法想象的。不过，苹果以用户体验为核心打造硬件的思路至今未变。

iOS 发展到第六代的时候，基本上已经趋于完善，而拟物化的风格也深入人心，这时候，高举扁平化大旗的 iOS 7 来了。iOS 7 不仅带来了全新的扁平化设计风格，更具活力的配色，还加入了全新的控制中心，强化了相机功能，多任务界面也变得一目了然。最重要的是，Touch ID 与系统的深度结合为苹果布局移动支付开辟了道路。

2020 年 6 月 22 日，在一年一度的 WWDC 上，苹果宣布了 Mac 有史以来最为重磅和最为重要的一次更新——迁移到苹果自主芯片；与此同时，macOS 及其应用生态也迎来了一次革命性的蜕变。

在这场发布会上，iOS、iPadOS 和 watchOS 虽然也都迎来不少亮眼的更新，但都成为了配角。

由于疫情影响，这是苹果有史以来第一次在线上举办 WWDC，但这丝毫不影响它的重要性——实际上，它是苹果进入 Tim Cook 时代后最重要的一次开发者大会。在大会上，苹果宣布了一个历史性的变化：Mac 将迁移到苹果自主芯片——苹果称之为 Apple Silicon，实际上它就是基于 Arm 架构。

从性能和功耗上来看，苹果表示，这将使 Mac 的每瓦特性能和更高性能的 GPU 处于业界领先地位，使应用程序开发人员能够编写更强大的专业应用程序和高端游戏。

同时，基于自研芯片的神经引擎等技术将使 Mac 成为开发人员使用机器学习的平台，这对 Mac 的智能化发展来说意义重大。

当然，配合这个重大变化，苹果也同时发布了 macOS 的最新版本——macOSBig Sur，来帮助开发者实现 App 对全新处理器架构的优化和更新。

在迁移计划上，苹果计划在今年年底前推出首款搭载 Apple Silicon 的 Mac 电脑，并在大约两年内完成过渡。在未来几年里，苹果将继续支持和发布基于 Intel 的 macOS 的新版本，并且目前还在开发基于英特尔的 Mac。向 Apple Silicon 的转变是 Mac 有史以来最大的飞跃。

除了 Mac，本次 WWDC 最受关注的就是 iOS 14。

在 iOS 14 系统中，最大的改变当属主屏幕页面——加入了 App Library 新功能以及重新设计小组件。

可以想见的是，在 iOS 和 iPadOS 应用生态的带动之下，macOS 应用生态将会迎来大爆发，而 Mac 的销量也势必会随之而起。与此同时，在 iOS、iPadOS 等都在强调 On-Device AI 和应用场景的情况下，Mac 也能够获得 On-Device AI 的加持，这对整个计算机行业来说，又是一个新的技术冲击。整体来看，在这次 WWDC 上，苹果再次展示出了其无与伦比的技术实力、产品转化力、软硬件整合优势、应用生态融合能力，生生为 Mac 开辟出一个新的未来，也为整个苹果应用生态的未来打通奠定了坚实的基础。此后，苹果的应用生态竞争力将更加强大，其融合和打通能力，也是 PC、Android

生态下竞争对手难以企及的。

5. Linux

Linux 是一种自由和开放源码的类 UNIX 操作系统。它能运行主要的 Unix 工具软件、应用程序和网络协议，支持 32 位和 64 位硬件。该操作系统的内核由林纳斯·托瓦兹于 1991 年 10 月 5 日首次发布。

Linux 最初是作为支持英特尔 x86 架构的个人计算机的一个自由操作系统，现可运行在服务器和其他大型平台之上，如大型计算机和超级计算机。Linux 也广泛应用在嵌入式系统上，如手机（Mobile Phone）、平板电脑（Tablet）、路由器（Router）、电视（TV）和电子游戏机等。

在流行的用法中，“Linux”通常是指围绕 Linux 内核的一组操作系统发行版。但从严格意义上讲，Linux 仅指内核本身的存在。为了构建一个完整的操作系统，Linux 发行版通常包括来自 GNU 项目和其他源的工具和库。最近，越来越多的开发人员使用 Linux 来构建和运行移动应用程序；它还在开发价格合理的设备（如 Chromebook）中发挥了关键作用，Chromebook 在内核上运行操作系统。在一般的云计算和服务器环境中，出于某些实际原因，Linux 是一种流行的选择

5.1 源自 Unix

Linux 起源于 Unix 和 Multics，这两个项目都以开发强大的多用户操作系统为目标。

Unix 是在贝尔实验室计算机科学研究中心的 Multics 项目迭代中开发的。

贝尔实验室于 1969 年停止资助 Multics 项目，但包括 Ken Thompson 和 Dennis Ritchie 在内的一组研究人员继续致力于该项目的核心规则。在 1972 年 3 月，他们决定用 C 语言重写该系统，这使得 Unix 具有独一无二的可移植性：与其他现代操作系统不同，它可以独立于硬件进行迁移。

贝尔实验室（后来的 AT&T）的研究和开发继续进行，同时，Unix 系统实验室与 Sun Microsystems 合作开发 Unix 版本，则将被商业化 Unix

供应商广泛采用。与此同时，学术界继续进行研究，最知名的是加州大学伯克利分校的计算机系统研究小组。该小组发布了 Berkeley Software Distribution（BSD），它激发了一系列操作系统，其中许多操作系统至今仍在使用。有历史记录的两个 BSD 发布是 NeXTStep：NeXT 开创的操作系统，它成为 macOS 及其他产品的基础；MINIX：是一个教育版操作系统，它在 Linus Torvalds 开发 Linux 时形成了相当的基础。

5.2 Unix 以清晰、可移植性和同时性原则为导向

清晰性:Unix 的模块化设计允许函数以有限且定义好的方式运行。它的文件系统是统一的，层次化的，简化了数据的操作。与以前的一些系统调用不同，Unix 实现了数百次(而不是数千次)的系统调用，每一次调用的目的都是简单明了的。

可移植性:通过用 C 语言编写 Unix，贝尔实验室的团队将 Unix 定位为广泛使用和采用。C 被设计为具有对内存的低级访问，最小的运行时支持，以及语言和机器指令之间的有效关系。以 C 语言为基础意味着 Unix 是可适应的，并且易于在各种硬件上运行。

同时性:Unix 内核是为支持多个用户和工作流的目标(由 Multics 项目共享)而定制的。内核空间与 Unix 中的用户空间不同，后者允许多个应用程序同时运行。

5.3 Linux 的演变

Unix 给开发人员提出了重要的问题，但它在最早期的迭代版本中也保持了私有性。因此，其历史的下半场是关于开发人员如何在其中工作以及针对它创建免费并且开源替代品的故事。

（1）开源实验

Richard Stallman 是开发者中的核心人物，他们受到启发、创造了 Unix 的非私有替代版。在麻省理工学院人工智能实验室工作期间，他开始研究 GNU 项目（递归的说法“GNU's not Unix！”），最终于 1984 年离开实验室，因此他可以将 GNU 组件作为自由软件进行分发。GNU 内核，称为 GNU

HURD，成为自由软件基金会（FSF）的焦点，该基金成立于 1985 年，目前由 Stallman 领导。

与此同时，另一位开发人员正在开发一种免费的 Unix 替代品:芬兰本科生 Linus Torvalds。1991 年 8 月 25 日，在对 MINIX 的许可感到失望之后，Torvalds 向 MINIX 用户群宣布，他正在开发自己的操作系统，类似于 MINIX。虽然最初是使用 GNU C 编译器在 MINIX 上开发的，但是 Linux 内核很快成为一个独特的项目，其核心是开发人员，他们在 1994 年与 Torvalds 一起发布了 1.0 版本的内核。

Torvalds 的内核一直使用 GNU 代码，包括 GNU C 编译器，许多 Linux 发行版都使用 GNU 组件。今天，“Linux”经常被用来表示 Linux 内核和 GNU 元素的存在。与此同时，许多手持设备和智能手机上的嵌入式系统通常使用 Linux 内核，很少甚至没有 GNU 组件。

（2）Linux 的核心特性

尽管 Linux 内核从 Unix 那里继承了很多目标和属性，但是从以下几个方面考量的话，和早期系统还是有许多不同的地方：

1）Linux 的核心组件是内核，它和其他的操作系统组件完全独立。这就意味着 Linux 可以通过其他来源（诸如 GNU）借用所需要任何的组件来组成一个完整的操作系统。

2）Linux 是免费的、开源的。由开发人员社区共同维护的内核通过 GNU 的通用公共许可证（这是自由软件基金会基于 GNU 项目的一个分支）进行授权，并且可以自由下载和修改。

3）Linux 有一个类似于 Unix 的单片内核，但是 Linux 也可以根据需要动态地加载和卸载内核代码。

4）和传统的 Unix 实现不同的是，Linux 支持对称多处理架构(SMP)。这意味着单个操作系统可以访问多个共享主存的处理器以及所有的输入输出设备。

5）Linux 的内核是抢占式的，这是 Linux 和 Unix 之间的另一个差异。

这意味着调度器可以在驱动程序或内核的其他部分在运行时强制进行切换。

6）Linux 没有线程和普通进程的区分。

7）Linux 支持命令行界面（CLI），除此之外，也可以支持图形用户界面（GUI）。

（3）流行的 Linux 发布版

开发者目前维护了诸多流行的 Linux 发行版。其中存在时间最长的是 Debian，它是一个免费的开源发行版，拥有 50,000 个软件包。Debian 启发了另一个流行的发行版 Ubuntu，由 Canonical Ltd 所资助。Ubuntu 使用 Debian 的 deb 包格式和包管理工具，并且 Ubuntu 开发者将改动推回到上游的 Debian。

Red Hat 在 1993 年创建了 Linux 发行版，十年后将其分割为 Red Hat Enterprise Linux 和 Fedora，后者是一个基于社区的操作系统，它使用了 Linux 内核和来自 GNU Project 中的元素。Red Hat 还与 CentOS Project 建立了合作关系，这是另一个流行的用于 Web 服务器的 Linux 发行版。然而这种关系不包括付费维护。与 Debian 一样，CentOS 由开发者社区维护的。

第二节 加密资产

1. BTC

比特币（Bitcoin）是一种基于去中心化，采用点对点网络与共识主动性，开放源代码，以区块链作为底层技术的虚拟加密货币，由中本聪在 2008 年提出，2009 年诞生。

比特币没有一个集中的发行方，由网络节点的计算生成，可以在任意一台接入互联网的电脑上买卖，并且具有极强的稀缺性。

1.1 比特币的发展

2008 年爆发全球金融危机，2008 年 11 月 1 日，一个自称中本聪（Satoshi Nakamoto）的人在 P2Pfoundation 网站上发布了比特币白皮书《比特币：一种点对点的电子现金系统》，陈述了他对电子货币的新设想，比特币就此面世。2009 年 1 月 3 日，比特币创世区块诞生。

和法定货币相比，比特币没有一个集中的发行方，而是由网络节点的计算生成，谁都有可能参与制造比特币，而且可以全世界流通，可以在任意一台接入互联网的电脑上买卖，不管身处何方，任何人都可以挖掘、购买、出售或收取比特币，并且在交易过程中外人无法辨认用户身份信息。2009 年 1 月 5 日，不受央行和任何金融机构控制的比特币诞生。比特币是一种数字货币，由计算机生成的一串串复杂代码组成，新比特币通过预设的程序制造，随着比特币总量的增加，新币制造的速度减慢，直到 2140 年达到 2100 万个的总量上限。

比特币网络通过“挖矿”来生成新的比特币。所谓“挖矿”实质上是用计算机解决一项复杂的数学问题，来保证比特币网络分布式记账系统的一致性。比特币网络会自动调整数学问题的难度，让整个网络约每 10 分钟得到一个合格答案。随后比特币网络会新生成一定量的比特币作为区块奖励，奖励获得答案的人。

2009 年比特币诞生的时候，区块奖励是 50 个比特币。诞生 10 分钟后，第一批 50 个比特币生成了，而此时的货币总量就是 50。随后比特币就以约每 10 分钟 50 个的速度增长。当总量达到 1050 万时(2100 万的 50%)，区块奖励减半为 25 个。当总量达到 1575 万(新产出 525 万，即 1050 的 50%)时，区块奖励再减半为 12.5 个。

首先，根据其设计原理，比特币的总量会持续增长，直至 100 多年后达到 2100 万的那一天。但比特币货币总量后期增长的速度会非常缓慢。事实上，87.5%的比特币都将在前12年被“挖”出来。所以从货币总量上看，比特币并不会达到固定量，其货币总量实质上是会不断膨胀的，尽管速度越来越慢。

凯恩斯学派的经济学家们认为，物价持续下跌会让人们倾向于推迟消费，因为同样一块钱明天就能买到更多的东西。消费意愿的降低又进一步导致了需求萎缩、商品滞销，使物价变得更低，步入“通缩螺旋”的恶性循环。同样，通缩货币哪怕不存入银行本身也能升值（购买力越来越强），人们的投资意愿也会升高，社会生产也会陷入低迷。因此比特币是一种具备通缩倾向的货币。比特币经济体中，以比特币定价的商品价格将会持续下跌，比特币的价值将不断上涨。

1.2 比特币的交易

比特币是一种虚拟货币，数量有限，但是可以用来套现：可以兑换成大多数国家的货币。你可以使用比特币购买一些虚拟的物品，比如网络游戏当中的衣服、帽子、装备等，只要有人接受，你也可以使用比特币购买现实生活当中的物品。

2014年9月9日，美国电商巨头eBay宣布，该公司旗下支付处理子公司Braintree将开始接受比特币支付。该公司已与比特币交易平台Coinbase达成合作，开始接受这种相对较新的支付手段。

2017年1月22日晚间，火币网、比特币中国与OKCoin币行相继在各自官网发布公告称，为进一步抑制投机，防止价格剧烈波动，各平台将于2017年1月24日中午12：00起开始收取交易服务费，服务费按成交金额的0.2%固定费率收取，且主动成交和被动成交费率一致。

9月4日，央行等七部委发公告称中国禁止虚拟货币交易。

2017年12月17日，比特币达到历史最高价19850美元。

2018年11月25日，比特币跌破4000美元大关。

2019年4月，比特币再次站上5000美元大关，创年内新高。5月12

日，比特币近八个月来首次突破 7000 美元。2019 年 5 月 14 日，据 coinmarketcap 报价显示，比特币站上 8000 美元，24 小时内上涨 14.68%。

2019 年 9 月 23 日，Bakkt 与 ICE 美国期货交易所和 ICE Clear US 合作推出托管和实物交割的每日和每月比特币期货合约。

1.3 比特币优点

完全去处中心化，没有发行机构，也就不可能操纵发行数量。其发行与流通，是通过开源的 p2p 算法实现。

健壮性。比特币完全依赖 p2p 网络，无发行中心，所以外部无法关闭它。比特币价格可能波动、崩盘，多国政府可能宣布它非法，但比特币和比特币庞大的 p2p 网络不会消失。

无国界、跨境。跨国汇款，会经过层层外汇管制机构，而且交易记录会被多方记录在案。但如果用比特币交易，直接输入数字地址，点一下鼠标，等待 p2p 网络确认交易后，大量资金就过去了。

山寨者难于生存。由于比特币算法是完全开源的，谁都可以下载到源码，修改些参数，重新编译下，就能创造一种新的 p2p 货币。但这些山寨货币很脆弱，极易遭到 51%攻击。任何个人或组织，只要控制一种 p2p 货币网络 51%的运算能力，就可以随意操纵交易、币值，这会对 p2p 货币构成毁灭性打击。很多山寨币，就是死在了这一环节上。而比特币网络已经足够健壮，想要控制比特币网络 51%的运算力，所需要的 CPU/GPU 数量将是一个天文数字。

1.4 法律现状

德国:2013 年 6 月底德国议会决定持有比特币一年以上将予以免税后，比特币被德国财政部认定为“记账单位”，这意味着比特币在德国已被视为合法货币，并且可以用来交税和从事贸易活动。

美国：2013 年 8 月，美国得克萨斯州地方法院法官阿莫斯·马赞特在一起比特币虚拟对冲基金的案件中裁定，比特币是一种货币，应该将其纳入金融法规的监管范围之内。

2020 年 7 月 25 日，美国联邦法院表示，根据华盛顿特区（D.C. ）法律，比特币被定义为“货币”。

日本：2017 年，日本政府称比特币是一种合法的支付方式。

中国：《人民币管理条例》规定，禁止制作和发售代币票券。由于代币票券的定义并没有明确的司法解释，如果比特币被纳入到“代币票券”中，则比特币在中国的法律前景面临不确定性。

2. ETH

ETH，以太坊（英语：Ethereum）是一个开源的有智能合约功能的公共区块链平台。通过其专用加密货币以太币（Ether，又称“以太币”）提供去中心化的虚拟机（称为“以太虚拟机”Ethereum Virtual Machine）来处理点对点合约。

以太坊的概念首次在 2013 至 2014 年间由程序员 Vitalik Buterin，受比特币启发后提出，大意为“下一代加密货币与去中心化应用平台”，在 2014 年通过 ICO 众筹得以开始发展。

（1）2013—2014 年：ETH 的诞生

ETH 的诞生来源于 V 神，这个出生于 1994 年 1 月 3 日的天才少年。V 神的父亲是一个计算机科学家，V 神也就从小就接触到计算机。小学时，被选入杰出儿童班，与此同时，他发现了自己对数学和编程、经济学的兴趣。之后也获得了国际信息学奥林匹克比赛的铜牌，是一个不折不扣的鬼才。

17 岁时，V 神从父亲那里了解到比特币。在比特币论坛上认识了比特币参与者之后，V 神被邀请到一个博客上写比特币相关文章。那个时候，他写一篇文章可以得到 5 个比特币（那个时候 5 个 BTC 等值于 3.5 美元）。

但由于这个博客网站不盈利的原因，很快就关闭了。2011 年 9 月，V 神和一些朋友创建了叫 Bitcoin Magazine 的网站。2012 年的时候，他们开始出版杂志，这也是最早报道到数字货币的杂志。2013 年 V 神周游全球，他良好的中文水平那个时候就练就出来了。

大概这个时候，他形成了要开发 ETH（Ethereum）的念头。说干就干，2013 年底，他发布了“以太坊，下一个智能合约和去中心化的应用平台”，在白皮书中他详细分析了比特币系统的设计、优点和不足后，提出要建立一条新的区块链，使之成为去中心化应用平台。

2014 年开始，V 神拿到了 Facebook 早期投资人彼得·蒂尔鼓励辍学创业的 10 万元蒂尔奖学金后，开始全职开发以太坊项目。

（2）2015 年：以太网络启动，ETH 正式上线

ETH 历史上第一个现有的价格是从 2015 年 8 月 7 日开始的，但是以太的价格是 2.77 美元。第一个上线以太的交易所是 Kraken，上线上天后，ETH 的价格暴跌至最低 0.68 美元。

2015 年 11 月 9 日—11 月 13 日，以太举行的 DEVCON-1 开发者大会，参与本次会议的有巨头 IBM、微软、软银等。

（3）2016 年：以太社区的分裂

2016 年开始，ETH 的价格取得了井喷式的上涨，最高时达到了 15 美元。

6 月 16 日，ETH 遭受到了黑客的攻击，约 6000 万美元的 ETH 被盗。7 月 20 日，以太网络被一分为二：Ethereum 和 Ethereum Classic。黑客被盗及社区分裂之后，以太收到了严重的打击，在短期之内币价也一度暴跌至低点。

（4）2017 年：ICO 的兴起

2017 年牛市的一触即发，在上一轮牛市中，最难忘的就是 ICO 的盛行。数以千万的项目都借助以太来私募，来融资。虽然泡沫的最后都是一地鸡毛，但 ETH1.0 真正留在了 2017 年历史的舞台上。

因为 ICO 的盛行，ETH 的价格一涨再涨，我们从历史价格表中可以看到最高达到了 1400 美金。哪怕是现在 ETH2.0 的启动阶段，ETH 的价格也

还是依旧在 350 美金左右。

ETH 从此之后，就被人们真正记住了。

（5）2018 年：熊市的到来

2018 年，ETH 面临着君士坦丁堡的升级。但升级一再延迟，且受到熊市的市场环境的影响，以太的价格暴跌。最低甚至跌到 80 美金左右，市场上质疑的声音也很多。

ICO 浪潮退却之后，ETH 还有其他的价值吗？ETH 是不是已经是属于过去的辉煌了，它还能再创佳绩吗?这个时候的以太，度过了艰难的一年，在市值排名上，甚至低于了瑞波（XRP），在主流币种排名到第三位。V 神也被人质疑，说他并不是技术的开发者，只是一个推广者而已。

从 2017 年到 2018 年这期间，以太网络上还有一款曾经引爆市场的 DAPP。这是一款机遇以太网络的养猫游戏，猫的养殖者就赋予了 ETH 的价值。加密猫的游戏让我们见证了以太上 DAPP 的发展，但同时也反映了以太网络慢的问题

即使 ETH 的愿景是很好的，但只要 ETH 的网络拥堵问题没有解决，ETH 就不能真正实现腾飞。

（6）2019 年：以太网络的第八次升级

2019 年对于以太来说，是夯实基础的一年。这一年以太实现了君士坦丁堡的第八次升级，主要目标之一是确保以太坊区块链与匿名 Zcash（ZEC）加密货币兼容，并通过 SNARK 和 STARK 零知识证明协议提高网络的可扩展性。此外，由于启动操作代码所需的天然气成本发生了变化，此更新使对网络执行拒绝服务攻击变得困难。

此外，以太和三星等巨头达成了合作关系。以太是生态也越来越繁荣，基于以太网络上开发的 DAPP 也越来越多。

（7）2020 年：DeFi 的热潮和 POS

这个热点的兴起，使得 ETH 王者归来。

一方面 DeFi 热点的兴起，给 ETH 带来了新的拓展机会。目前抵押挖矿主要网络都是基于 ETH 来开展的，类似于用 ETH 来 ICO，ETH 应用需求得到大大的提高；另一方面，以太网络的升级，以解决以太原先存在的网络拥堵的问题。

尤其是升级，被视为 ETH2.0。在这几天上涨的行情中，以太被不输于其他主流币。甚至引领了主流币的上涨，ETH 被视为王者归来！

3. DCEP

DCEP,央行数字货币（Central bank digital currencies）是中央银行货币的电子形式，家庭和企业都可以使用它来进行付款和储值。

央行数字货币在中国是经国务院批准计划发行的法定数字货币，中国央行在组织市场机构从事央行数字货币研发相应工作。

3.1 发展历史

2014 年，中国央行成立专门的研究团队，对数字货币发行和业务运行框架、数字货币的关键技术、发行流通环境、面临的法律问题等进行了深入研究。

2017 年 1 月，央行在深圳正式成立数字货币研究所。

2018 年 9 月，数字货币研究所搭建了贸易金融区块链平台。

2019 年 7 月 8 日，在数字金融开放研究计划启动仪式暨首届学术研讨会上，中国人民银行研究局局长王信曾透露，国务院已正式批准央行数字货币的研发，央行在组织市场机构从事相应工作。

2019 年 8 月 2 日，央行在 2019 年下半年工作电视会议上表示将加快推进法定数字货币的研发步伐。8 月 10 日，央行支付结算司副司长穆长春在中国金融四十人伊春论坛上表示，“央行数字货币可以说是呼之欲出了”。8 月 18 日，中共中央、国务院发布关于支持深圳建设中国特色社会主义先行示范区的意见，提到支持在深圳开展数字货币研究等创新应用。8 月 21 日，央行官微发布两篇有关数字货币的文章，一是发表于 2018 年 1

月的副行长范一飞谈央行数字货币几点考虑，二是支付结算司副司长穆长春8月10日在伊春的演讲。

DCEP（数字货币电子支付）的推出日益临近。最近一次央行公告是在2020年4月17日晚间，央行表示，目前数字人民币研发工作正在稳妥推进，当前阶段先行在深圳、苏州、雄安、成都及未来的冬奥场景进行内部封闭试点测试，以不断优化和完善功能。

中国可能将是世界上第一个发行主权数字货币的国家。

3.2 DCEP会给中国内部、跨境支付以及国际贸易结算带来的改变

对中国内部而言，首先需要明确的一点就是，我国央行的数字货币是对M0的替代，即对现有纸钞的替代。因此，数字货币与纸币一样，具有货币基础职能如价值尺度、流通手段、支付手段和贮藏价值，而目前的支付宝等电子支付是基于现有的银行账户体系，将M1、M2电子化的支付工具。因此，数字货币跟目前已有的第三方支付是有本质上区别的。

此外，银行数字货币可以极大地降低纸币、硬币发行流通成本，提高支付清算的效率。

我国央行的DCEP作为M0发行，一个重要的目的就是节省纸币的发行成本。截至2019年12月，我国流通M0为7.72万亿，同比增长5.4%。目前纸币、硬币的印制、发行、流通、贮藏各个环节的成本都非常高，防伪、携带均有成本。央行的数字货币就能很好地在保持现钞属性和价值特征的同时，又能够满足便捷性和安全性的要求，有助于完善支付体系，提升支付清算的效率。

最后，数字货币提高央行对于货币供给和流通的控制力。目前流通的货币完全是匿名的，央行无法追踪交易的具体情况。央行数字货币能够实现对货币的精准追踪，使得央行能够对货币的流通和宏观经济的运行情况有更加及时准确地把握，提高政策的有效性和准确性。央行通过大数据提升央行对货币供给和流通的控制力，有利于减少洗钱、逃税等违法犯罪行

为。

对于跨境支付和国际贸易结算来说，数字货币可以使支付和结算成本降低。目前我国跨境清算依然高度依赖美国的环球同业银行金融电讯协会（SWIFT）和纽约清算所银行同业支付系统（CHIPS），央行发行数字货币有望摆脱对现有SWIFT和CHIPS支付体系的依赖，为人民币的流通和国际化带来便利。

3.3 DCEP会对中国经济与货币政策产生的影响

对于经济方面，数字货币有利于提高央行对宏观经济动态的及时掌握。由于现行纸币缺乏详细的跟踪记录，导致央行对于宏观经济运行情况的掌握有时滞。数字货币通过对每一笔交易详细的记录，为央行创造了实时全面的感知手段。进一步央行可以通过云计算、大数据等工具对宏观经济做出更准确、及时的分析预测。

对于货币政策方面，数字货币对传统的货币派生机制将产生影响。一方面，数字货币系统相比于传统的纸币硬币，具有更高的清算效率，会使得清算账户和第三方储备账户中的资金减少，等同于投放信贷的资金增加；另一方面，由于数字货币更加高效便捷的支付特征，会减少居民对资金的持有偏好，从而降低资金的漏损率，最终使得货币乘数增加。货币政策的传导主要有利率、信贷、外汇和金融资产价格四个渠道，其中利率又是非常重要的渠道。由于DCEP可以差别计息，甚至可以打破零利率的下限，有望为货币政策的调节拓宽空间。此外，现行货币政策的调节主要是通过总量和利率的调节，具有一定的时滞性而且不够精确。数字货币的使用，有利于央行对货币总量，流向的精确把握，保障货币政策的有效运行和传导。同时，数字货币也有利于央行的监管，及时打击非法行为，缓解对货币政策的负面影响。

3.4 DCEP会给人们的生活带来的变化

DCEP 对人们生活的影响，一方面主要在于支付方式和支付习惯的改变。尽管微信、支付宝等第三方支付机构提出“无现金社会”的口号，但它们目前还不是现金的替代者，其虚拟账户中的自己只是作为支付工具存在。而真正的数字货币不依赖于第三方支付，甚至不依赖于网络，在支付的时候即使没有网络都可以完成支付，因此，如果第三方支付虚拟账户中的资金变成了真正的数字货币，将会对整个支付行业带来巨大变革。另外一方面，对全社会信用体系的建立将产生革命性的影响，主要在于 DCEP 跟个人信用的联系更为紧密，过去经济活动中的一些非法或者灰色交易将无所遁形。

3.5 需要建立新的法律法规来适应这一新的货币

从法律法规的角度来看，DCEP 的最终落地需要对应法律程序方面的修改，例如，《中国人民银行法》确立了人民币在中国的法定货币地位，并赋予了中国人民银行人民币发行权。此外，根据《人民币管理条例》规定，人民币的形式仅包括纸币和硬币，因此目前还不包括数字化或电子化形式。因此，若 DCEP 作为人民币的新形式，会涉及到《人民币管理条例》的修改。《人民币管理条例》属行政法规，条例的修改需要国务院决定，根据《人民币管理条例》第七条的规定，“新版人民币由中国人民银行组织设计，报国务院批准”，以及第十六条规定“中国人民银行发行新版人民币，应当报国务院批准”，因此，作为一种新版人民币，DCEP 发行需国务院的批准。

4. Libra

Libra 是由 Facebook 主导发行的区块链加密数字货币。其主要特征包括：在组织架构方面，Libra 的发行管理由非营利性、去中心化的协会实施，协会成员覆盖支付、电信、区块链等多个行业；在技术方面，与其他数字货币相比，Libra 的三大核心技术（Move 编程语言、BFT 共识机制、梅克尔树数据结构）使其更具安全性与可靠性；在货币特征方面，Libra 储备 100%挂钩一篮子银行存款和短期国债，具有稳定性、低通货膨胀率、全球普遍接受和可互换的优势。

4.1 诞生驱动力：Facebook 进军支付业务

Libra 的诞生并非一蹴而就，而是 Facebook 利用沉淀数据，为拓宽业务结构、寻找新的利润增长点而进行多次尝试的产物。

一是 Facebook 业务结构单一，多次被爆数据安全和隐私问题，可持续发展存疑。Facebook 拥有约 27 亿用户，覆盖美国、欧洲等发达国家和印度、墨西哥等发展中国家。不过 Facebook 商业模式以广告投放为主，2019 年一季度广告收入占总营收的 98.9%。随着人们对互联网隐私保护意识的觉醒和各国法律制度的逐渐完善，未来将内容浏览等个人行为数据应用于广告智能分发或受限，Facebook 的“流量+广告”商业模式存疑。

二是为提高数据价值、改变业务结构，Facebook 曾多次探索支付和电子商务领域，有该领域基础和了解。早至 2011 年，Facebook 开始涉足支付行业，建立 Facebook Payments 以承担平台内的支付功能，2012 年 Facebook 进入电商领域，推出礼品卡 Facebook Gifts，此后陆续推出 Credits、Messenger Payments 等支付方式，Facebook Marketplace、Checkout 等电商服务。不过 Facebook 用户分散广，且竞争对手 Apple iTunes/Store、Amazon 等拥有强大的市场蚕食能力，Facebook 的支付和电商业务迟迟无法打开市场。

三是区块链可以解决 Facebook 面临的发展问题，提升其在新经济命脉中的话语权。区块链技术有开放、平等、共信、透明等优点，为支付行业带来了革命性变化。Facebook 凭借 Libra 再次切入支付领域，基于海量数据其有望成为金融科技服务提供商，打造“社交+支付”的生态闭环。

4.2 管理模式：非营利性、去中心化的协会治理

虽然 Libra 加密货币是由 Facebook 发起，但是其发行管理由总部设在瑞士日内瓦的非营利性、去中心化的协会实施。

目前 Libra 协会包含 28 个成员，协会由 Facebook 发起，成员由各行

业的机构组成，覆盖支付业、技术交易平台、电信业、区块链业等。根据白皮书规划，2020 年 Lirba 正式发行时协会创始成员数将达到 100 个左右。

Libra 协会成员享有同等权利和义务，单个创始人投票权设上限。协会所有决策都将通过理事会做出，重大政策或技术性决策需要三分之二的成员投票表决同意。为了防止投票权集中掌握在一方之手，无论成员持有多少 Libra，包括 Facebook 在内的单个创始人只能代表理事会中的 1 票或总票数的 1%（以较大者为准）。

4.3 核心技术：Move 编程语言、BFT 共识机制、梅克尔树数据结构

Libra 核心技术涉及三个方面：Move 编程语言、拜占庭共识算法（BFT）和区块链数据结构。Libra 可以简单理解为采用拜占庭共识算法的一种联盟链。

（1）Libra 设计和使用更可靠、安全性更高的 Move 编程语言。Move 有以下特点：

a. 每个资源只有唯一所有者，从设计上防止数字资产被复制；

b. 自动验证交易是否满足条件，确保区块链安全性；

c. 可执行对 Libra 货币和验证者节点的管理，减轻关键交易代码的开发难度。

（2）采用基于 LibraBFT 共识协议的 BFT 机制。共识机制旨在确保各分布式节点交易信息的一致性和不可逆性。Libra 采用 BFT 机制，即使三分之一节点发生故障，其依然可以确保网络正常运行。

（3）采用梅克尔树的数据存储结构，确保存储交易数据的安全性。梅克尔树是在区块链（如比特币）中广泛使用的数据结构，可以高效、快速归纳和检验大规模数据完整性，只要树中任何一个节点被篡改就会出现校验失败。

4.4 货币特性：100%挂钩一揽子银行存款和短期国债

Libra 区块链从根本上来讲是一种采用区块链技术的数字货币。通过

与法币、比特币、其他稳定币和Q币比较，我们得以理解Libra作为货币的特点。

（1）发行机制方面，Libra是中心化的，即由Libra协会制定管理发行规则，这不同于比特币、稳定币USDT等数字货币，但是与法币和Q比相类似。

（2）信用背书方面，Libra与稳定币USDT相似，均以资产储备为后盾，其中Libra以100%挂钩一篮子银行存款和短期政府债券，进一步实现币值稳定和增加信用。比特币完全无信用背书，法币和Q币依托国家信用。

（3）发行数量方面，Libra无发行上限，与法币、稳定币USDT和Q币相似，不过比特币有2100万个发行上限。

（4）流通范围来方面，Libra或以Facebook全球27亿用户为基础，逐步扩大流通范围。除美元外的法币基本只能在一个经济体境内流通，稳定币USDT主要用于购买其他数字货币,Q币流通范围仅限于购买腾讯服务。

4.5 Libra的优势

（1）基于区块链的技术升级

基于区块链技术，比特币实现了无须中介、匿名性、点对点交易和上网即可开户的特性，由此吸引了众多追捧者。Libra以区块链为底层技术，其不仅吸纳了比特币的优势，而且在编程语言和平台架构方面作了进一步的技术优化。

1）设计了Move编程语言，兼顾安全性与开发难度。

2）采用“联盟链+中央集权”的架构，满足各国监管层对抗违法行为的需求。Libra采用集中式架构，所有交易由中央授权节点发起，生成包含交易时间、地点和方式信息的永久记录，因此可以支持监管部门对抗洗钱、避税等违规行为。

（2）创造一个更加普惠的金融体系，大幅降低跨境支付成本

传统金融服务以银行等第三方金融机构为载体，流程复杂且服务链条

长，金融服务成本高。Libra 采用去中心化的区块链技术，点对点交易弱化了金融机构作用，流程简化降低金融业务运营成本。

Libra 的低运营成本不仅创造了一个更加普惠的金融体系，而且大幅降低跨境支付成本。

1）为欠发达地区提供平等的金融服务。根据世界银行数据，费用高昂、银行距离远、缺乏手续材料阻碍人们开立银行账户。凭借互联网和区块链技术，Libra 可以有效缓解上述障碍，向欠发达地区人们提供低成本的银行服务。普惠的金融服务促进当地贸易和商业发展，提升资本配置效率，为欠发达地区经济增长提供内生动力；此外 Libra 还有望解决长期以来的粗放式扶贫援助，通过金融大数据和线上银行渠道，国际援助资金可以精准到达贫困人群，减少贫困援助过程中的资金损耗和官僚腐败。

2）大幅降低跨境支付成本。传统跨境支付结算时间长、费用高，需要第三方中介机构执行复杂流程，以完成各个国家的清算程序。而 Libra 的点对点支付方式绕开银行体系，可实现全天候支付、快速交易。

5. USDT

USDT 是在比特币区块链上发布的基于 Omni Layer 协议的数字资产。USDT 与同数量的美元是等值的，用于增加市场流动性，减少数字货币市场波动。每一枚 USDT 都会象征性的与政府支持的法定货币关联。

USDT 并不是一个新出现的币种，早在 2015 年就已上线交易，但因国内交易所引入较晚，所以很多投资者对其并不是很了解。USDT 公司称投资者可以通过 SWIFT 电汇美元至 Tether 公司的银行账户，或通过交易所换取 USDT。

5.1 USDT 的第一阶段

USDT 发展的第一个阶段是 Bitfinex 交易所发行了 USDT，但是相当长时间里，USDT 和交易所的美元充值、提现没什么区别，甚至还给用户增加了一点麻烦。因为当时的 USDT 和现在的这个稳定币还差了十万八千里，因为需求不大。用户反正是要往Bitfinex交易所充法币美元的，而且充值成功就能交易，卖出比特币之后就能提现美元。所以说在第一阶段，USDT的实际应用并不多，只是有了一个概念而已。

5.2 USDT的第二阶段

随着USDT的发展，到了第二个阶段，海外开始有交易所使用USDT作为储备金的手段了。因为对于海外交易所来说，搞定美金通道，进出资金都很难，所以，在那个年代终于开始出现了币币交易所，最早的就是P网——Poloniex,然后,又出了B网——Bittrex,这两家交易所现在很多人可能没听说过或者影响力很一般，交易量也大幅下滑了，但当年不一样，当年都曾经是有巨大影响力的交易所。

当年这个 Poloniex 交易所曾经因为以太坊分叉的重放问题，一鸣惊人。因为当时大家都没有搞定，没搞懂如何重放，就他一家搞懂，而且提前做好准备了，所以当时的以太坊的重放，大家的以太坊都会拿到P网去进行充值、重放，仅仅因为以太坊重放这一件事情，P 网就迅速成为这个山寨币交易所的老大，当时我们都试过P网上边的那个交易量，各类币种的深度非常好，一下就成为当时的顶级的交易所。当然，这两年下滑后被Circle收购了，现在已经没有什么影响力了。Bittrex也曾经是在P网之后发展出来的顶尖的山寨币交易所，交易量也非常大。这些交易所都有一个特点——他们本身都是币币交易所，并且利用USDT来作为出入金方式，开始支撑美元。

在这个阶段,由于有这两家以及其他交易所开始选择USDT作为法币通道的替代品——因为自己搞不定美元通道，所以就开始使用USDT。美元通道由Bitfinex负责，也就是说，交易所需要到Bitfinex换USDT，然后在自己交易所进行币币交易。而且USDT都是基于Omni协议的，

都可以开发支持一下，所以，在这一阶段终于开始成为跨交易所的稳定币方案。发展到这一时期，USDT才可以说，终于有点用了，而不仅仅是

人为的为充值提现增加了一个流程而已。

5.3 USDT 的第三阶段，爆炸式增长的阶段

USDT 最重要的一个阶段，就是第三阶段的爆炸式增长阶段。在“94 事件”之前，因为比特派一直都是场外交易者的第一钱包，所以我们一直都关注着相关的数据——我们很清楚的知道我们大家在哪儿活跃。在“94 事件”之前，国人几乎没有人使用 USDT，但由于“94 事件”，使得国内的交易所全部出海。在这种情况下，火币、OK（OKCoin）、币安当时花了一两个月的时间出海。币安因为准备充分，所以反应最快；火币、OKCoin 比较重，要做调整，所以相对慢一些。

在那个时间里，这几家交易所在海外版本里，开始把原来的充值提现通道都给去掉了，也没办法再支持人民币直接充值提现了，所以都开始用 USDT。当时的火币、OK（OKCoin）还专门出了一些教学性的文章，给大家解释 Omni 协议是什么？什么叫 Tether？泰达美元是怎么回事？USDT 到底能干啥用……做了很多这类的工作，也就是说，国人那时才开始有了一些思想上的转变。

大体来讲，在当时主流的交易所或者其他的交易所都开始去选择 USDT 作为基本的交易对，也就是那会儿才开始有了稳定币的发展趋势。

从钱包的角度，就更不用想。一直到比特派支持之前 USDT 都没有专门的钱包，我们大概在“94 事件”过了 1 年之后，我们才支持 Omni 协议的那个 USDT，而且我们支持的时候也是全球领先的。也就是从这个时候，USDT 开始从少数搬砖套利的人走向币圈所有的交易者。

国内的场外交易市场实际上在“94 事件”之前就已经比较活跃了。因为在 2017 年春节后，央行限制提币，国内的场外交易市场就迅速发展起来，比特派也在当时爆炸式的增长。我们和国内的仓位交易者群体关系非常好，所以我们的数据看得非常清楚——在相当长时间里面场外交易市场，只有一个需求——就是比特币。而 USDT 的场外交易在“94 事件”之前是零市

场，在“94 事件”之后的头几个月，开始有一点点市场，但“94 事件”之后由于主流交易所全部切换到 USDT 作为出入金通道，所以场外交易者对于 USDT 的需求大幅提高，发展的今天，USDT 是场外交易绝对的第二大币种，仅次于比特币、比以太坊、EOS 高多了。

5.4 稳定币的百花齐放阶段

随着 USDT 的迅速发展，从“94 事件”之后，USDT 的增长曲线陡然向上。经过一两年的发展之后，大家发现稳定币市场太大了，USDT 做的最早，最成功。也有越来越多的资本团队和其他背景的团队开始进入到稳定币市场，也就诞生了“StableCoin”这个词，越来越多的稳定币项目开始诞生。都很眼红 USDT 一家独占的市场，再加上 USDT 也曾经遇到过各种各样的问题，包括到今天还没有解决的麻烦，所以各方都有了稳定币的念头。

各种背景的团队开始入场稳定币市场后，就出现了像 PAX、USDC、TUSD 这类或多或少有一定合规因素的合规稳定币，比如说他们在纽约金融局拿了一些牌照这类的合规稳定币。再后来，几大交易所也忍不住了，大家都不甘于为 USDT 做嫁衣——做那么多努力，结果量都是 USDT 的。纷纷推出了自己的稳定币产品，火币推出了 HUSD，OK 的 USDK，币安的 BUSD 等等。除此以外，还有去中心化的稳定币，也开始有团队开始设计了，这个是基于针对于去中心化金融 DeFi 场景所设计出来的，像 DAI、USDX 等，他们也有一些用户在用。

但总体来讲，刚才所列的所有的稳定币包括合规的、交易所的、还有去中性化的等等，各类的稳定币都有一个特点——他们跟 USDT 比起来不是一个数量级的，差距非常非常大，不管是发行量、还是交易量，所有其他非 USDT 的稳定币加起来可能只能占到（市场的）个位数，其原因就是共识的力量——稳定币真正最大价值也是其使用最广泛的原因。

第三节 人工智能

1. 图形加速

工作之余，炫酷特效的 3D 电影、场景逼真的大型游戏都是人们的主要消遣，这些“高大上”的图像视频效果都离不开一项重要的计算机技术：图形加速。

纯文本时代早就离我们远去了，如今 Windows 的界面是完全基于图形的。我们所看到的屏幕上显示的文字，其实是 Windows 调度“画”字程序，从硬盘里读出字体，然后画到屏幕上来，这样就显示出了我们看到的文字。

大家应该有过这种体验：等待 Windows 程序运行的时间长得难以忍受。这是因为 Windows 这样一个图形界面的操作系统，同时运行大量的窗口图形，需要占用 CPU 的大部分性能去处理这些图形，因此造成 PC 机系统性能的低下。比如令人头疼的“正在加载”。

为了提升系统的整体性能，就需要设法加快图形的处理和显示速度。这也是开发图形加速功能的意义所在，接下来我们来看看图形加速技术的简要成长经历：

（1）无加速阶段

这一阶段的图形比较简单，绘图工作全部由 CPU 完成。CPU 在完成图形的生成、变换、着色等操作后，将处理后的图形数据从存储设备中一行一行地复制到显示终端控制器，由显示终端控制器控制其显示。由于进行图形处理的数据量较大，且全由 CPU 完成，对 CPU 的负担很重，所以这一阶段的图形处理能力低，图形也比较简单。

（2）2D 加速阶段

2D 加速，说得直白一点，就是让显卡来充当“搬运工”的角色。由显卡上相应的电路完成图形数据从显存到显示器的复制、传送控制和显示控制，CPU 只需专注完成图形的处理和数据生成。这样图形数据的处理和传送可以并行工作，提高了处理效率以及显示的速度，一定程度上减轻了 CPU 的负担。

（3）3D 加速阶段

尽管2D加速技术由显卡来完成图形的传送，分担了CPU的一部分工作，但是图形大量的数据处理对于 CPU 来说负担还是过重。经过研究发现，图形处理涉及的某些算法简单且固定，可以用相应的电路完成，这样就给 3D 加速技术的出现奠定了基础。

3D 图形是用若干个三角形来表示的，用三角形组成 3D 图形和积分的思想一样，即用无数个平面来表示曲面图形。在 3D 中一般的曲面图形都用一组近似的平面图形替代，引入了贴图、光照、渲染等技术，利用人眼的视觉差模拟实现 3D 效果。

3D 加速技术就是将 3D 图形处理技术中固定的算法，诸如设定、贴图、光照、渲染等全部交给显卡，用显卡中的电子线路完成这些工作，CPU 只用提供这些运算所需要的参数，从而控制固件工作。3D 加速技术让 CPU 进一步从繁重的图形运算中解脱出来，从而提高了处理速度。

2. 内容加速

内容分发网络（Content Delivery Network，CDN），是在现有 Internet 中增加的一层新的网络架构，由遍布全国的高性能加速节点构成。这些高性能的服务节点都会按照一定的缓存策略存储您的业务内容，当您的用户向您的某一业务内容发起请求时，请求会被调度至最接近用户的服务节点，直接由服务节点快速响应，有效降低用户访问延迟，提升可用性。

CDN 有效地解决了目前互联网业务中网络层面的以下问题：

（1）用户与业务服务器地域间物理距离较远，需要进行多次网络转发，传输延时较高且不稳定；

（2）用户使用运营商与业务服务器所在运营商不同，请求需要运营商之间进行互联转发；

（3）业务服务器网络带宽、处理能力有限，当接收到海量用户请求时，会导致响应速度降低、可用性降低。

正常的 WEB 请求过程：

图九：WEB 请求过程

CDN 加速：

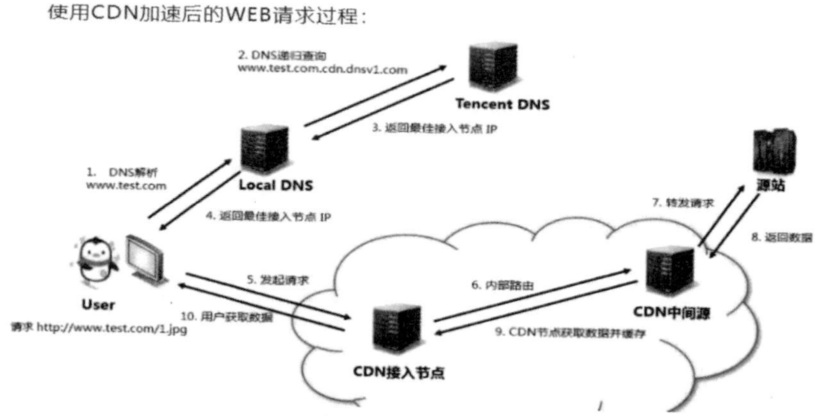

图十：CDN 加速后的 WEB 请求过程

用户访问域名，浏览器查看本地 dns 缓存，没有则请求 DNS 服务器。DNS 域名解析设置了 CNAME，指向了 ###.###.com，即请求指向了 CDN 网络中的智能 DNS 负载均衡系统。智能 DNS 负载均衡系统解析域名，把对用户响应速度最快的 IP 节点返回给用户。用户向该 IP 节点发起请求，第一次访问，CDN 服务器会向原 web 站点请求，并缓存内容。

2.1 使用场景

网页静态资源优化加速分发，例如：html、css、js、img、短视频等；

全站 HTTPS 保证网络访问安全；TCP 压缩优化使网页大图，样式等完成秒级加载，缩短网页响应时间提高用户体验。

2.2 文件下载

大文件下载优化加速分发，例如：apk、mp3、exe、zip 等；特网云 CDN 加速在全球数千个节点，让用户在下载过程中获得更快的下载速度，并利用分段缓存技术提高了大文件下载传输的稳定性。配合特网云-存储服务一起使用，可有效降低回源和存储成本。

2.3 音视频点播

音视频点播优化加速服务，例如：mp4、flv、rmvb、wmv、hls 等；特网云 CDN 加速利用 BGP 网络中间源技术降低回源带宽压力节省了用户回源成本、分段预取技术使用户在浏览音视频时更加的流畅，高级防盗链技术有效防止用户文件被盗用。

2.4 动态加速

动态加速针对动态资源进行加速分发，借助特有的动态路由探测技术和私有传输协议优化，可以保证客户源站的内容通过安全稳定的最优链路分发到用户端，在电商、社交、社区论坛、金融支付和游戏娱乐等方面可以显著提升用户的访问性能。使用动态加速时，域名下面的所有请求都将通过动态路由回到客户源站。

第四节 量子计算

1.量子理论

量子理论，是当今人们研究微观世界的理论。

由普朗克于 1900 年首先提出。之后，经过玻尔、德布罗意、玻恩、海森柏、薛定谔、狄拉克、爱因斯坦等许多物理大师的创新努力，到 20 世纪

30 年代，初步建立了一套完整的量子力学理论。

量子论的一些基本论点显得并不“玄乎”，但它的推论显得很“玄”。我们假设一个“量子”距离也就是最小距离的两个端点 A 和 B。按照量子论，物体从 A 不经过 A 和 B 中的任何一个点就能直接到达 B。换句话说，物体在 A 点突然消失，与此同时在 B 点出现。除了神话，你无法在现实的宏观世界找到一个这样的例子。量子论把人们在宏观世界里建立起来的“常识”和“直觉”打了个七零八落。

薛定谔的猫是关于量子理论的一个理想实验。实验内容是：这只猫十分可怜，它被封在一个密室里，密室里有食物有毒药。毒药瓶上有一个锤子，锤子由一个电子开关控制，电子开关由放射性原子控制。如果原子核衰变，则放出α 粒子，触动电子开关，锤子落下，砸碎毒药瓶，释放出里面的氰化物气体，猫必死无疑。这个残忍的装置由奥地利物理学家埃尔温·薛定谔所设计，所以此猫便叫作薛定谔猫。量子理论认为：如果没有揭开盖子，进行观察，我们永远也不知道猫是死是活，它将永远处于非死非活的叠加态，这与我们的日常经验严重相违。

1.1 量子计算机原理

普通的数字计算机在 0 和 1 的二进制系统上运行，称为“比特”(bit)。但量子计算机要远远更为强大。它们可以在量子位（qubit）上运算，可以计算 0 和 1 之间的数值。假想一个放置在磁场中的原子，它像陀螺一样旋转，于是它的旋转轴可以不是向上指就是向下指。原子的旋转可能向上也可能向下，但不可能同时都进行。但在量子的奇异世界中，原子被描述为两种状态的总和，一个向上转的原子和一个向下转的原子的总和。在量子的奇妙世界中，每一种物体都被使用所有不可思议状态的总和来描述。

量子计算机是通过量子分裂式、量子修补式来进行一系列的大规模高精确度的运算的。其浮点运算性能是普通家用电脑的 CPU 所无法比拟的，量子计算机大规模运算的方式其实就类似于普通电脑的批处理程序，其运算方式简单来说就是通过大量的量子分裂，再进行高速的量子修补，但是其精确度和速度也是普通电脑望尘莫及的。

1.2 量子计算机工作原理

普通的数字计算机在 0 和 1 的二进制系统上运行，称为“比特”(bit)。但量子计算机要远远更为强大。它们可以在量子比特（qubit）上运算，可以计算 0 和 1 之间的数值。假想一个放置在磁场中的原子，它像陀螺一样旋转，于是它的旋转轴可以不是向上指就是向下指。常识告诉我们：原子的旋转可能向上也可能向下，但不可能同时都进行。但在量子的奇异世界中，原子被描述为两种状态的总和，一个向上转的原子和一个向下转的原子的总和。在量子的奇妙世界中，每一种物体都被使用所有不可思议状态的总和来描述。

想象一串原子排列在一个磁场中，以相同的方式旋转。如果一束激光照射在这串原子上方，激光束会跃下这组原子，迅速翻转一些原子的旋转轴。通过测量进入的和离开的激光束的差异，我们已经完成了一次复杂的量子“计算”，涉及了许多自旋的快速移动。

从数学抽象上看，量子计算机执行以集合为基本运算单元的计算，普通计算机执行以元素为基本运算单元的计算（如果集合中只有一个元素，量子计算与经典计算没有区别）。

以函数 $y=f(x)$，$x \in A$ 为例。量子计算的输入参数是定义域 A，一步到位得到输出值域 B，即 $B=f(A)$；经典计算的输入参数是 x，得到输出值 y，要多次计算才能得到值域 B，即 $y=f(x)$，$x \in A$，$y \in B$。

量子计算机有一个待解决的问题，即输出值域 B 只能随机取出一个有效值 y。虽然通过将不希望的输出导向空集的方法，已使输出集 B 中的元素远少于输入集 A 中的元素，但当需要取出全部有效值时仍需要多次计算。

1.3 量子计算机的主要用途

（1）量子计算机可以进行大数的因式分解，和 Grover 搜索破译密码，但是同时也提供了另一种保密通讯的方式。

（2）在利用 EPR 对进行量子通讯的实验中中我们发现，只有拥有 EPR 对的双方才可能完成量子信息的传递，任何第三方的窃听者都不能获得完全的量子信息，这样实现的量子通讯才是真正不会被破解的保密通讯。

（3）此外量子计算机还可以用来做量子系统的模拟，人们一旦有了量子模拟计算机，就无须求解薛定愕方程或者采用蒙特卡罗方法在经典计算机上做数值计算，便可精确地研究量子体系的特征。量子计算机还可以测量星体精确坐标、快速计算不规则立体图形体积、精确控制机器人或人工智能等需要大规模、高精度的高速浮点运算的工作。

第五节 热点和巨变

1. 开源和安全

2020 年，软件和芯片设计公司 Synopsys 发布《2020 年开源安全和风险分析报告》，指出不安全的开源软件已无处不在。一方面，99%的审计代码库中至少包含一个开源组件，另一方面，经过审核的代码库中有 75%包含具有已知安全漏洞的开源组件，老化和废弃的开源组件也无处不在。

3 月，安全和许可证合规性管理解决方案提供商 WhiteSource 同样发布了一份《2019 年开源组件安全漏洞现状报告》。统计显示，2019 年公开的开源软件漏洞数量激增至 6000 多个，增幅达近 50%，原因包含开源软件应用的扩大。

两份报告指向同个现象——开源软件的应用已非常广泛，开源和“我们必须只使用专有代码”的想法间的战争已经结束了，取而代之的是对开源软件是否安全的讨论。

1.1 关注和应用的增加带来更多安全问题

WhiteSource 在报告中说明，开源软件漏洞数量的上升可以归因于开放源组件的广泛采用，过去几年开源社区的大量增长，以及媒体对最近一些数据泄露事件的报道，（使得人们）对开放源代码安全的关注提高。

正如 Synopsys 公司的报告中所提到的，开源组件和库是每个行业每个应用程序的基础。

Synopsys 公司的开源安全工具和审计团队——黑鸭审计针对 17 个行业的 1253 个代码库进行审计，具体包括企业服务/SaaS，保健，生命科学，金融服务，物联网，电信，计算机硬件等行业，其中 99%包含开源组件，有 9 个行业的审计代码库中 100%包含开源组件。此外，Synopsys 在 2015 年审计中发现，开源代码占比为 36%，这一比例到 2019 年几乎翻了一番，达到 70%。具体数量上，2019 年每个代码库平均有 445 个开源组件，较 2018 年的 298 个显著增加。

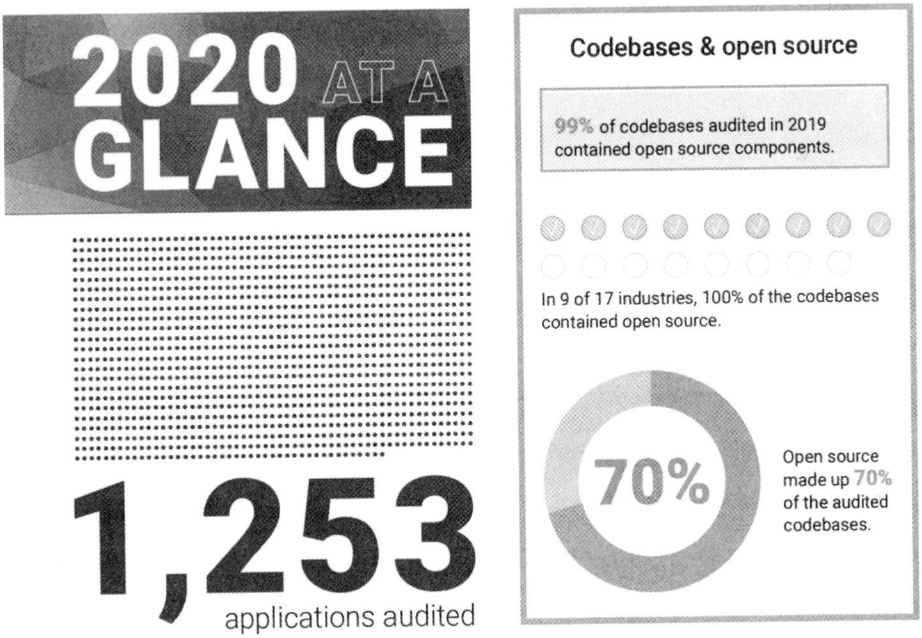

图十一：2020 年开源安全性和风险分析报告

“开源（之前）一直被视为爱好者和修补者的领域，但它现在已经是现代经济的组成部分，是智能手机、汽车、物联网和许多关键基础设施等日常技术的基本组成部分”，Linux 基金会和哈佛大学年初也发布了一份开源软件安全性审查结果，其联合主任弗兰克·纳格尔表示开源应用已非常广泛。

同时，开源社区的力量也正在壮大。曾经极力反对开源的微软，2019 年已成为 GitHub 上开源贡献最多的企业，紧随其后的还有 Google、Red Hat、IBM、Intel 等科技巨头。国内企业阿里的开源贡献排名第 12，百度和腾讯分列第 21、23 位。

随着应用一起扩大的还有风险。Synopsys 的报告显示，49%的已审计代码库中包含高风险漏洞。

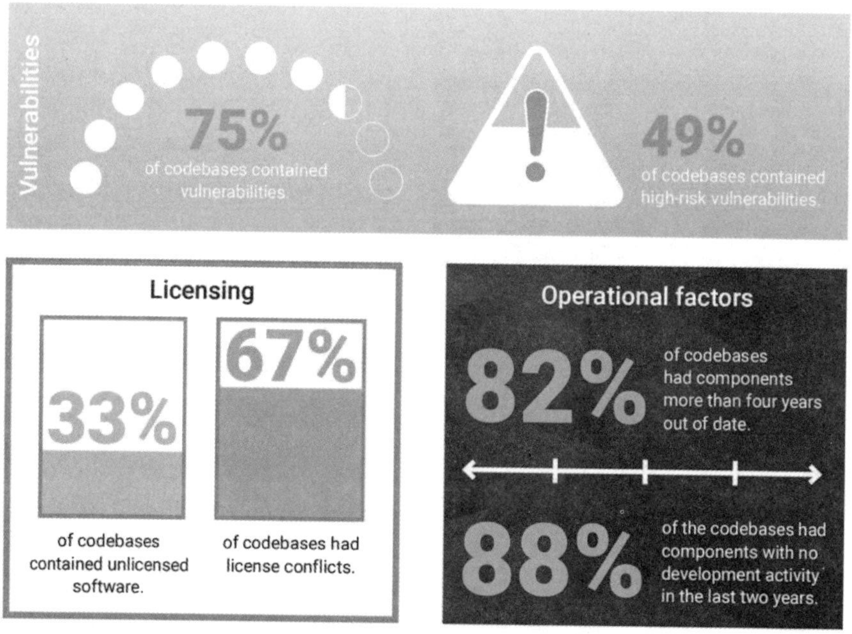

图十二：2020 年开源安全性和风险分析报告

早在 2006 年的 LinuxWorld 大会上，Linux 内核维护人 Alan Cox 就强调，有相当数量的资金被用来攻击开放源代码系统，许多开放源代码项目远谈不上安全，“许多分析只关注知名度很高的项目，只有部分项目的‘高质量’是名副其实的。”

但开源软件安全引起广泛而激烈的讨论是由于 2014 年的一个安全漏洞。当时网景公司旗下开源密码库 OpenSSL 中的 Heartbleed 安全漏洞被发现。这个漏洞影响了近 20%，即 50 万的 Web 服务器，中国也有超过 3 万台主机受到影响。据搜索引擎商 Shodan 报告，该漏洞截至 2019 年底，引起了 91000 多起脆弱性事件。

Heartbleed 甚至直接导致 Linux 基金会启动了一项“核心基础设施计划”（CII），以支持开源软件项目安全性。而且 CII 在过去 6 年中，已为开源安全筹集了数百万美元。

另外，2017 年，Apache Sturts 的一个漏洞被发现。Struts 是一种开源的 MVC 框架，用于创建基于 Java 的 Web 应用。Apache Struts 团队很快打了补丁，并关闭了该问题。但 5 月，有人利用该漏洞开始攻击征信企业 Equifax，两个月后才被发现。期间，Equifax 有 20.9 万名客户的信用卡号被访问，数据泄露，最终涉及到 1.45 亿用户。事后，Equifax 被重罚 7 亿美元，时任 CEO 引咎辞职。

这两个漏洞被 Synopsys 的报告称为是“臭名昭著”的，因此他们也专门做了追踪，而在这次的审计中，两个漏洞都未出现，“尽管我们取得了成果，但心脏出血（Heartbleed）依旧是个全球问题……自 2015 年以来，经审计的代码库中发现漏洞的平均年龄略低于 4.5 年，存在超过 10 年的漏洞占比为 19%，审计中发现的最古老的漏洞已经存在 22 年，为 CVE-1999-0061。”

该报告还显示，91%的代码库中包含已经过时超过 4 年或者过去 2 年内都没有开发迹象的开源组件。除了增加安全风险外，在版本控制中落后太远的危险是——更新到最新版本的简单行为会带来不必要的功能更改，例如关键功能的消失。在过去两年中，有 88 个代码库的组件没有开发活动，面临更高的漏洞风险。

1.2 开源依旧被认为可提高软件安全性

不过，对于 Heartbleed 事件以及开源软件漏洞，有开发者认为，闭源软件如 Windows 系统及其 IIS 服务中，漏洞较之开源软件更多。有时，这些漏洞也更严重。开源并不会导致更多风险。

2020 年 1 月，美国国家安全局公布了一个 Windows 10 的漏洞，该漏洞使全球约 10 亿多台 PC 易受攻击。这一漏洞被叫作“永恒之黑”，有人称其为微软又一“史诗级”漏洞。早在 2017 年 4 月 14 日，可以利用 Windows 系统的 SMB 漏洞获取系统最高权限的“永恒之蓝”网络攻击工具被发布，5 月 12 日，不法分子通过改造“永恒之蓝”制作了 Wannacry 勒索病毒，英国、俄罗斯、整个欧洲以及中国国内多个高校校内网、大型企业内网和政府机构专网被勒索，需支付高额赎金才能解密恢复文件。

上个月，Kenna Security 发布了《Prioritization to Prediction: Volume 5: In Search of Assets at Risk》报告，分析 Microsoft、Linux 和 Mac 资产的风险状况。报告显示，微软资产的 70%至少具有一个高风险漏洞，其余未修补的 3600 万个漏洞要高于 Max、Linux 和 Unix 资产的总和。微软还拥有最高的封闭式高风险漏洞百分比，为 83%，Linux 中这一比例仅有 40%。不过报告也指出，Microsoft 可以更快地修复漏洞。

在一些场景中，开源依旧被认为是保障安全的有效方式。开源“圣经”《大教堂与集市》中也提到开源可以保障安全的原因：开源社区最强大的一个强项是非中心化的同行评审，所有致力于细节不被疏漏的传统方法，都无法和它相比。

近期，特朗普称一些外国电力设备可能会利用美国大功率电力系统的漏洞进行攻击，因此他签署了一项电力设备禁令。对此，美国的一项开放源代码电力系统计划公司 LF Energy 的 CEO 表示，电力设备风险并不完全是硬件的问题，应该更加关注的是攻击面和风险点的所在，比如嵌入系统的固件问题。

因此，应该开源设备中的硬件和软件，甚至直接对整个技术栈进行开源：“在未来，无论是民族国家还是大型能源公司，恶意攻击者都可以访问和攻击 OEM 的黑盒，而想要检验电网唯一的方法就是使用开源，在一个开放的社区中，具有开放的治理和完全的透明度。”

美国军方国防高级研究计划局年初推出“开放可编程安全 5G”（OPS-5G）新计划。计划承诺创建支持安全 5G 以及后续移动网络（比如 6G）的开源软件和系统。原因在于，开源软件在安全方面的一大优势就是提高了代码可见性，这意味着可以检查、分析和审核代码，这项工作可以手动进行，也可借助自动化工作进行。此外，开源的可移植性有助于硬件生态系统和软件生态系统相脱离，大大提高了供应链攻击的难度。

有观点认为，开源软件更方便使用者检查有无后门，这对一些国家级的大型项目来说，可保证高度可控。此外，软件可信性仅和分发途径有关，软件本身的质量与软件厂商关系更大，而开源开发在很多情形下，因为有“同行评审”，所以更加安全。

多份报告建议公司重视管理开源软件。

开源软件安全问题多被认为是源于管理上的疏漏。多项研究在讨论开源软件安全问题的时候，都反复提到这一点。

“随着开源软件越来越受欢迎，识别和减轻已知的漏洞，是开放源码管理的一个关键因素”，Synopsys 在报告中表示。此外，Gartner 分析师 Dale Gardner 在分析软件组成现状时说，“成熟的组织正在扩大开放源码管理，以包括根据给定软件包的来源和支持，对软件整体‘健康’的评估。”

在 Synopsys 发布《2020 年开源安全和风险分析报告》和奇安信代码安全事业部发起“开源项目检测计划”，Linux 基金会联合哈佛大学 2 月发布的《开源软件供应链安全报告》，以及《提高开源软件信任与安全报告》中，均总结了一些开源软件出现安全问题的原因。撇去一些存在于所有软件中的通病，如开发人员的技术能力和安全知识问题等，大致可以归为以下几点：

开源软件使用者更新不及时。许多组织在使用任何给定的开源组建的最新版本放上面落后得惊人。开源社区对软件的更新更快，但是大量使用开源组件的公司没有应用他们需要的补丁，使得业务面临被攻击风险。

开源项目缺乏管理工具。大多数开源项目的开发缺少 SDL（安全开发生命周期）的流程和工具；许多开源项目关注少，资源有限；开源软件之间的关联依赖，导致开源软件的漏洞管理非常复杂；如果漏洞污染的是基本对象的原型，可能会影响应用程序中所有对象的行为。

攻击者对开源生态的攻击，比如向开源库中注入恶意代码、向包管理器仓库投放恶意组件等。如 2019 年 8 月，开源的系统管理工具 Webmin 被爆存在高风险远程命令执行漏洞，据 Webmin 开发人员透露，该漏洞不是编码错误的后果，而是“恶意代码注入受损的基础架构中”导致的。

开源项目分发不合规。如公共注册中心或开源软件市场没有对进入的开源项目进行代码审核，导致安全问题增多。

许多问题都指向公司对开源软件缺乏正确的管理。而这些报告也同样给出了一些防患开源软件漏洞的措施。

盘点自己的开源项目，做资产梳理。Synopsys 的报告中建议使用软件物料清单 BOM，为开源组件提供充分的可见性。也有建议公司可引入控制，建立开源软件安全引入和退出机制。

有效识别漏洞并警告。Synopsys 公司认为，只有小部分开源漏洞会被利用，在开源组建的生命周期内，需要设置漏洞修补优先级。同样，奇安信代码安全事业部总经理黄永刚建议，企业应及时发现存在漏洞的开源软件版本并进行升级。在软件运行阶段，企业需监控开源软件漏洞情报信息，及时响应。

组建专业团队。包括成立安全小组，监测外部威胁和脆弱性披露的变化；组织开发和法律团队；创建管理开源活动的策略等等。

开源开发往往被认为是“常发布”（Release often）以及“更少漏洞”的，但近期的几份报告将目光放到更广泛的开源应用中去，得出相反的结论——使用者往往不能及时更新软件，这可能造成安全风险。

2.区块链

根据中国信通院《区块链白皮书(2019)》中的定义：区块链(Blockchain)是一种由多方共同维护，使用密码学保证传输和访问安全，能够实现数据一致存储、难以篡改、防止抵赖的记账技术;在中国人民银行《金融分布式账本技术安全规范》中定义：分布式账本技术是密码算法、共识机制、点对点通讯协议、分布式存储等多种核心技术体系高度融合形成的一种分布式基础架构与计算范式。

区块链技术以去中心化方式集体维护可信数据库技术，具有去中心化、防篡改、高度可扩展等特点，正与大数据、云计算、人工智能、5G等新一代信息技术快速融合，并应用到政务、医疗、公益慈善、司法治理等各个重要领域，有望推动人类从信息互联网时代步入价值互联网时代。

2.1 基础架构

一般说来，区块链系统由数据层、网络层、共识层、激励层、合约层和应用层组成。其中，数据层封装了底层数据区块以及相关的数据加密和时间戳等技术；网络层则包括分布式组网机制、数据传播机制和数据验证机制等；共识层主要封装网络节点的各类共识算法；激励层将经济因素集成到区块链技术体系中来，主要包括经济激励的发行机制和分配机制等；合约层主要封装各类脚本、算法和智能合约，是区块链可编程特性的基础；应用层则封装了区块链的各种应用场景和案例。该模型中，基于时间戳的链式区块结构、分布式节点的共识机制、基于共识算力的经济激励和灵活可编程的智能合约是区块链技术最具代表性的创新点。

2.2 区块链发展分析

（1）区块链发展阶段分析

近十年来，区块链技术不断升级，业界将其演进发展历程分为三个阶段，这三个阶段并非依次实现，而是共同发展，相互促进的过程。

（2）区块链三种模式对比情况

区块链有三种不同的应用模式，优势各有不同，可供不同场景选择使用。其中，公有链是指任何人都可以随时参与到系统中读取数据、发起交易的区块链，典型代表应用为比特币；联盟链是指若干个机构共同参与管理的区块链；私有链则是所有参与结点严格控制在特定机构的区块链。

公有链、联盟链、私有链与普通分布式技术，在环境信任程度、篡改难度、业务处理效率方面表现如下图所示。目前看联盟链模式是金融领域应用的主要方向，后续对于中介成本过高、运行效率低下或无中介机构提供服务的业务场景，都可以考虑运用区块链技术提供解决方案。

（3）政策大力扶植

“十三五”以来，国家层面及各省市地区为促进区块链产业发展出台多项政策，促进区块链产业发展的政策规划同时将引导区块链技术不断进步。中央部委扶持相关政策信息大部分是为推动区块链技术在审判执行、农村互联网金融、维权溯源、安全防护、数字身份、网络提速降费和扩容升级、食品安全监管、军工等领域的研究和应用。

全国超过 30 个省市地区发布政策指导文件，开展区块链产业布局，截至至 2019 年底各省市已出台区块链相关政策 106 项，从地区分布来看，浙江省发布的政策最多，为 11 项，北京和广东均以 8 项位列第二名。目前还是以沿海以及一线地区发布政策居多，但也体现出内陆省市希望抓住区块链的发展机遇的趋势。

（4）中国区块链企业超千家，主要分布在四大聚集区

2016 年以来，大型 IT 互联网企业纷纷布局区块链，初创企业进入井

喷模式，投融资频次及额度剧增，产业规模不断扩大。截至2019年12月，我国提供区块链专业技术支持、产品、解决方案等服务，且有投入或产出的区块链企业共1006家。

企业主要分布在四大聚集区：以北京、山东为主的环渤海地区，以上海、浙江为主的长江三角洲聚集区，以广东为主的珠江三角洲聚集区以及以重庆、四川为主的湘黔渝聚集区。

（5）2019年中国区块链行业市场规模达到12亿元

2016年中国区块链行业市场规模在1亿元左右，到2018年增长至10亿元， 2019年我国区块链产业规模稳步增长，产业规模约12亿元。随着各地政府的关注和重视，预计到2022年，我国区块链核心产品和解决方案以及相关衍生产业的市场规模将达到百亿元。

（6）公有链市场占比过半

从组成结构方面看，区块链市场结构由公有链、联盟链和私有链组成。2018年，公有链占全球区块链市场结构的主要份额，规模达到68.9亿元，占比56.2%；私有链规模达到31.0亿元，占比25.3%；联盟链规模达到22.7亿元，占比18.5%。

（7）研究实力增加，研究成果显著

截至2019年底，我国区块链研究机构数量已达97家。此外国内高校纷纷布局区块链技术研究，加强区块链技术理论知识创新，提升高校区块链技术研发能力，截至2019年底，我国在加强区块链技术研发方面参与的高校已有24所。核心技术主要分布在共识算法、跨链、底层架构以及多链这几方面。

从研究成果来看，共识机制方面，我国共识机制逐渐从单一算法走向混合共识；密码算法方面，安全多方计算、同态加密、零知识证明等密码学算法不断融合应用；跨链技术和安全技术的研究逐渐成为研究热点。

从区块链硬件来看，目前，全球最主要的数字货币挖矿设备供应企业都位于中国，仅仅是比特大陆、嘉楠耘智、亿邦科技三家挖矿设备企业就占据了市场超过 90%的市场份额。

从行业应用来看，金融行业是目前区块链技术落地项目最多、场景最为丰富的行业，如供应链金融、资产证券化、征信与风险控制等。

（8）2019 年中国区块链专利申请数量占全球六成

随着国家政策对区块链的倾斜与各领域应用的落地，区块链相关的专利也逐渐得到各方的重视。与 2018 年相比，2019 年我国企业区块链相关专利申请量增长明显，入榜前 100 名全球企业中，我国占比 63%。

（9）2020 年中国区块链产业将进一步得到规范

2020 年，我国区块链政策将持续利好、标准规范更加完善、产业规模持续增长、技术持续创新发展、重点领域应用示范效应加速显现。同时根据 2019 年我国区块链发展存在的问题，赛迪区块链研究院提出加快顶层设计制定、建立健全监管体系、加快核心技术创新研发、推动第三方评测认证、加强专业人才培养、加速推动各领域应用落地六大建议。

3. 量子通信

量子通信是指利用量子纠缠效应进行信息传递的一种新型的通讯方式，是量子论和信息论相结合的新研究领域，主要涉及量子密码通信、量子远程传态和量子密集编码等。

量子通信是指利用量子纠缠效应进行信息传递的一种新型的通讯方式。量子通讯是近二十年发展起来的新型交叉学科，是量子论和信息论相结合的新的研究领域。量子通信主要涉及：量子密码通信、量子远程传态和量子密集编码等，近来这门学科已逐步从理论走向实验，并向实用化发展。高效安全的信息传输日益受到人们的关注。基于量子力学的基本原理，并因此成为国际上量子物理和信息科学的研究热点。

3.1 量子通信的发展历程

1984 年，美国的 Bennett 和加拿大的 Brassard 共同提出了第一个量子密码通信方案，即 BB84 方案，标志着量子通信的诞生。

在 20 世纪 90 年代，美国的 Bennett 提出了简化的 BB84 方案（称为 B92 方案），并第一次在实验上原理性演示了量子密钥分发。此后，量子密码分配开始得到广泛关注。鉴于量子通信的安全性，美国国防部和国家实验室相继加强了量子通信的研究，推动了量子通信的发展。

经过从理论到实验的 30 余年的发展，支持 BB84 协议的量子密钥分发技术逐步达到了实用水平，相关技术、设备的支撑能力从城域发展到城际以及星-地网络。

3.2 量子通信的产业化

近十年来，我国的量子保密通信技术已经逐渐走到了世界前列，产业化更是先行于世界，初步形成了一条探索性产业链。

中国量子通信骨干网、星地网络初步构建。

通信干线：目前，国内已经建成的量子保密通信干线包括“京沪干线”“武合干线”“沪杭干线”。待建量子通信骨干网包括：京汉、沪合、汉广。

城域网：已经建成的城域量子通信网络包括：合肥、武汉、北京、济南、枣庄、宿州、贵阳。广州、西安、成都、贵阳、重庆、南京、海口、乌鲁木齐、宿州等地已启动本地量子保密通信城域网规划，预期未来 3-5 年，京津冀、长三角、珠三角、西南地区、中西部地区等城市带将陆续新建或扩建量子通信城域网。

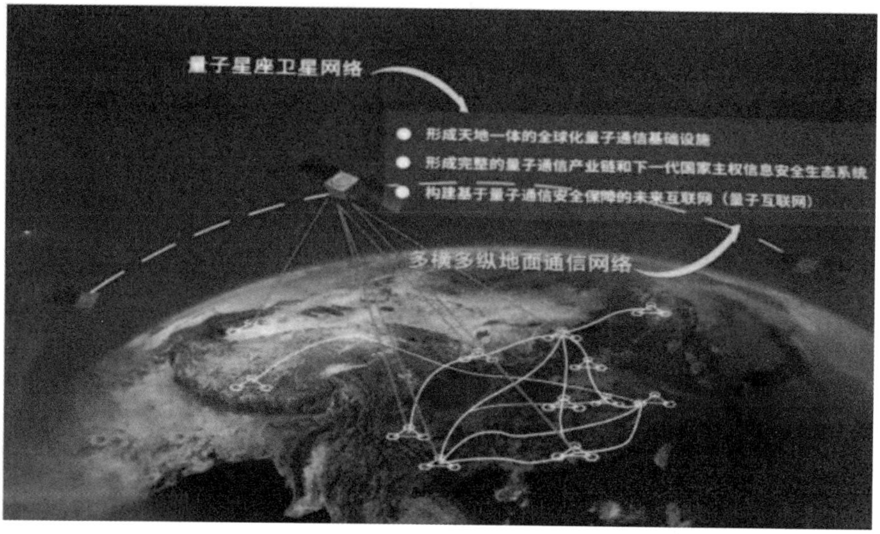

图十三：量子通信城域网

星地一体网络：2016 年 8 月 16 日，我国首颗进行星地高速量子密钥分发实验的量子科学实验卫星“墨子号”发射升空，标志着中国完成了“天地一体化”量子通信网络的初步构建。

3.3 量子通信的市场空间

（1）全球网络安全产业

根据 Gartner 公司的预测数据，2016 年-2021 年全球信息安全市场预计将以 8.1%的复合年增长率增长，到 2021 年将达到 1,330.2 亿美元；信息安全领域中大多数细分市场的复合增长率保持在 7%-12%之间。

表七：2016年-2021年全球信息安全市场预测数据

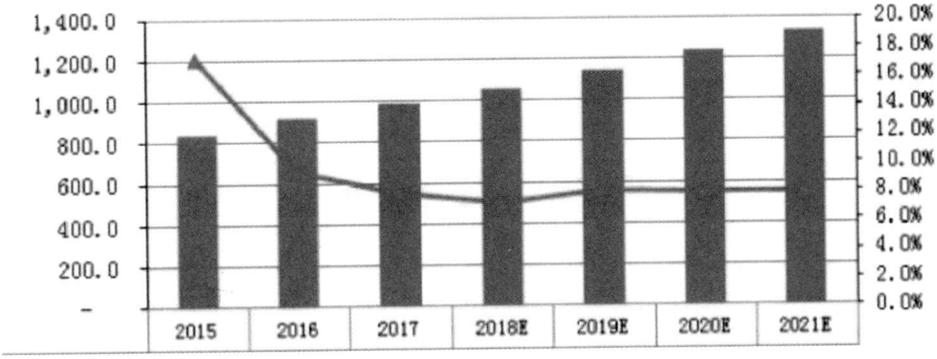

（2）中国量子市场规模

预计2020年我国量子通信行业市场规模将达540亿元，2019-2023年均复合增长率约为17.31%；国家十三五规划大力支持量子通信项目，未来市场空间超1000亿元。

（3）中国量子通信骨干网

未来五年内，我国将建设五横六纵量子通信网络，主要城市同步建设量子通信城域网，通过干线相连后，将各地区的国防、金融、电力、能源、政务等重要领域的用户接入量子通信网络，同时配合国家天地一体化量子应用体系。

目前我国高铁运营里程2.5万公里，2020年中国高铁线路总长将达3万公里，远期达到4.5万公里，量子通信国家骨干网未来也达到这个长度。已建成的“京沪干线”是连接北京、上海，贯穿济南和合肥全长2000余公里的量子通信骨干网络，投资规模5.6亿元。

预测：国家量子通信国家骨干网总投资为5.6*45000/2000=126亿元

（4）中国量子通信城域网

目前全国有334个地级行政区，再加上100个百强县，地方量子城域网，1个地方政府按照投资1个亿估算。

市场预测：未来共434个地方政府建设地方量子城域网，总投资为434

亿元。

3.4 未来发展趋势

目前，量子保密通信的应用主要集中在利用 QKD 链路加密的数据中心防护、量子随机数发生器，并延伸到政务、国防等特殊领域的安全应用。

未来，随着 QKD 组网技术成熟，终端设备趋于小型化、移动化，QKD 还将扩展到电信网、企业网、个人与家庭、云存储等应用领域；长远来看，随着量子卫星、量子中继、量子计算、量子传感等技术取得突破，通过量子通信网络将分布式的量子计算机和量子传感器连接，还将产生量子云计算、量子传感网等一系列全新的应用。

未来，量子通信将在多个应用领域和应用场景落地发展。

应用领域：

◆公安、检察院、法院；

◆银行、保险、证券等金融机构；

◆电信、电力、能源、采矿石油、节能环保；

◆智能工农业、广播电视、医院等卫生机构；

◆通用航空、应急指挥、海事救援；

◆5G、智慧城市、大数据，云计算等各个领域。

第二章 芯片赛道

第一节 芯片类型

1.计算类

集成电路（英语：integratedcircuit，缩写作 IC），或称微电路（microcircuit）、微芯片（microchip）、晶片/芯片（chip）在电子学中是一种把电路（主要包括半导体设备，也包括被动组件等）小型化的方式，并时常制造在半导体晶圆表面上。

60 多年来，集成电路产品从小规模集成电路（SSI）逐步发展到特大规模集成电路（ULSI），经历了从板上系统（SystemonBoard）到芯片级系统（SystemonChip）的过程。在这漫长的发展历程中，集成电路产业链已经发生了三次重大变革。这三次变革的重要原因都包含“为了解决系统设计或 IC 设计上的问题”，所以在技术上有了相应的对策，而在产业分工上也相对地产生了结构性的改变。

集成电路产业发展的四个阶段（系统厂商主导阶段、生产导向阶段、客户导向阶段、专业分工阶段）中，各种类型的公司一直相互存在，时至今日，各种类型的公司都有存在的价值和意义。

当垂直整合和研发成本太高而无法在全球市场上竞争时，在整个过程中即兴创作和创新的能力就丧失了很多。IDM 公司一直在承受降低成本、保持和提高质量的压力。大型公司不太可能恢复完全的垂直整合，但是通过深化供应商与客户（购买者）之间的关系，已经出现了成功产生新创新的成功案例。虚拟垂直整合可以通过共享增长愿景的供需双方之间的关系以及为创造创新机会的信息来实现。

随着集成电路产业形态的成熟，集成电路产业已经进入了集群虚拟垂直整合（Clustered Virtual Vertical Integration，CVVI）模式发展阶段，也是集成电路第五阶段。集群、虚拟垂直、整合是该阶段的精髓。

集群起源于共同生活。延伸到集成电路产业，就是让专精于不同领域的公司，彼此以结盟或战略伙伴关系互补，以达到快速布局的战略目的，进而达到有效的垂直整合。在集成电路产业里，为了缩短芯片设计周期，产业链各公司必须彼此沟通合作，透过厂商间的链接和 IP 整合，让业者界跟上客户的需求和市场的变动，让彼此的效益可以发挥到最大，实现最佳竞争优势。

美国硅谷、日本九州岛、中国台湾新竹（含新竹、桃园、苗栗）的发展模式，就是集成电路集群的例子。这些地方聚集了集成电路产业链上下游的企业，公司之间即互相竞争，又互相合作。

相比较而言，中国台湾新竹、桃园、苗栗在虚拟垂直方面整合得更好、更彻底。晶圆代工（Foundry）有台积电（TSMC）和联电（UMC）；封测代工（Out Sourced Assemblyand Testing，OSAT）有日月光（ASE）/矽品精密（SPIL）、力成（PTI）；设计公司几乎全集中于此，包括联发科（MTK）、联咏（Novatek）等；设计服务公司有创意电子（GUC）、智原（Faraday）等；IP 提供商有力旺（eMemory）。发展至今，中国台湾晶圆代工（Foundry）占有全球 75%的份额，仅仅台积电就占有超过 50%的份额；封测代工（OSAT）也占有 50%以上的市场份额，日月光控股（包括日月光和矽品精密）占有全球超过 30%的份额。

现在来看中国大陆的情况。中国大陆在集成电路领域最具规模的是以上海为核心的长三角地区。晶圆代工（Foundry）领域有中芯国际、华虹集团、华润上华等；封测代工（OSAT）领域有长电科技、通富微电、华天昆山、晶方半导体等；设计公司有紫光展锐、格科微、兆芯等；设计服务公司有芯原；设备有中微半导体、上海微电子等；材料有安集、新阳等；EDA工具有广立微、芯和等。根据芯思想研究院的调研数据，长三角地区占有中国大陆51%的规模；晶圆代工领域占有中国大陆本土晶圆代工的85%；封测代工领域占有中国本土封测代工的80%。

1.1 CPU

中央处理器（Central Processing Unit），简称CPU，是1971年推出的一个计算机的运算核心和控制核心，是信息处理、程序运行的最终执行单元。

CPU包含运算逻辑部件、寄存器部件和控制部件等，并具有处理指令、执行操作、控制时间、处理数据等功能。其自产生以来，在逻辑结构、运行效率以及功能外延上取得了巨大发展。

（1）CPU架构概述

1）主流CPU架构概述

指令集是CPU的一种设计模式，通过该模式可使得操作系统和软件在CPU上高效运行。目前CPU指令集分为精简指令集RISC（Reduced Instruction Set Computing）和复杂指令集CISC（Complex Instruction Set Computing）两种。其次，经过几十年的发展，全世界范围内至今已诞生或消亡了几十种不同的指令集架构，目前流行于世的CPU架构主要包括ARM、X86、MIPS、Power、ARC这几种。其中，ARM、MIPS、Power、ARC均是基于RISC架构，X86则是基于CISC的架构。处理器应用领域主要分为服务器领域、PC计算机领域和嵌入式领域，X86架构的处理器占据了服务器和PC领域的垄断地位，ARM架构处理器占据了嵌入式领域的绝大部分市场，而MIPS架构、POWER架构、ARC架构已不是市场主流的CPU架构，发展前景并不被看好，但也在相关特殊领域占有一定的市场份额。

2）X86 和 ARM 架构发展进程

X86 处理器架构由 Intel 提出，并于 1978 年发布了首款 16 位微处理器 8086，开创了 X86 的时代。经过几十年的发展，1993 年 Intel 推出了第五代 X86 处理器-奔腾系列，也是第一款与数字无关的处理器。再后来，2006 年酷睿处理器问世，相继推出了 I3、I5、I7 和 I9 系列处理器，逐步成为了民用消费市场 PC 服务器领域的主要处理器。ARM 发展至今，处理器已经过了七、八次架构升级，使得相关产品性能更加稳定成熟。其中，ARM 架构中当前应用最为流行的当属 Cortex 系列化产品。Cortex 系列在以 V6 版架构的 ARM11 处理器之后被首次推出，并逐步站稳了嵌入式应用的绝大部分市场。Cortex 系列又细分为三大类："A"系列面向尖端的基于虚拟内存的操作系统和用户应用，可向超低成本手机、智能手机、移动计算平台、数字电视、机顶盒、企业网络、打印机和服务器提供解决方案；"R"系列针对实时系统，主要应用于硬盘控制器、消费电子设备（蓝光播放器和媒体播放器）、车载控制产品（安全气囊、制动系统和发动机管理）等领域；"M"系列针对低端、工业或消费电子领域的微控制器，主要产品是面向智能测量、人机接口设备、汽车和工业控制系统、大型家用电器、医疗器械等领域的 MCU。

（2）国产 CPU 发展现状

1）国产 CPU 现状

芯片作为一种大规模集成电路，已经广泛应用于人类的日常生活当中，其种类很多，主要分为移动通信芯片、人工智能芯片、电脑芯片等。芯片的产业链较长，主要包括芯片设计、生产、封装这三个部分。芯片设计又主要包括软件设计、指令集体系建立、芯片设计者三个部分，而生产主要包括设备制造和圆晶代工两部分。总体来说，我国 CPU 事业发展缓慢，无论是在军事领域还是在民用商业领域，都与国外存在着较大的差距。在芯片封装领域，由于技术含量不高、门槛较低，有很多公司在做；在芯片生产领域，设备制造方向荷兰 ASML 公司处于垄断地位，圆晶代工方向上海中芯国际等国产企业正逐步扩大本土市场的占有份额；在芯片设计领域，国外独大，国内步履维艰，基本是在国外芯片设计公司 IP 或架构的授权下推出自己的 CPU，但也有很多公司中途放弃。

2）国内主流 CPU 发展历程

目前，我国 CPU 架构主要使用 MIPS 架构、X86 架构、Power 架构、Alpha 架构和 ARM 架构这五种。在 MIPS 架构方面，国产龙芯推出了龙芯 1 号、2 号、3A、3B 等一系列适用于计算机或服务器领域的高性能处理器；北京君正推出了一系列适用于智能穿戴、物联网领域的 IC 芯片。在 Power 架构方面，国产中晟宏芯虽然获得 IBM 的 Power8 架构的永久授权，但由于企业经营问题，目前没有相关产品推出。在 Alpha 架构方面，国产申威推出了基于申威 26010 处理器的“申威太湖之光”超级计算机系统。在 X86 架构方面，北大众志取得了 AMD 处理器的技术授权，但并没有成功产品推出；上海兆芯在取得 VIA-X86 架构技术授权后，研发了 ZX-C、D、E 系列化处理器，并于近期推出了新一代 16 纳米、主频 3GHz 国产处理器；天津海光推出基于 AMD-X86 架构的“禅定”国产 CPU，但最近 AMD 宣布停止向海光授权 X86 的 IP 产片。在 ARM 架构方面，天津飞腾推出了基于 ARMv8 指令集的 FT2000 处理器，定位于高性能服务器；华为海思推出的麒麟芯片，性能强劲，自产自销；展讯近几年推出其自研 ARM 架构处理器，成为继国外高通公司之后，第二家拥有自主 ARMCPU 关键技术的手机芯片厂商。虽然国内相关芯片公司有很多，但是真正能将产品投入到市场中的少之又少。有的 CPU 无人问津，使用率不高；有的 CPU 上下游生态链不好，使用成本高；有的芯片公司经营不善或受 IP 版权影响等。

（3）国产 CPU 发展前景

1）RISC-V 架构概述及分析

当前，我国电子产品研发制造业前景广阔，但芯片产业长期受国外芯片设计公司垄断，一旦停止授权，严重影响到我国的国计民生。为了不受国外政治制度和企业技术封锁的影响，就必须在国家战略层面上发展自己的芯片事业。基于此，在嵌入式领域，RISC-V 架构来到人们的视野。RISC-V 架构是一个基于精简指令集的开源指令集架构，2010 年由美国加州大学伯克利分校提出。该架构的设计考虑了小型化、低速、低功耗等现实情况，但没有对特定的微架构做过度设计。

RISC-V 架构之所以会是中国芯未来发展的机会和突破口，主要原因在于：①RISC-V 架构完全开源，没有版权，不属于任何一家企业私有，故不存在受政治因素或版权影响的情况。②没有高昂的授权费，任何组织或个人都可使用，开放共赢，有利于促进生态链的形成。

2）RISC-V 架构发展前景

近几年来，RISC-V 架构在国内发展迅猛，有很多公司都在持续投入。如武汉芯来科技，是一家专门设计 RISC-V 架构芯片 IP 的公司。2019 年，兆易创新基于芯来科技的设计的 RISC-VIP 内核，推出了第一款 RISC-V 架构的 MCU-GD32VF103 系列，性能和配置对标 STM32F103。阿里巴巴旗下平头哥公司也在积极推动 RISC-V 架构的设计开发，在 2019 年 7 月份便发布了玄铁 910 系列 RISC-V 处理器。前不久华为海思在昇腾 910 芯片发布会上表示若 ARM 断供会立刻采用 RISC-V 架构。相信在未来，会有越来越多的国产企业投入到 RISC-V 架构的设计开发中。

1.2 GPU

GPU（图形处理器），全称 Graphics Processing Unit，又称显示核心、视觉处理器、显示芯片或绘图芯片，是一种专门在个人电脑、工作站、游戏机和一些移动设备（如平板电脑、智能手机等）上运行绘图运算工作的微处理器。

其用途是将计算机系统所需要的显示信息进行转换驱动，并向显示器提供行扫描信号，控制显示器的正确显示，是连接显示器和个人电脑主板的重要元件，也是“人机对话”的重要设备之一。

（1）GPU 的作用与分类

GPU（Graphics Processing Unit，图形处理器）又被称为显示芯片，多用于个人电脑、工作站、游戏主机以及移动设备（智能手机、平板电脑、VR 设备）上专门运行绘图运算的微处理器。

结构决定 GPU 更适合并行计算，GPU 与 CPU 主要区别在于片内的缓存体系和数字逻辑运算单元的结构差异：GPU 核（尤其 ALU 运算单元）的数量远超 CPU 但是结构较 CPU 简单，因此被称为众核结构。众核结构非常适合把同样的指令流并行发送到众核上，采用不同的输入数据执行，从而完成图形处理中的海量简单操作，如对每一个顶点进行同样的坐标变换，对每一个顶点按照同样的光照模型计算颜色值。GPU 利用自身处理海量数据的优势，通过提高总的数据吞吐量(Throughput)来弥补执行时间(Latency)长的缺点。

一般而言，消费者在选购消费电子产品的时候，例如在选购移动电话或者笔记本时，会更加关注 CPU（Central Processing Unit，中央处理器）的性能，例如 CPU 的品牌、系列、核心数量等等，而 GPU 受到的关注就相对较少。GPU（Graphic Processing Unit），及图形处理器,是一种专门在个人电脑、工作站、游戏机和一些移动设备（如平板电脑、智能手机等）上做图像和图形相关运算工作的微处理器。在 PC 诞生之初，并存在 GPU 的念，所有的图形计算都由 CPU 进行计算。然而，使用 CPU 做图形计算速度较慢，于是就设计了专门的图形加速卡用以帮助处理图形计算。再后来，NVIDIA 提出了 GPU 的概念，将 GPU 提升带了一个单独的计算单元的地位。

CPU 一般由逻辑运算单元、控制单元和存储单元组成。CPU 虽然有多核，但总数没有超过两位数，每个核都有足够大的缓存；CPU 有足够多的数字和逻辑运算单元，并辅助有很多加速分支判断甚至更复杂的逻辑判断的硬件。因此，CPU 拥有超强的逻辑能力。GPU 的优势在于多核，核数远超 CPU，可以达到数百个，每个核拥有的缓存相对较小，数字逻辑运算单元少且简单。因此，GPU 相对于 CPU 更适用于处理数据并行计算问题

GPU 具有两种分类方式，一种根据与 CPU 的关系，另一种是根据 GPU 所在的应用端类别。根据与 CPU 的关系，GPU 可以分为独立 CPU 和 GPU。独立 GPU 一般焊接在显卡的电路板上，位置在显卡的风扇下面。独立 GPU 使用的是专用的显示存储器，显存带宽决定了和 GPU 的连接速度。集成 GPU 一般与 CPU 集成在一起。集成 GPU 与 CPU 共有一个风扇和缓存。集成 GPU 由于设计制作、驱动程序都由 CPU 厂家完成，因此兼容性较好；此外,由于 CPU 与 GPU 实现了集成，因此，集成 GPU 的占用空间小；实现 GPU 与 CPU 的适配与兼容，集成 GPU 的性能相对独立 GPU 较弱，因此功耗和成本相对独立 GPU 较低。独立 GPU 由于拥有独立的显存，更大的空间和更好的散热，因此在性能上面独立显卡更好；但需要额外的空间，能够满足复杂庞大的图形处理需求，并提供高效的视频编码应用。然而，强劲的性能意味着更高的耗能，独立 GPU 需要额外的供电，并且成本也更高。

根据应用终端类别，可以分为 PCGPU,服务器 GPU，移动 GPU。PCGPU 应用于 PC 端。根据其所在产品定位既可以使用集成 GPU，也可以使用独立 GPU。例如，若 PC 以轻办公，文字编纂为主，一般产品会选择搭载集成 GPU；若 PC 需要制作高清图片，编辑视频，渲染游戏等，则选择的产品搭载独立 GPU。服务器 GPU 应用于服务器，可做专业可视化、计算加速、深度学习等应用，根据云计算、人工智能等一系列技术的发展，服务器 GPU 将会以独立 GPU 为主。移动端轻薄化已经成为趋势，终端内部净空间由于多种功能模组的增加已经快速下降;同时就目前移动端需要处理的视频和图像而言，集成 GPU 已经能够满足。所以移动 GPU 一般采用集成 GPU。

（2）GPU 市场

PCGPU 市场，Intel 优势明显。显示：全球 2019 年第四季度 PC 领域 GPU 出货量，Intel 是全球最大的处理器供应商。目前主流的处理器架构是

X86，主要的供应商是 Intel，AMD，VIA。截至 2019 年第四季度，消费级 x86CPU 市场中，包括桌面品台，移动端平台（笔记本和平台 LOT 物联网）中，Intel 占据了 84.4%的市场份额，AMD 占据了 15.5%的市场份额。Intel 凭借在 CPU 出货量上的优势，通过销售集成 GPU，实现了在 GPU 市场的霸主地位。Intel 以 63%的市场份额排名第一，对比 2019 年第三季度环比下滑了 2 个百分点；AMD 作为全球第二大的 X86 架构处理器供应商，既受益于 CPU 出货带动的集成 GPU 出货量，也受益于自身优秀的独立 GPU 的出货。

AMD 以 19%的市场份额排名二，环比上升 3 个百分点；NVIDIA 是全球领先的独立 GPU 供应商，同时结合 ARM 架构处理器，出货集成 GPU，市场份额为 18%，环比下降了 1 个百分点。

独立 GPU 领域，AMD 奋起直追。截至 2019 年第四季度，在独立 GPU 域中，NVIDIA 以 68.92%的市场份额占据较大的优势。AMD 方面，AMD 得益于在 2018Q4 所推出 RX5500 及 RX5600 系列，以及 RX5700 系列的放量，多方因素共同促使 AMD 显卡份额大涨，从 2018 年 18.77%上升至 31.08%。AMD 推出的 Radeon 系列部分型号采用 7nm 工艺，并且在与 NVIDIA 的产品对比中（RTX2070 对标 RX5700，RTX2070S 对标 5700XT），同系列 AMD 性能略强，价格更低，重点是功耗一样。更强的性能，更低的功耗，AMD 的产品无疑对 NVIDIA 的市场份额造成了挑战。

在移动 GPU 领域，主要以 Imagination、ARM、Qualcomm、Vivante、NVIDIA 为主。高通目前是 Android 阵营最大的处理器供应商。移动端主要使用集成 GPU，因此，高通 GPU 因其处理器的市场优势也有所受益。ARMMailGPU 的主要使用者是华为和三星。ARMMail 的 GPU 性能相对较弱，因此华为在 2018 年通过推出 GPUTurbo 软硬件优化弥补短板。三星方面已经与 AMD 前敌多年的 IP 授权，AMD 将向三星授权最新的 7nmRDNA 架构 Radeon 显卡 IP,并且尝试自研 GPU。苹果在与 Imagination 取消合作两年后，再次选择与 Imagination 合作，并给予支付授权费。虽然目前手机巨头都是采取购买 GPU 厂商 IP 的方式，但是目前三星、苹果、华为等有相关计划进行 GPU 自研项目。手机已经进入同质化时代，手机之间的差异性已经成为手机厂商竞争优势的关键。公版 GPU 难以使手机厂商产生本质的差异性。因此，手机需要通过自研 GPU 以及 CPU 实现手机性能的差异化，从而获得市场的竞争优势。

（3）中国 GPU 服务器

中国 GPU 服务器市场发展规模

2019 年下半年中国 GPU 服务器市场规模为 7.8 亿美金（约合人民币 53.8 亿元），同比增长 107.3%。2019 年全年中国 GPU 服务器市场规模为 13.05 亿美金（约合人民币 90.05 亿元），同比增长 131.2%。IDC 预测，到 2024 年中国 GPU 服务器市场规模将达到 43.2 亿美金（约合人民币 298 亿元），未来 5 年整体市场年复合增长率（CAGR）为 27.1%。

2019 年中国 GPU 服务器市场量价齐升，出货量和销售额均实现快速增长。

从行业来看，互联网为主要采购行业，占据 60%以上的市场份额，是拉动市场增长的主要行业；政府的采购量也有所上升，超过了 10%的市场份额；

从产品来看，4 卡及以上 GPU 服务器占据了 8 成以上的市场份额，其中 4 卡、8 卡、16 卡均占有 20%以上的市场份额；

从厂商来看，浪潮、华为和曙光在出货量和销售额方面均位列市场前三；

从市场趋势来看，AI 服务器和边缘计算服务器等面向特定工作负载的细分服务器市场迎来爆发，各大厂商加速布局该领域并推出新产品，2020 年这些细分市场仍将是市场的热点。

1.3 FPGA

FPGA（Field—Programmable Gate Array），即现场可编程门阵列，

它是在 PAL、GAL、CPLD 等可编程器件的基础上进一步发展的产物。它是作为专用集成电路（ASIC）领域中的一种半定制电路而出现的，既解决了定制电路的不足，又克服了原有可编程器件门电路数有限的缺点。

（1）FPGA 国内外发展现状

FPGA(Field-Programmable Gate Array)，即现场可编程门阵列，它是在 PAL、GAL、CPLD 等可编程器件的基础上进一步发展的产物。

它是作为专用集成电路(ASIC)领域中的一种半定制电路而出现的，既解决了定制电路的不足，又克服了原有可编程器件门电路数有限的缺点。

FPGA 市场前景诱人，行业技术壁垒较高。过去十多年时间里，英特尔、IBM、摩托罗拉、飞利浦、东芝、三星等 60 多家公司曾试图涉足该领域，除英特尔以 167 亿美元收购 Altera 成功进军该领域之外，其余公司纷纷折戟沉沙。

正是因此，全球 FPGA 市场基本被美国“2 大 2 小”四家公司垄断。国内 FPGA 厂商大多处于比较艰难的发展阶段，市场份额很低，全球 FPGA 芯片市场规模大约 50 亿美元左右，其中中国约 15 亿美元。由于行业的技术以及资本门槛比较高，美国厂商占据了垄断地位，在中国 15 亿美元的市场当中，国产 FPGA 产品所占市场份额约 2%。

除了市场份额低之外，国内厂商在技术水平上和国外大厂的差距也很大。虽然国内 FPGA 厂商有百家争鸣之势，但基本分布在中低端市场，大多是一些 1000 万门级左右的 FPGA，少数达到 2000 万门级的 FPGA 虽然也有自主研发的，有一些是逆向工程的产物，或商业收购的结果。

（2）快速成长的 FPGA 市场

2018 年全球 FPGA 市场约为 60 亿美金左右，预计随着 AI+5G 的应用展开，市场容量有望在 2025 年达到 125 亿美金左右的规模，年复合增长率 10.22%。

同时在亚太地区尤其在中国，新兴基础建设应用的铺开，FPGA 的增速将有望显著优于其他地区，而成为 FPGA 重要的市场抓手。

在下游应用领域，电子通讯仍然占据了主要的市场份额，达到 40%左右，这其中 5G+AI 都是主要的需求；而增速最快的是汽车，CAGR 将至 13.1%。

从供应链角度看，FPGA 生产厂商处于整个电子行业的上游，并多数以 Fabless 的模式运营(Altera 除外，已被英特尔收购，属于 IDM)，FPGA 同样追求最先进的工艺制程和节点，目前最先进的 FPGA 采用 7 纳米工艺制程。

FPGA 行业是一个高进入壁垒领域，市场前景诱人。由于 FPGA 软件开发难度大，需要最先进的制造封测工艺、IP 多且杂，因此中国目前的发展存在严重滞后。

从信息、产业和国防安全等方面考虑，中国一定会加速 FPGA 的国产化，政府对国有半导体产业会有一定力度的扶持。

此外在 AI、LoT、5G 快速发展的推动下，中国将有庞大的 FPGA 增量市场。因此，这是国内 FPGA 厂商快速切入的时机。

（3）“5G+AI”带来 FPGA 新增长引擎

FPGA 在电子通信领域增加带宽的应用有望得到迅速扩张，以 5G+AI 为主要应用场景的需求将迅速提升 FPGA 的市场容量。电子通讯领域的迅猛发展有望推动 FPGA 市场的扩张。智能手机和移动设备的不断增长增加了电子通讯网络的负担。

全世界范围内城市和农村地区的网络用户数量都在不断增长，导致了诸如 3G、4GLTE 和 5G 等网络技术的广泛应用，并产生了电子通讯领域对网络的旺盛需求。小到 FPGA 设备提供接口和控制功能，大到设备可以使用一个或多个 FPGAs 完成系统设计。将硬 IP 集成到公共接口和处理功能中大大提高了 FPGA 在网络应用中的生产率。

此外，硅工艺的引入极大增加了逻辑单元的最大数量。这些特性使得 FPGA 在电信行业的应用中具有吸引力。随着人工智能领域等方面的展开，FPGA 也受到了越来越多的异构计算方面的青睐。人工智能算法所需要的复杂并行电路的设计思路适合用 FPGA 实现。

FPGA 计算芯片布满“逻辑单元阵列”，内部包括可配置逻辑模块，输入输出模块和内部连线三个部分，相互之间既可实现组合逻辑功能又可实现时序逻辑功能的独立基本逻辑单元。注意 FPGA 与传统冯诺伊曼架构的最大不同之处在于内存的访问。FPGA 在本质上是用硬件来实现软件的算法，因此在实现复杂算法方面有一些难度。

FPGA 相对于传统处理器有明显的能耗优势，主要有两个原因。首先，在 FPGA 中没有取指令与指令译码操作，在英特尔的传统处理器里面，由于使用的是 CISC 架构，仅仅译码就占整个芯片能耗的 50%。

其次，FPGA 的主频比传统处理器低很多，通常传统处理器的主频在 1GHz 到 3GHz 之间，而 FPGA 的主频一般在 500MHz 以下。如此大的频率差使得 FPGA 消耗的能耗远低于传统处理器。英特尔收购 Altera，昭示着 FPGA 领域的变革，未来也将很快看到 FPGA 与个人应用和数据中心应用的整合。FPGA 在功耗和性能上相对同等级的传统处理器，有较大的优势。传统处理器+FPGA 在人工智能深度学习领域，将会是未来的一个重要发展方向。

（4）基站的建设带动 FPGA 增长

小基站需求迅速增长，出货量将超过 2000 万个。

Oro Group 发布了一份《移动无线接入网五年预测报告》，该报告预测，接下来的 5 年时间里，运营商对于宏基站、小基站的需求将会是“迅猛式”，同时了解到，这份报告预测，基站出货量将超过 2000 万个，5G 新空口大规模天线阵列（Massive MIMO）收发器的出货量将超过 5000 万个。

2018 年美国小基站增速达 560%。美国无线通信和互联网协会（CTIA）近日发布市场调研报告，其中显示，截至 2017 年末，美国在网正常运行的移动通信基站总数量是 32.3448 万个，在过去的 10 年时间中增加了 52%；而且尤其这得一提的是，“基站的密集部署”成为发展趋势——小基站数量从 2017 年的 1.3 万个猛升至 2018 年的 8.6 万个，增幅高达 560%，而且预计在 5G 时代仍将保持高增速。

FPGA 在通信发展中的重要地位，通讯的发展带来 FPGA 量价齐升。

通信行业讲的云主要包括核心网及各种服务器中心，在大数据和云计算没有规模应用之前，核心网设备里面基本没有 FPGA，因为核心网所处理的协议其实非常标准化，变化不是太大，我们常见的 2G-3G-4G 以及即将到来的 5G，其标准的核心部分实际上主要体现在物理层和逻辑层，而这些功能主要在管道(基站、基站控制、承载、传输等产品)中实现，这些标准变化快，各设备厂家为了抢占产品和技术的制高点，甚至在标准还未冻结之前就推出原型样机甚至小批量，而这只有 FPGA 能做到。

一般来讲越往终端侧靠近，设备的数量越多，用的 FPGA 量也越多，越靠近核心网侧用的 FPGA 数量越少，但 FPGA 芯片的型号越高端，单片更贵。

基站侧用的 FPGA 总价高，随着 5G 部署，全球基站数有望破亿。

基站的量非常大，基站虽然和手机的量没法比，但远多于核心网数量，据不完全统计，全球存量基站有数千万(5G 部署后，可能会轻松破亿)，每个基站里面有数块到 10 数块板子(根据配置不同而不同)，除了电源和风扇板子没有 FPGA 芯片外，几乎每块板子都有 FPGA 芯片，有的还不止一颗。

其次，基站里面用的 FPGA 型号也不会太低端，因为要处理复杂的物理协议、部分算法和逻辑控制，接口速率更是一个重要的考虑。

一般来讲，基站中的芯片价格在一百到数千元人民币不等。价格过高比如几千甚至上万人民币的芯片，最多在初期原型验证用，不会大规模发货。

最后，基站主要负责实现通信协议中物理层、逻辑链路层的协议部分，这部分内容每年都在升级，而且也比较适合 FPGA 来实现。

由此我们可以测算，将 1000 个 4G 基站替换成 5G 基站，带来的 FPGA 的价值量提升约为 100 万美元，据 wind 数据，中国移动 2016 年的 4G 基站数就有 151 万个；若直接新建 1000 个 5G 基站则将带来接近 300 万美元的价值增量，而现在的基站存量就有几千万个。随着基站出货量的激烈增长及 5G 的部署，FPGA 将迎来迅猛的增长。

1.4 ASIC

专用集成电路是为特定用户或特定电子系统制作的集成电路。数字集成电路的通用性和大批量生产，使电子产品成本大幅度下降，推进了计算机通信和电子产品的普及，但同时也产生了通用与专用的矛盾，以及系统设计与电路制作脱节的问题。同时，集成电路规模越大，组建系统时就越难以针对特殊要求加以改变。为解决这些问题，就出现了以用户参加设计为特征的专用集成电路，它能实现整机系统的优化设计，性能优越，保密性强。

（1）ASIC 的应用优势

目前以深度学习为代表的人工智能计算需求，主要采用 GPU、FPGA 等已有适合并行计算的通用芯片来实现加速。在产业应用没有大规模兴起之时，使用这类已有的通用芯片可以避免专门研发定制芯片(ASIC)的高投入和高风险。但是，由于这类通用芯片设计初衷并非专门针对深度学习，因而天然存在性能、功耗等方面的瓶颈。随着人工智能应用规模的扩大，这类问题将日益突出。

因此，随着人工智能算法和应用技术的日益发展，以及人工智能专用芯片 ASIC 产业环境的逐渐成熟，人工智能 ASIC 将成为人工智能计算芯片发展的必然趋势。

首先，定制芯片的性能提升非常明显。例如英伟达首款专门为深度学习从零开始设计的芯片 TeslaP100 数据处理速度是其 2014 年推出 GPU 系列的 12 倍。谷歌为机器学习定制的芯片 TPU 将硬件性能提升至相当于当前芯片按摩尔定律发展 7 年后的水平。正如 CPU 改变了当年庞大的计算机一样，人工智能 ASIC 芯片也将大幅改变如今 AI 硬件设备的面貌。

第二，下游需求促进人工智能芯片专用化。从服务器，计算机到无人驾驶汽车、无人机再到智能家居的各类家电，至少数十倍于智能手机体量的设备需要引入感知交互能力和人工智能计算能力。而出于对实时性的要求以及训练数据隐私等考虑，这些能力不可能完全依赖云端，必须要有本地的软硬件基础平台支撑，这将带来海量的人工智能芯片的需求。

近两年，国内国外人工智能芯片层出不穷。无论是英伟达、谷歌、IBM、高通还是国内的中星微、寒武纪，巨头和新创企业都将人工智能芯片视为具有战略意义的关键技术进行布局，人工智能芯片正呈现百花齐放的局面。

（2）ASIC 发展趋势

目前人工智能专用芯片的发展方向包括：主要基于 FPGA 的半定制、针对深度学习算法的全定制和类脑计算芯片三个阶段。

在芯片需求还未成规模、深度学习算法暂未稳定需要不断迭代改进的情况下，利用具备可重构特性的 FPGA 芯片来实现半定制的人工智能芯片是最佳选择。这种半定制芯片虽然依托于 FPGA 平台，但是利用抽象出了指令集与编译器，可以快速开发、快速迭代，与专用的 FPGA 加速器产品相比，也具有非常明显的优势。

在针对深度学习算法的全定制阶段，芯片是完全采用 ASIC 设计方法全定制，性能、功耗和面积等指标面向深度学习算法都做到了最优。谷歌的 TPU 芯片、我国中科院计算所的寒武纪深度学习处理器芯片就是这类芯片的典型代表。

在类脑计算阶段，芯片的设计目的不再局限于仅仅加速深度学习算法，而是在芯片基本结构甚至器件层面上希望能够开发出新的类脑计算机体系结构，比如会采用忆阻器和 ReRAM 等新器件来提高存储密度。这类芯片的研究离成为市场上可以大规模广泛使用的成熟技术还有很大的差距，甚至有很大的风险，但是长期来看类脑芯片有可能会带来计算体系的革命。这类芯片的典型代表是 IBM 的 Truenorh 芯片。类脑计算芯片市场空间巨大。根据第三方预测，包含消费终端的类脑计算芯片市场将在 2022 年以前达到千亿美元的规模，其中消费终端是最大市场，占整体 98%，其他需求包括工业检测、航空、军事与国防等领域。

1.5 DSP

DSP，也称数字信号处理器，适用于系统较低取样速率、低数据率、多条件操作、处理复杂的多算法任务、使用 C 语言编程、系统使用浮点。适合于较低采样速率下多条件进程、特别是复杂的多算法任务。DSP 是由通用计算机中的 CPU 演变而来的，和工业控制计算机相比，DSP 这种单片机具有多重优势：一是系统结构简单，使用方便，实现模块化；二是可靠性高，可保持长时间无故障工作；三是处理功能强，速度快；四是控制功能强；五是环境适应能力强。

DSP 凭借卓越的性能，在图形图像处理，语音处理，信号处理等通信领域起到越来越重要的作用，被广泛应用于移动通信、电机控制、汽车毫米波雷达图像处理、测量仪表等领域。

（1）DSP 器件与算法

DSP(数字信号处理器)作为一种微处理器，其设计的出发点和通用 CPU 以及 MCU 等处理器是不同的。DSP 是为完成实时数字信号处理任务而设计的，算法的高效实现是 DSP 器件的设计核心。DSP 在体系结构设计方面的很多考虑都可以追溯到算法自身的特点。

（2）现代数字信号处理器的特点和发展趋势

DSP 器件的发展，必须兼顾 3P 的因素，即性能(performance)、功耗(power consumption)和价格(price)。总的来说，随着 VLSI 技术的高速发展，现代 DSP 器件在价格显著下降的同时，仍然保持着性能的不断提升和单位运算量的功耗不断降低。下面我们主要以 TI 公司的 DSP 为例来说明现代 DSP 芯片的一些特点和发展趋势。

1）通过并行提升 DSP 芯片的性能

传统的 DSP 芯片通过采用乘加单元和改进的哈佛结构，使其运算能力大大超越了传统的微处理器。一个合理的推论是：通过增加片上运算单元的个数以及相应的连接这些运算单元的总线数目，就可以成倍地提升芯片的总体运算能力。当然，这个推论有两个前提条件必须满足：首先是存储器的带宽必须能够满足由于总线数目增加所带来的数据吞吐量的提高；另外，多个功能单元并行工作所涉及的调度算法其复杂度必须是可实现的。

1997 年，TI 发布了基于 VLIW(超长指令字)体系结构的 C62xDSP 内核。它在片内集成了两组完全相同的功能单元，各包括一个 ALU(算术及逻辑单元)、一个乘法单元、一个移位单元和一个地址产生单元。这 8 个功能单元通过各自的总线与两组寄存器组连接。理想情况下，这 8 个功能单元可以完全并行，从而在单周期内执行 8 条指令操作。VLIW 体系结构使得 DSP 芯片的性能得到了大幅提升。在此基础上，TI 又发布了 C64xDSP 内核，其主要改进之处在于进一步加宽了寄存器组与内存之间的总线宽度，以及改善了单个功能单元对于 SIMD(单指令多数据)操作的支持等。

VLIW 结构对功能单元采用静态调度的策略，DSP 内部只完成简单的指令分发，调度算法的实现可以由编译器完成，用户也可以通过手工编写汇编代码的形式实现自主调度。其好处是 DSP 芯片的使用难度大大降低。通过使用高效的 C 语言编译器，普通用户也可以开发出具有较高效率的 DSP 运行程序。

2）存储器构架的变化

随着芯片主频的不断攀升，存储器的访问速度日益成为系统性能提升的瓶颈。在现有的制造工艺下，片上存储单元的增加将导致数据线负载电容的增加，影响到数据线上信号的开关时间，这意味着片上高速存储单元的增加将是十分有限的。为了解决存储器速度与 CPU 内核速度不匹配的问题，高性能的 CPU 普遍采用 Cache(高速缓存)机制，新的 DSP 芯片也开始采用这种结构。以 TI 的 C64xDSP 为例，它采用两级 Cache 的结构。L1Cache 分为独立的程序缓存(L1P)和数据缓存(L1D)，其大小各为 16KBytes，访问速度与 DSP 内核的运行时钟相匹配，L2Cache 则采用统一的形式管理，其大小从 256KB 到 1MB 不等，访问速度相比 L1cache 大大降低。L2Cache 通过 DMA 与外部低速的存储器件进行数据交换。为增加 Cache 的命中率，C64x 的 Cache 还采用了多路径的结构形式。研究表明，在很多情况下，采用这种多级缓存的架构可以达到采用完全片上存储器结构的系统约 80%的执行效率。但是，采用 Cache 机制也在一定程度上增加了系统执行时间的不确定性，其对于实时系统的影响需要用户认真地加以分析和评估。

Cache 对于 DSP 芯片还是一个比较新的概念。DSP 开发人员需要更深入地了解 Cache 的机制，相应地对算法的数据结构、处理流程以及程序结构等做出调整，以提高 Cache 的命中率，从而更有效地发挥 Cache 的作用。

3）SoC 的趋势

对于特定的终端应用，SoC(系统芯片)可以兼顾体积、功耗和成本等诸多因素，因而逐渐成为芯片设计的主流。DSP 器件也逐渐从传统的通用型处理器中分离出更多的直接面向特定应用的 SoC 器件。这些 SoC 器件多采用 DSP+ARM 的双核结构，既可以满足核心算法的实现需求，又能够满足网络传输和用户界面等需求。同时，越来越多的专用接口以及协处理器被集成到芯片中，用户只需添加极少的外部芯片，即可构成一个完整的应用系统。以 TI 公司为例，其推出的面向第 3 代无线通信终端的 OMAP1510 芯片等，面向数码相机的 DM270 芯片等，面向专业音频设备的 DA610 芯片等，面向媒体处理的 DM642 芯片等，都是 SoC 的典型例子。

2. 存储类

从大类上看，存储器可以分为光学存储器、半导体存储器、磁性存储器。半导体存储器是目前最主要的存储器类别，以断电后存储数据是否丢失为标准，半导体存储芯片可分两类：一类是非易失性存储器，这一类存储器断电后数据能够存储，主要以 NAND FLASH 为代表，常见于 SSD(固态硬盘)；另一类是易失性存储器，这一类存储器断电后数据不能储存，主要以 DRAM 为代表，常用于电脑、手机内存。除了 NAND FLASH 和 DRAM，还包含其他门类，例如 NorFlash、SRAM、RRAM、MRAM、FRAM 等。

从产值构成来看，DRAM、NAND Flash、NOR Flash 是存储器产业的核心部分。这缘于一方面性能不断提升的手机操作系统及日益丰富的应用软件极大地依赖于手机嵌入式闪存的容量；另一方面，万物互联等新技术的涌现推动数据量的急速膨胀。

2.1 NOR FLASH

NOR Flash 是一种非易失闪存技术，是 Intel 在 1988 年创建。

（1）闪存技术

是市场上两种主要的非易失闪存技术之一。Intel 于 1988 年首先开发出 NOR Flash 技术，彻底改变了原先由 EPROM(Erasable Programmable Read-Only-Memory 电可编程序只读存储器)和 EEPROM(电可擦只读存储器 Electrically Erasable Programmable Read - Only Memory)一统天下的局面。紧接着，1989 年，东芝公司发表了 NAND Flash 结构，强调降低每比特的成本，有更高的性能，并且像磁盘一样可以通过接口轻松升级。NOR Flash 的特点是芯片内执行（XIP ，eXecute In Place），这样应用程序可以直接在 Flash 闪存内运行，不必再把代码读到系统 RAM 中。NOR 的传输效率很高，在 1～4MB 的小容量时具有很高的成本效益，但是很低的写入和擦除速度大大影响到它的性能。NAND 的结构能提供极高的单元密度，可以达到高存储密度，并且写入和擦除的速度也很快。应用 NAND 的困难在于 Flash 的管理需要特殊的系统接口。通常读取 NOR 的速度比 NAND 稍快一些，而 NAND 的写入速度比 NOR 快很多，在设计中应该考虑这些情况。

（2）性能比较

flash 闪存是非易失存储器，可以对称为块的存储器单元块进行擦写和再编程。任何 flash 器件的写入操作只能在空或已擦除的单元内进行，所以大多数情况下，在进行写入操作之前必须先执行擦除。NAND 器件执行擦除操作是十分简单的，而 NOR 则要求在进行擦除前先要将目标块内所有的位都写为 0。

由于擦除 NOR 器件时是以 64～128KB 的块进行的，执行一个写入/擦除操作的时间为 5s，与此相反，擦除 NAND 器件是以 8～32KB 的块进行的，执行相同的操作最多只需要 4ms。

执行擦除时块尺寸的不同进一步拉大了 NOR 和 NAND 之间的性能差距，统计表明，对于给定的一套写入操作(尤其是更新小文件时)，更多的擦除操作必须在基于 NOR 的单元中进行。这样，当选择存储解决方案时，设计师必须权衡以下的各项因素。

（1）NOR 的读速度比 NAND 稍快一些。

（2）NAND 的写入速度比 NOR 快很多。

（3）NAND 的 4ms 擦除速度远比 NOR 的 5s 快。

（4）大多数写入操作需要先进行擦除操作。

（5）NAND 的擦除单元更小，相应的擦除电路更少。

此外，NAND 的实际应用方式要比 NOR 复杂的多。NOR 可以直接使用，并可在上面直接运行代码；而 NAND 需要 I/O 接口，因此使用时需要驱动程序。不过当今流行的操作系统对 NAND 结构的 Flash 都有支持。此外，Linux 内核也提供了对 NAND 结构的 Flash 的支持。

2.2 NAND FLASH

Nand-flash 内存是 flash 内存的一种，其内部采用非线性宏单元模式，为固态大容量内存的实现提供了廉价有效的解决方案。Nand-flash 存储器具有容量较大，改写速度快等优点，适用于大量数据的存储，因而在业界得到了越来越广泛的应用，如嵌入式产品中包括数码相机、MP3 随身听记忆卡、体积小巧的 U 盘等。

（1）Nand-flash 内存特点

1）容量和成本

NAND FLASH 的单元尺寸几乎是 NOR 器件的一半，由于生产过程更为简单，NAND 结构可以在给定的模具尺寸内提供更高的容量，也就相应地降低了价格。

2）物理构成

NAND FLASH 的数据是以 bit 的方式保存在 memorycell，一般来说，一个 cell 中只能存储一个 bit。这些 cell 以 8 个或者 16 个为单位，连成 bitline，形成所谓的 byte(x8)/word(x16)，这就是 NAND Device 的位宽。这些 Line 会再组成 Page，(NAND FLASH 有多种结构，我使用的 NAND FLASH 是 K9F1208,下面内容针对三星的 K9F1208U0M)，每页 528Bytes(512byte

(Main Area)+16byte(Spare Area)，每 32 个 page 形成一个 Block(32*528B)。具体一片 flash 上有多少个 Block 视需要所定。我所使用的三星 k9f1208U0M 具有 4096 个 block，故总容量为 4096*（32*528B）=66MB，但是其中的 2MB 是用来保存 ECC 校验码等额外数据的，故实际中可使用的为 64MB。

3）可靠耐用性

采用 flash 介质时一个需要重点考虑的问题是可靠性。对于需要扩展 MTBF 的系统来说，Flash 是非常合适的存储方案。可以从寿命（耐用性）、位交换和坏块处理三个方面来比较 NOR 和 NAND 的可靠性。

4）寿命（耐用性）

在 NAND 闪存中每个块的最大擦写次数是一百万次，而 NOR 的擦写次数是十万次。NAND 存储器除了具有 10 比 1 的块擦除周期优势，典型的 NAND 块尺寸要比 NOR 器件小 8 倍，每个 NAND 存储器块在给定的时间内的删除次数要少一些。

5）位交换

所有 flash 器件都受位交换现象的困扰。在某些情况下（很少见，NAND 发生的次数要比 NOR 多），一个比特位会发生反转或被报告反转了。

一位的变化可能不很明显，但是如果发生在一个关键文件上，这个小小的故障可能导致系统停机。如果只是报告有问题，多读几次就可能解决了。

当然，如果这个位真的改变了，就必须采用错误探测/错误更正(EDC/ECC)算法。位反转的问题更多见于NAND闪存，NAND的供应商建议使用NAND闪存的时候，同时使用EDC/ECC算法。

6）坏块处理

NAND器件中的坏块是随机分布的。以前也曾有过消除坏块的努力，但发现成品率太低，代价太高，根本不划算。

NAND器件需要对介质进行初始化扫描以发现坏块，并将坏块标记为不可用。在已制成的器件中，如果通过可靠的方法不能进行这项处理，将导致高故障率。

7）软件支持

当讨论软件支持的时候，应该区别基本的读/写/擦操作和高一级的用于磁盘仿真和闪存管理算法的软件，包括性能优化。

NAND FLASH的主要供应商是SAMSUNG和东芝，在U盘、各种存储卡、MP3播放器里面的都是这种FLASH，由于工艺上的不同，它比NORFLASH拥有更大存储容量，而且便宜。但也有缺点，就是无法寻址直接运行程序，只能存储数据。另外NAND FLASH非常容易出现坏区，所以需要有校验的算法。

在掌上电脑里要使用NAND FLASH存储数据和程序，但是必须有NORFLASH来启动。除了SAMSUNG处理器，其他用在掌上电脑的主流处理器还不支持直接由NAND FLASH启动程序。因此，必须先用一片小的NORFLASH启动机器，在把OS等软件从NAND FLASH载入SDRAM中运行才行，挺麻烦的。

（2）NAND FLASH发展情况

受到疫情影响，智能手机及笔记本电脑等终端需求将受到不小冲击，并对NAND Flash主流供应商获利能力造成影响，抑制未来持续扩产的幅度。相较之下，长江存储目前在各类应用的市占规模仍小，因此受疫情影响较低。当前目标将着重于与OEM进行64层TLC的相关产品导入及提升良率，并赶在今年内送交128层产品样品，将同时包含TLC以及QLC产品，以扩大客户基础。

1）3D NAND堆栈难度渐增，有利长江存储缩小差距。

随着3D NAND Flash堆栈达到90层以上，主要供应商在更高层数蚀刻及堆栈技术的发展难度逐渐增加。

观察各供应商的技术路线图，在1XX层的产品世代已有分歧：尽管三星(Samsung)、SK 海力士(SK Hynix)已推出 128 层产品，但铠侠/西数(Kioxia/WD)、美光(Micron)、英特尔(Intel)的112/128/144层产品要到下半年才会放量，相比前几代3D NAND产品的发展进程来得更久，有利于长江存储的128层产品迎头赶上。

除此之外，2019年NAND Flash的价格平均跌幅达46%，导致主要供应商陷入亏损，资本支出因而转为保守，产出增长规划亦创下历史新低，这也让长江存储有了拉近差距的机会。

2）2021年长江存储产能预估占整体NAND Flash约8%。

身为新进供应商的长江存储目前拥有武汉厂，今年目标是成都厂开始投产，并逐步完成武汉厂区剩余二座厂房的兴建与扩产。除了扩张规划积极，长江存储也是国家大基金的重点扶植厂商，可以预期NAND Flash市场竞争将更为严峻，长期价格面临持续走跌的压力。

2.3 SRAM

静态随机存取存储器（Static Random-Access Memory，SRAM）是随机存取存储器的一种。所谓的“静态”，是指这种存储器只要保持通电，里面储存的数据就可以恒常保持。相对之下，动态随机存取存储器（DRAM）

里面所储存的数据就需要周期性地更新。然而，当电力供应停止时，SRAM储存的数据还是会消失（被称为 volatile memory），这与在断电后还能储存资料的 ROM 或闪存是不同的。

随着微电子技术的迅猛发展，SRAM 逐渐呈现出高集成度、快速及低功耗的发展趋势。在半导体存储器的发展中，静态存储器(SRAM)由于其广泛的应用成为其中不可或缺的重要一员。近年来 SRAM 在改善系统性能、提高芯片可靠性、降低成本等方面都起到了积极的作用。

存储器作为通用器件，可广泛应用于现代航天武器系统的控制、制导导航、数据采集与传输、图像处理、通讯、测控等不同领域，完全取代国外同类产品，其应用前景十分广阔。

我国许多涉及国家安全的重点型号上所用的存储器，几乎完全依靠进口。虽然国内有一些研究所和厂商也开发了 SRAM 电路，但目前还没有形成系列化产品，远远不能满足国防军事需求在本项目研制的产品的基础上，建立国产存储器产品优选系列，将逐步形成我国的武器装备采用国产存储器的局面。同时通过本项目产品的研制，可以积累丰富的 RAM 设计及 SoC 核设计技术，对以后研制更高性能和其他类型的 RAM 打下坚实的基础，可以很快对国外同类产品进行跟踪、研制。

静态随机存储器（SRAM）的应用领域很广，据资料显示，存储器要占世界整个半导体产品市场销售额的 30%左右，而 SRAM 则占到各种存储器总额的 22%，并且以 21%的平均年增长率在增长。制作 CMOS SRAM 的主要工艺技术可以直接扩展到 IC 其他类别电路的生产制造中去，例如通用逻辑电路和专用集成电路等。

2.4 RRAM

是一种三明治的结构。中间是相变层（和光盘材料一样，GST），这种材料的一个特性是会在晶化（低阻态）和非晶化（高阻态）之间转变，即利用这个高低阻态的变化来实现存储。

PRAM目前发展到了另外一个领域——Intel和美光2015年联合推出了3D Xpoint 技术。3D Xpoint 技术的存储单元的确是 PRAM，但它找到了一种合适的选择管，即 1R1D 的结构，而不是 1R1T 结构——这和三星的方向完全不同。

3D Xpoint 技术在非易失存储器领域实现了革命性突破。虽然其速度略微比 DRAM 慢，但其容量却比 DRAM 高，比闪存快 1000 倍。因此它填补了很大一个空白。3D Xpoint 采用堆叠结构，目前一般是两层结构。它有它的好处，但也有明显缺点。堆叠层数越多，需要的掩模板个数就越多，而在整个 IC 制造工业中，掩模板占到了成本的最大份额。因此，从制造的角度来说，要想实现几十层的 3D 堆叠结构非常困难。

2.5 MRAM

MRAM 和传统存储器概念完全不同。其基本结构是磁性隧道结，即底下一层薄膜是铁磁材料（钉扎层），其磁自旋方向固定；中间一层是隧穿层；上面一层是自由层，其自旋方向可以在外加应力的情况下改变。如果自由层的自旋方向和钉扎层的自旋方向一致，则隧道层处在低电阻的状态；反之则处于高阻状态。因此，MRAM 是利用这种磁性隧道结的电阻变化实现存储。

MRAM 又分为传统的 MRAM 和 STT-MRAM。它们都是基于磁性隧道结构，只是驱动自由层翻转的方式不同。（MRAM 当中包括很多方向的研究，如微波驱动、热驱动等等。）传统的 MRAM 和 STT-MRAM 是其中最重要的两大类，前者采用磁场驱动，后者采用自旋极化电流驱动。对于传统的 MRAM，由于在半导体器件中本身无法引入磁场，需要引入大电流来产生磁场，因而需要在结构中增加旁路。因此，这种结构功耗较大，而且也很难进行高密度集成（通常只有 20-30F2）。若采用极化电流驱动，即 STT-MRAM，则不需要增加旁路，因此功耗可以降低，集成度也可以大幅提高。

MRAM 的研发难度很大，其中涉及非常多的物理。磁性隧道结看似简单实则相当复杂。在这个结构中，很多材料都是在几个纳米，特别是对于 MgO 隧道层，要求只有 1.3nm，并且是要完美的单晶。STT-MRAM 有很多的优缺点。

2.6 FRAM

铁电存储器（FRAM）产品将 ROM 的非易失性数据存储特性和 RAM 的无限次读写、高速读写以及低功耗等优势结合在一起。FRAM 产品包括各种接口和多种密度，像工业标准的串行和并行接口，工业标准的封装类型，以及 4Kbit、16Kbit、64Kbit、256Kbit 和 1Mbit 等密度。

FRAM 提供一种与 RAM 一致的性能,但又有与 ROM 一样的非易失性。FRAM 克服以上二种记忆体的缺陷并合并它们的优点，它是全新创造的产品，一个非易失性随机存取储存器。

（1）FRAM 优势

以下列举了 FRAM 在一些行业应用领域中与其他存储器相比较的主要优势：

①频繁掉电环境

任何非易失性存储器可以保留配置。可是，配置更改或电源失效情况随时可能发生，因此，更高写入耐性的 FRAM 允许无任何限制的变更记录。任何时间系统状态改变，都将写入新的状态。这样可以在电源关闭可用的时间很短或立即失效时状态被写入存储器。

②高噪声环境

在嘈杂的环境下向 EEPROM 写数据是很困难的。在剧烈的噪音或功率波动情况下，EEPROM 的写入时间过长会出现漏洞（以毫秒衡量），在此期间写入可能被中断。错误的概率跟窗口的大小成正比。FRAM 的写入执行窗口少于 200ns。

③RFID 系统

在非接触式存储器领域里，FRAM 提供一个理想的解决方案。低功耗访问在 RFID 系统中至关重要，因为，能源消耗是以距离成指数下降的。想要以最小的能耗读写标签数据就必须保持标签有足够近的距离。通过对射频发射机和 接收机改进写入距离，降低运动的灵敏性（区域内的时间）以及降低射频（RF）功率需求，使需要写入的应用（i.e.借记卡，在生产工序中使用的标签）获得优势。

④诊断和维护系统

在一个复杂的系统里，记录系统失效时的操作历史和系统状态是非常宝贵的。如果没有这些数据，能够准确地解决或执行需求指令是很困难的。由于 FRAM 具备高耐久性的特点，可以生成一个理想的系统日志。从计算机工作站到工业过程控制不同的系统，都能从 FRAM 中获益。

（2）铁电应用

1）数据采集与记录

存储器（FRAM）可以让设计者更快、更频繁地将数据写入非易失性存储器，而且价格比 EEPROM 低。数据采集通常包括采集和存储两部分，系统所采集的数据（(除临时或中间结果数据外)需要在掉电后能够保存，这些功能是数据采集系统或子系统所具有的基本功能。在大多数情况下，一些历史记录是很重要的。

典型应用：仪表(电表、气表、水表、流量表)、RF/ID、仪器,、和汽车黑匣子、安全气袋、GPS 定位系统、电力电网监控系统。

2）数设置与存储

FRAM 通过实时存储数据帮助系统设计者解决了突然断电数据丢失的问题。参数存储用于跟踪系统在过去时间内的改变，它的目的包括在上电状态时恢复系统状态或者确认一个系统错误。总的来说，数据采集是系统或子系统的功能，不论何种系统类型，设置参数存储都是一种底层的系统功能。

典型应用:影印机,打印机,工业控制,机顶盒(Set-Top-Box),网络设备

（网络调制解调器）和大型家用电器。

3）非易失性缓冲

铁电存贮器（FRAM）可以在数据传递储存在其他存储器之前快速存储数据。在此情况下，信息从一个子系统非实时地传送到另一个子系统去。由于资料的重要性，缓冲区内的数据在掉电时不能丢失，在某些情况下，目标系统是一个较大容量的存储装置。FRAM 以其擦写速度快、擦写次数多使数据在传送之前得到存储。

典型应用：工业系统、银行自动提款机(ATM),税控机,商业结算系统(POS),传真机，未来将应用于硬盘非易失性高速缓冲存储器。

铁电存贮器（FRAM）快速擦写和非易失性等特点，令系统工程师可以把现有设计中的 SRAM 和 EEPROM 器件整合到一个铁电存贮器（FRAM）里，或者简单地作为 SRAM 扩展。

在多数情况下，系统使用多种存储器类型，FRAM 提供了只使用一个器件就能提供 ROM,RAM 和 EEPROM 功能的能力，节省了功耗,成本,空间，同时增加了整个系统的可靠性。最常见的例子就是在一个有外部串行 EEPROM 嵌入式系统中，FRAM 能够代替 EEPROM,同时也为处理器提供了额外的 SRAM 功能。

典型应用：便携式设备中的一体化存储器，使用低端控制器的任何系统。

2.7 DRAM

DRAM（Dynamic Random Access Memory），即动态随机存取存储器，最为常见的系统内存。DRAM 只能将数据保持很短的时间。为了保持数据，DRAM 使用电容存储，所以必须隔一段时间刷新（refresh）一次，如果存储单元没有被刷新，存储的信息就会丢失。

（1）工作原理

动态 RAM 的工作原理动态 RAM 也是由许多基本存储元按照行和列地址

引脚复用来组成的。

DRAM 数据线 3 管动态 RAM 的工作原理 3 管动态 RAM 的基本存储电路如下图所示。在这个电路中，读选择线和写选择线是分开的，读数据线和写数据线也是分开的。

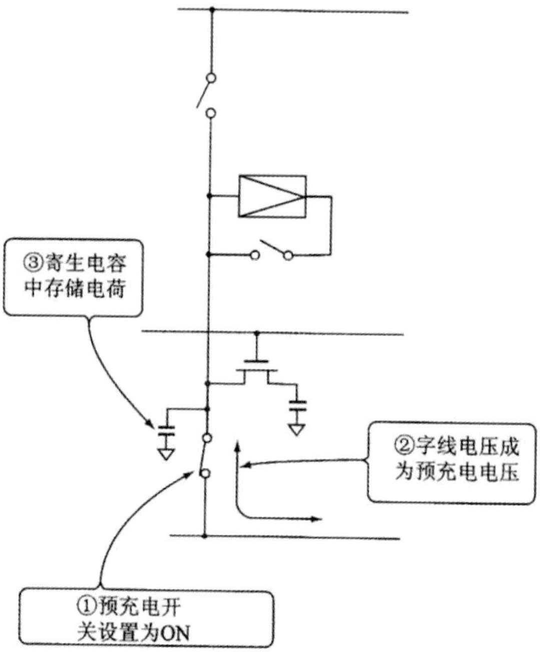

图十四：DRAM 数据线

写操作时，写选择线为“1”，所以 Q1 导通，要写入的数据通过 Q1 送到 Q2 的栅极，并通过栅极电容在一定时间内保持信息。

读操作时，先通过公用的预充电管 Q4 使读数据线上的分布电容 CD 充电，当读选择线为高电平有效时，Q3 处于可导通的状态。若原来存有“1”，则 Q2 导通，读数据线的分布电容 CD 通过 Q3、Q2 放电，此时读得的信息为“0”，正好和原存信息相反；若原存信息为“0”，则 Q3 尽管具备导通条件，但因为 Q2 截至，所以，CD 上的电压保持不变，因而，读得的信息为“1”。可见，对这样的存储电路，读得的信息和原来存入的信息正好相反，所以要通过读出放大器进行反相再送往数据总线。

（2）DRAM 存储器行业发展态势分及市场竞争趋势

DRAM 属于半导体存储器，是易失性存储器的一种，主要用于电子设备的内存。半导体存储器分为非易失性存储器和易失性存储器，非易失性存储器在断电时仍然可以保存数据，包括 NAND FLASH、NOR Flash 等，易失性存储器在断电状态下数据会丢失，包括动态随机存储器（DRAM）和静态随机存储器（SRAM）。在易失性存储器中，DRAM 和 SRAM 的应用场景各有不同。SRAM 的读写速度在所有的存储器中最快，但同时制造成本高，常用于对容量要求较小的高速缓冲存储器，如 CPU 的一级、二级缓存等。DRAM 利用电容储存电荷的多少存储数据，需要定时刷新电路克服电容的漏电问题，读写速度比 SRAM 慢，但快于所有的只读存储器（ROM），且集成度高、功耗低、体积小，制造成本低，常用于容量较大的主存储器，如计算机、智能手机、服务器的内存等。除半导体存储器外，按照存储介质的不同，存储器还包括光学存储器和磁性存储器。光学存储器根据激光等特性进行数据存储，常见的有 DVD、CD 等，磁性存储器利用磁性特征进行数据存储，常见的有磁盘、软盘等。

表八：各存储器的指标

指标	DRAM	NAND	NOR
成本	高	低	中
是否易失	易失性	非易失性	非易失性
随机读取	极快	较慢	较快
擦除/写入速度	极快（无擦除）	快	较慢
容量	低（MB/GB）	高（TB/GB）	中（MB/GB）

DRAM 是存储器市场上的常青树，从 1966 年 IBM 研发出世界上第一块易失性存储器（DRAM）开始，它就一直在我们的计算系统中占据着核心位置。从现有的计算机系统结构来看，存储器分为缓存、内存（主存储器）、外存（辅助存储器）三大类。DRAM 存储器和 Flash 闪存芯片是当前市场中最为重要的存储器。DRAM 是最为常见的系统内存，虽然性能较为出色，但是其断电易失，相比于其同级别的易失性存储器，其成本更低，故而其在系统内存中最为常见；Flash 则是应用最广泛的非易失性存储，其断电非易失性使其主要被应用于大容量存储领域。1966 年，IBM 公司托马斯•沃森研究中心（Thomas Watson Research Center）的研究人员时年 34 岁的罗伯特•登纳德（Robert Dennard）博士提出了用金属氧化物半导体（MOS）晶体管，来制作存储器芯片的设想，同年研发成功 1T/1C 结构（一个晶体管加一个电容）的 DRAM，并在 1968 年获得专利。自 1966 年至今已经过去 50 余年，DRAM 市场累计创造了超过 1 万亿美元产值。企业间掺杂着你死我活的生死搏杀。美国、日本、德国、韩国、中国台湾的企业，怀揣巨额资金，高高兴兴地冲杀进来，却大都丢盔弃甲黯然离开。包括开创 DRAM 产业的三大巨头在内的无数名震世界的产业巨头轰然倒地；英特尔、德州仪器和 IBM，也分别在 1985 年、1998 年和 1999 年，凄惨地退出了 DRAM 市场。DRAM 行业在不同阶段由不同动力驱动成长，现已进入由智能手机、云推动增长阶段。20 世纪 70 年代至 21 世纪初期，以美国为主的发达国家对于 PC 需求的日益增长刺激了 DRAM 出货量的快速提升。从 1990 年初开始，发达国家的电话需求也开始贡献增长。20 世纪初，在发达国家，笔记本电脑的需求接替增长，新兴国家 PC、电话也开始发展，成为新兴推动力。存储器占据半导体产业和信息产业的核心地位，市场规模巨大，但垄断格局牢固，巨头优势明显。据全球半导体贸易统计组织（WSTS）估算，2018 年全球半导体产品销售额 4373 亿美元，其中存储器就占到了 1343 亿美元，超过 30%。存储器市场空间虽然巨大，但竞争却异常激烈，而且其资本投入大、科技含量高的特点加剧了强者愈强的马太效应，三星镁光、海力士三巨头已经在 DRAM 领域形成了“高市占率→高营业额→研发投入大→技术领先→抢占市场”的良性循环。在强者愈强的产业壁垒面前，后进企业凭自身力量难以实现突破，还需要产业战略机遇、社会资源协同支持等等外部因素的助力。

存储器产业在过去五十多年的发展中经过了残酷的商业竞争和淘汰，已经形成了寡头垄断的局面。国外巨头三星，SK 海力士和美光在 2018 年 DRAM 全球市场中占比分别为 45.5%，29.1%，21.1%，总占比超过 95%，基本垄断了整个 DRAM 市场。而在 NAND FLASH 领域，三星，东芝/西部数据，美光，SK 海力士和英特尔在 2017 年 NAND FLASH 全球市场中占比分别为 39%，32%，11%，11%，6%，总占比高达 99%。从 2010 年开始，智能手机成为 DRAM 市场最大推动力，2020 年 5G 和云将成为最大动力。现阶段，手机内存是最大市场，服务器未来有望增长最快。

依照下游应用不同，DRAM 分为五类，基础都是原始 DRAM 单元。分别是用于传统 PC 的标准型 DRAM 以及衍生的专用于图形处理的绘图用 DRAM；用于智能终端、强调轻薄和低功率的行动式 DRAM；用于服务器、大型网络设备的服务器 DRAM；用于液晶电视、互联网电视的利基型 DRAM。近年来受智能手机出货量的强劲增长和 PC 出货量下滑的双重影响，行动式 DRAM 增长速率和市场份额已经远超过标准 DRAM，成为目前 DRAM 的主流产品，占比超过 40%。此外大数据、云服务等需求的爆发快速发展促进了服务器 DRAM 需求增长，其占比也超过标准 DRAM 成为第二大应用领域，占比 27.9%。

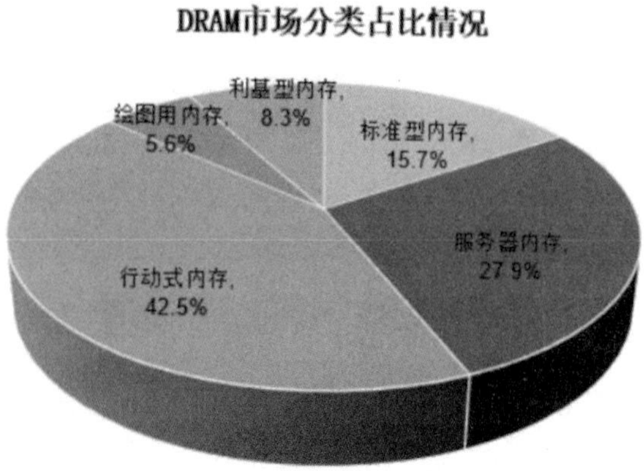

图十五：DRAM 市场分类占比情况

据中金企信国际咨询公布的《2020-2026 年中国 DRAM 存储器行业专项深度调研及发展规划指导可行性预测报告》统计数据显示：2018 年手机、服务器和电脑内存分别占 DRAM 下游应用市场的比例分别为 37%、25%和 22%左右。需求端有望回暖。智能手机现阶段处于 5G 过渡期，短期出货增长速度放缓，之后有望迎来快速增长，从而拉动 DRAM 的搭载量持续增加，预计 2020 智能手机出货 14 亿部，同比增长 0.7%，2021 年出货 15 亿部，同比增长 7.1%。叠加单机容量增加，智能手机仍将是最大推动力。受人工智能、物联网和云计算等应用需求拉动，全球云厂商资本支出逐渐回暖，全球服务器出货量开始回升，成为 DRAM 应用的高成长领域，预计 2020 年服务器出货 1190 万台，智能手机出货量面临瓶颈的背景下，移动端 DRAM 需求增长主要来自单机内存容量的提升。但服务器和企业用 DRAM 需求则受益于大数据和 AI 训练等新需求而快速增长。新兴需求推动当前高度集中的 DRAM 市场格局难以适应推陈出新不断发展的需求变化，正是新厂商的进入良机。2019 年 6 月，智能手机出货量 3322.0 万部，同比下降 5.0%，占同期手机出货量的 96.8%。2017 年受全球存储器价格上涨影响，全球半导体存储器市场规模快速提升，2018 年半导体存储器市场份额下降 0.3%至 1645 亿美元，这是近三年来半导体存储器市场份额的首次负增长。由于大数据和其他数据的使用，对内存的需求正在上升，但由于多家大厂的疯狂扩产，价格的持续上涨主要落在 NAND 型闪存中。2018 年全球 DRAM 存储器市场规模 989 亿美元，同比增长 35.48%，高增速主要来自于近两年全球市场价格大涨影响。DRAM 单价已逐步企稳回升，市场规模触底反弹，行业此轮去库存周期已逐步完成，存储产业有望迎来全面回温。2019 年年底，DRAM 价格降至低点，下游大规模囤货导致库存水平开始降低，DRAM 单价逐步趋稳，DRAM 市场规模增速已于 19Q3 见底。2020 年，受 5G 带来移动终端的需求激增及服务器需求量增加，DRAM 相关产业链有望迎来全面回温，开启新一轮上涨周期。预计 DRAM 价格在 2020H1 将出现上涨趋势，大厂有望于 2020H2 开始增加资本开支。预计 2020 年全球 DRAM 产业将恢复增长，市场规模达到 675 亿美元，同比增长 12%。

（3）中国市场的发展

从中国市场来看，20 世纪 90 年代至 21 世纪 10 年代，中国 DRAM 产业还处于自主技术量产和技术引进的市场化探索阶段。2010 年以后，国内 DRAM 发展呈现多路并举的局面，尤其是 2014 年以后，随着国内产业基金的壮大和海外事业的拓展，出海并购成为这一时期的一个重要战略。而在 DRAM 领域，中国资本先后收购奇梦达科技（西安）有限公司以及海外 DRAM 厂商 ISSI 无疑是其中浓墨重彩的两个大事件。

但收购并不能带来从研发到产能的全套体系，致使这些资产不能形成与海外 IDM 大厂的竞争能力。对此最直观的体现就是中国 DRAM 产能目前依然以韩系厂商建厂和中国台湾地区为主，而西安紫光国芯和 ISSI 都是 fabless 模式公司。2014 年以后，随着集成电路产业逐渐成为经济结构升级的重点发展方向，关注度和资金纷至沓来，中国存储产业正式进入 IDM 时代。

目前国内除了兆易创新在 NOR Flash 有一定占有率外，DRAM 和 NAND FLASH 行业均无内资企业身影。但随着摩尔定律放缓，目前国内企业已在奋力追赶，形成以投入 NAND FLASH 市场的长江存储、专注于 DRAM 的合肥长鑫以及致力于利基型 DRAM 的福建晋华三大阵营。

表九：中国 DRAM 市场

地区	名称	形式	2019月产能	最大 月产能	主要工艺
中国台湾	南亚科	IDM	73K	73K	20nm
中国台湾	华邦	IDM	50K	50K	38/46nm
中国台湾	晶豪科	Fabless	10K	在力晶代工	38nm
中国台湾	爱普	Fabless	4K	在力晶代工	38nm
大陆	海力士无锡厂	IDM	30K-40K	130K-140K	16/18nm
大陆	紫光国芯	Fabless	3K	在力晶代工	28nm

中国经济保持高速发展，并不断加强寻求向更高附加值的产业结构转型。加之近几年国家安全等因素，将 IC 国产化进一步提升到一个新的高度，国产存储器产业扬帆起航的东风已经到来。在终端市场与制造产能都在中国的背景下，以存储器为代表的核心半导体芯片国产化大势所趋。

3. 模拟类

模拟集成电路主要是指由电容、电阻、晶体管等组成的模拟电路集成在一起用来处理模拟信号的集成电路。有许多的模拟集成电路，如运算放大器、模拟乘法器、锁相环、电源管理芯片等。模拟集成电路的主要构成电路有：放大器、滤波器、反馈电路、基准源电路、开关电容电路等。

3.1 模拟集成电路的应用

模拟集成电路的基本电路包括电流源、单级放大器、滤波器、反馈电路、电流镜电路等，由它们组成的高一层次的基本电路为运算放大器、比较器，更高一层的电路有开关电容电路、锁相环、ADC/DAC 等。根据输出与输入信号之间的响应关系，又可以将模拟集成电路分为线性集成电路和非线性集成电路两大类。前者的输出与输入信号之间的响应通常呈线性关系，其输出的信号形状与输入信号是相似的，只是被放大了，并且按固定的系数进行放大的。而非线性集成电路的输出信号对输入信号的响应呈现非线性关系，比如平方关系、对数关系等，故称为非线性电路。

相对于数字集成电路基于标准单元库使用 EDA 工具软件进行自动化设计的方法，模拟电路却保留了人工设计的方法，当然也有大量的电路画图和仿真软件工具，和一些成熟的电路单元可以使用，但是要设计出好的模拟集成电路，更多的是依靠设计者的经验。因为模拟电路要考虑的因素更多，除了数字集成电路关注的速度、功耗和面积之外，还需要考虑增益、精度等性能指标，考虑噪声、串扰、温度、器件非线性度等对性能的影响。

3.2 模拟集成电路的发展历程

1958 年，杰克·基尔比在锗材料上用 5 个元件实现了一个简单的振荡器电路，成为世界上第一块集成电路。这一发明揭开了 20 世纪信息革命的序幕，标志着电子时代的到来。随着以计算机和通信技术为代表的高科技产品在国防科技、工业生产和日常生活中越来越广泛的应用，以集成电路为代表的微电子产业也进入了一个前所未有的发展阶段。在信息技术中，数字集成电路是主角，其处理对象是以数字信号承载的信息，而数字信号在时间、量的方面是取离散值的。但是自然界的信号在时间和量方面的变化是连续的，比如风声、水流量等，这样的信号称为模拟信号，相应地处理模拟信号的电路称为模拟电路，而用来处理模拟信号的集成电路则称为模拟集成电路。

模拟 IC 主要应用于在电子系统中执行对模拟信号的接收、混频、放大、比较、乘除运算、对数运算、模拟－数字转换、采样－保持、调制－解调、升压、降压、稳压等功能。

模拟 IC 在其设计和工艺技术的发展过程中，形成了具有自身特点的设计思想和工艺体系；在技术发展水平、产品种类、限度地满足了信息化技术的需要；其应用已渗透到各个领域，在现代军、民用电子系统中，模拟了重要角色；在信息化的各种场合，都离不开高性能的模拟 IC，模拟 IC 性能水平的高低常常决定着电子产品或系统的水平高低。

3.3 模拟 IC 的三大分类

第一类是通用型电路，如运算放大器、相乘器、锁相环路、有源滤波器和数－模与模－数变换等；

第二类是专用型电路，如音响系统、电视接收机、录像机及通信系统等专用的集成电路系列；

第三类是单片集成系统，如单片发射机、单片接收机等。

3.4 模拟 IC 的发展趋势

当今电子产品层出不穷、争奇斗艳的根本原因，与其说是数字计算技术的飞速提高，不如说是模拟技术推陈出新的结果。小巧、省电、娱乐、方便，能够满足消费者这些要求的，正是模拟 IC 技术。模拟电路当前呈现出三个突出趋势，即高性能分立器件、模数混合和 SOC。随着工艺水平的提高，EDA 工具、Foundry 工艺 PDK 的完善以及设计水平的提高，模拟 IC 正在步入新的发展时代。为了保证最佳的系统性能、最高的可靠性、最小的体积和最低的成本，数字和模拟 IC 的设计及制造正在趋向于统一的加工平台，由单一的功能电路向系统级电路发展，这也是最具潜力的 IC 发展方向——SOC。

3.5 国内厂商机遇来临

模拟 IC 的起源地在美国，全球最厉害的模拟 IC 厂商有一大半在美国，即便现在，中国也没有一家厂商能跻身世界前十模拟 IC 的阵列。但是，中国厂商的机会是有的，因为中国经济增速快，电子应用百花齐放，中国成为全球电子市场的中心。国内也有很多不错的模拟 IC 厂家，如杭州士兰微电子、全志科技、瑞芯微、华大半导体和艾为电子等，它们可能在技术、规模及市场占有率不及 TI、ADI 等全球最厉害的厂商，但是潜力巨大，国产化这一趋势不可逆转，正是它们发展的机遇。

第二节 芯片生产制造格局

1. 晶圆厂

晶圆厂在半导体行业来说称为前道工序，是指在单晶硅片上加工半导体器件的生产工序（每个硅片上有成千上万个同样的集成电路等器件）。

晶圆厂是生产硅片，集成电路就是在晶圆上以各种工艺生产的。晶圆厂也可以生产电路，晶圆生产好集成电路后要切割和封装，封装就是将生产，切割好的集成电路引线，加外壳供用户使用。晶圆厂的英寸指它生产的集成电路的硅片的尺寸，越大其生产出的集成电路越多，其单个的成本越低，当然也越难生产。因为尺寸增加一倍（直径），面积增加四倍。同样的工艺流程和时间，产出就增加四倍。

1.1 晶圆厂的发展

晶圆制造是集成电路产业链的核心环节，关键材料十分重要。主要包括 CMP 材料、光刻胶、湿电子化学品（显影、清洗、剥离、蚀刻等）、电子气体、光掩膜版、靶材等。根据《国家集成电路产业发展推进纲要》明确要求：突破集成电路关键装备和材料，加快产业化进程，增强产业配套能力。本土企业将迎来空前发展机遇。

近年来，多个 12 英寸晶圆厂项目落地中国大陆。SEMI 的数据显示，2017-2020 年间全球投产的半导体晶圆厂为 62 座，其中有 26 座设于中国大陆，占全球总数的 42%。

目前中国大陆 12 英寸晶圆厂的投资及生产情况：中国大陆在 12 英寸晶圆厂方面已投资数千亿美元，产品涉及多个领域与制程，多个项目已经在运行当中，其余项目将在未来 2-3 年内陆续投产。

公司产线	地点	投资额	规划产能（万片/月）	制程/产品	状态
中芯国际	北京		5	0.18um-55mm	运行中
中芯国际（多数控股）	北京	N/A	3.5	65-28nm HKMG	运行中
中芯国际S2A	上海		1	FinFET	研发用
中芯国际SN1	上海	SN1和SN2	3.5	14-10nmFinFET	布建产能
中芯国际SN2	上海	合计102亿美元	3.5	28-14nmCMOS	设备已搬入
中芯国际	深圳	106亿元	0.5	90-40nmCMOS	运行中
华虹宏力（华虹Fab7）	无锡	100亿美元	4	90-65/55nm特色工艺	试生产
华力微电子（华虹Fab5）	上海	219亿元	3.5	55-40-28nmCMOS	运行中
华力微电子（华虹Fab6）	上海	387亿元	4	28-20-14nmCMOS	开工
紫光集团	南京	300亿美元	10	Dram/NAND	建设中
紫光集团	成都	300亿美元	10	Dram/NAND	建设中
武汉新芯	武汉		6-7	NOR Flash	扩产中
长江存储	武汉	240亿美元	12	14-20nm	运行中
晋华集成	泉州	370亿元	6	32-20nmDram	建设中
合肥长鑫	合肥	72亿美元	12.5	19nmDRAM	良率提升及量产准备中
晶合集成	合肥	128亿元	6	66-65nmLCD驱动	运行中
联芯集成	厦门	62亿美元	5	40-28nmCMOS	运行中
台积电	南京	70亿美元	12	16nmFinFET	运行中
三星（一期）	西安	100亿美元	10	20-10nmNAND	运行中
三星（二期扩建）	西安	70亿美元	10	20-10nmNAND	在建
格芯	成都		2+6	0.18-0.13um及22nmFD-SOI	停工
海力士	无锡		10	90-40nmDRAM	运行中
海力士	无锡			45-25nmDRAM	扩建中
AOS	重庆	10亿美元	2+5	功率器件	试生产
粤芯	广州	70亿元	3	0.18-0.13umCMOS	已投片
积塔半导体	上海		6		建设中
江苏时代	淮安	130亿元	1	相变存储器	运行中
德淮半导体	淮安	25亿美元	2	CIS	
士兰微	厦门	170亿元	8	90-65nm特色工艺	尚未开工
英特尔	大连		12	60-40nmNAND	扩建中
芯恩集成	青岛	150亿元	N/A		N/A
矽力杰	青岛	180亿元	4	模拟IC	N/A

图十六：中国大陆12英寸Fab项目布局情况

目前中国大陆8英寸晶圆厂的投资及生产情况：中国大陆新建的8英寸晶圆厂数量要小于新建的12英寸晶圆厂，多数8英寸晶圆厂已经运行多年。相关的企业有华虹宏力、台积电、和舰科技、上海先进等专业代工厂，也有士兰微、华润微电子、燕东微电子等国内IDM企业，产品主要涉及MEMS、IGBT、电源管理IC等产品。目前多个项目正在运行当中，部分项目将在未来2-3年内陆续投产。

除去目前已经停摆的两个项目（成都格芯和德科玛南京），目前中国大陆共计有31座在建/已建的12英寸晶圆厂，28座8英寸在建/已建/规划中的8英寸晶圆厂，项目主要集中在北京、成都、重庆及江浙一带。

多数项目仍然在建设中，或处于初期产能爬升阶段。在晶圆加工制程方面，中芯国际、华力微电子、武汉新芯、紫光集团以及国内三大存储基地长江存储、晋华集成、合肥长鑫正在进入国际先进制程，中国芯片自主制造已成进行时。

上述晶圆厂的增/扩建将新增大量的 8/12 英寸晶圆加工产能，这对于上游原材料及设备的供应提出了新的需求。

1.2 晶圆厂市场情况

2019 年全球晶圆制造材料市场规模近 356 亿美元，中国市场规模约 28.2 亿美元。随着中国 Fab 厂陆续建成投产，未来关键材料和化学品市场将有广大的增长空间。由于技术壁垒和市场门槛高，目前半导体材料国产化程度较低，不到 10%。欧美日韩的龙头企业占据主要市场份额。中国晶圆制造材料行业面临巨大市场机遇，技术与应用发展迫在眉睫。

2. 无晶圆设计

无晶圆厂模式公司又称为 IC 设计商，指那些仅从事晶圆，既芯片的设计、研发、应用和销售，而将晶圆制造外包给专业的晶圆代工厂的半导体公司。

2.1 无晶圆 IC 设计公司市场分析

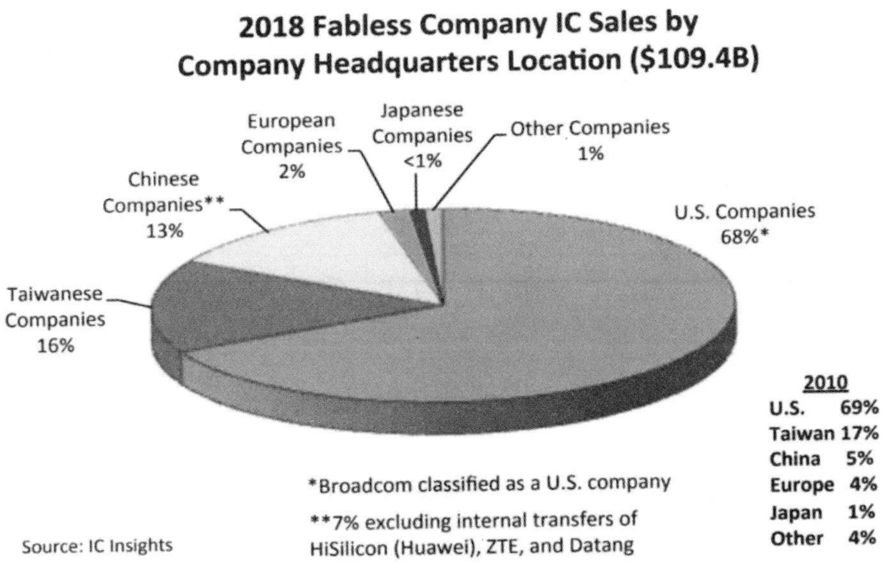

图十七：2018 年无晶圆厂 IC 销售额（按公司总部所在地）

中国无晶圆 IC 设计公司的市场份额，从 2010 年的 5%增加到 2018 年的 13%。在 2018 年，ICInsights 报道，五大增长最快的无晶圆厂 IC 设计公司中的四家（销售额超过 2 亿美元）是中国公司（比特大陆，ISSI，全志和海思）。其中又以比特大陆增长最快，去年营收大增 197%。然而，当排除海思半导体的内部销售（其销售额超过其母公司华为的 90%），中兴通讯和大唐时，中国无晶圆 IC 设计公司销售份额下降了约一半至 7%。

欧洲则因 CSR 与 Lantiq 相继被高通(Qualcomm)及英特尔(Intel)收购，去年市场占有率仅 2%，较 2010 年的 4%下滑 2 个百分点。这些收购使得总部位于英国的 Dialog（2018 年的销售额为 14.4 亿美元）和挪威的 Nordic（2018 年的销售额为 2.71 亿美元）成为去年排名前 50 位的唯一一家总部位于欧洲的无晶圆 IC 设计公司。

2018 年前 50 家无晶圆 IC 设计公司排名中只有一家日本公司-Megachips，其 2018 年的销售额增长了 19%，达到 7.6 亿美元。

此外韩国公司 SiliconWorks 去年的销售额增长了 17%，达到 7.18 亿美元。

全球无晶圆厂 IC 销售额在 2018 年增加了 83 亿美元，比 2017 年增长了 8%。总体而言，前 50 家无晶圆厂 IC 供应商中有 16 家的业绩优于全球 2018 年 IC 市场增长 14%。总体而言，去年前 50 家无晶圆厂 IC 供应商中有 21 家的增长率达到两位数。

2018 年增长最快的无晶圆 IC 设计公司是中国的比特大陆，增长了 197%。据估计，比特大陆在 2018 年在全球 50 亿美元的加密币挖矿设备市场中占有 84%的份额。该公司过去三年的销售额急剧上升。比特大陆 2016 年的总销售额为 2.78 亿美元，2017 年为 25 亿美元，2018 年估计为 44 亿美元。该公司的设备销售与加密货币的价格密切相关，尤其是比特币。随着比特币价格从 2018 年 1 月的 18,000 美元跌至 2018 年 12 月的 3,500 美元，ICInsights 估计比特大陆的总销售额从公司在 18 年上半年公布的 28

亿美元减少到下半年的16亿美元。

比特大陆自 2016 年以来加密货币挖矿设备销售额的急剧上升和下降是台积电在中国代工厂销售过去两年中大部分波动的原因。

大多数大型无晶圆厂IC设计公司将继续表现良好，并将有助于推动主要IC代工厂（例如台积电，GlobalFoundries，三星，联华电子等）的销售额大幅增长。

2.2 无晶圆代工发展

随着近期中国无晶圆 IC 公司的崛起，中国对代工服务的需求也在增加。总体而言，2018年中国的纯晶圆代工销售额增长了26%，达到75亿美元，几乎是整个纯晶圆代工市场增长9%的三倍。

继 2017 年增长 44%之后，台积电对中国的销售额在 2018 年再增加79%至67亿美元。因此，预计台积电2018年的销售额增长主要来自中国市场，中国市场在台积电销售额中的份额将从 2016 年的 9%增加到 2018年的19%，增长了一倍多。

事实证明，许多大型加密货币无晶圆设计公司都设在中国，其中大部分已经转向台积电为这些应用生产先进的芯片。值得注意的是，台积电将加密货币业务作为其高性能计算领域的一部分。

3.封测

我们将芯片制造全过程必做建房过程，芯片设计是设计图纸，芯片制造是搭建架构，在房子主体架构建设完成后需要装修让房子具备居住的价值，芯片制造虽然看起来流程复杂，需要搭建多层架构，但其实它在制造工序完成后，体积非常小，薄且脆弱，如果不加防护，会被轻易的损坏，并且如果不用一个较大尺寸的外壳，很难将其安置在电路板上，因此要对芯片进行“装修”（封装+测试）以使其具备实用价值，这一阶段我们成为芯片封测。

芯片封装技术有很多种，比如PGA封装、BQFP封装、DIP封装以及BGA

封装等。

3.1 封测过程

受性能驱动和成本驱动影响，封装技术路径大致可分为四个阶段：第一阶段为 20 世纪 80 年代以前，封装的主体技术是针脚插装；第二阶段是改变了传统的 PTH 插装形式，通过微细的引线将集成电路芯片贴装到基板上；第三阶段采用了面阵引脚，封装密度大为提高，还出现了芯片规模封装和芯片直接倒装贴装技术；第四代封装技术以 SiP、WLP 和 TSV 为代表，在凸点技术和通孔技术的基础上，进一步提高系统的集成度与性能。

像现在的行动装置、穿戴装置等，需要相当多的元件，如果各个元件都独立封装，组合起来将耗费非常大的空间，因此目前有两种可以满足缩小体积要求的芯片组合方式：我们经常听说的 SOC（System On Chip）以及 SIP（System In Packet）。

SOC：简单来说就是将原本不同功能的 IC，整合在一颗芯片中。借由这种方法不单可以缩小体积，还可以缩小不同 IC 间的距离，提升芯片的计算速度。至于制作方法，就是在 IC 设计阶段，将各个不同的 IC 放在一起，再透过先前介绍的设计流程制作成一张光罩。

然而 SOC 并非只有优点，要设计一颗 SOC 需要相当多的技术配合。IC 芯片各自封装时，各有封装外部保护，且 IC 与 IC 间的距离较远，比较不会发生交互干扰的情形，但将所有 IC 都包装在一起的时候，IC 设计公司需要了解整合各个功能的 IC，增加了工程师的工作量，并且 IC 之间距离变短，容易发生交互干扰，比如通信芯片的高频讯号可能影响其他功能的 IC 性能。

此外，SOC 还需要获得其他厂商的 IP 授权，才能将别人设计好的元件放入 SOC 中。这样就增加了 SOC 的设计成本。大多数厂商并没有这种资金实力。但通过设计 SOC 集成芯片仍然是最优集成方式，像苹果这种多金不差钱的公司，便会集合各专业优秀工程师合作设计集成芯片加以制作。

为了既能有良好的集成性能又能节省成本，SIP 应运而生，SIP 通过购买各家 IC，在最后一次封装这些 IC，如此便少了 IP 授权这一步，大幅减少设计成本。此外，因为这些 IC 相互独立，彼此的干扰程度大幅降低。

AppleWatch 采用 SiP 技术将整个电脑架构封装成一颗芯片，借由此技术，不单缩小了体积，还拉进了各个 IC 之间的距离，使其性能更佳。

芯片封装完成后对芯片性能进行测试，测试通过后便完成了芯片制作的全部流程。

3.2 市场情况

在芯片制造领域，台积电是全球芯片制造的龙头厂商，市场份额占据全球市场 50%以上，2019 台积电全年营收 2470 亿元，为 499 个客户生产 10761 种不同芯片，应用范围包括整个电子应用产业。在芯片制造领域市场占有率达 52%，高于上一年 51%。

在芯片封测领域，全球龙头厂商也在台湾，这家企业便是台湾日月光投资控股股份有限公司（日月光投控，由原日月光与矽品精密合并成立）。日月光投控 2019 年实现营收 978 亿元，占据全球约 20%的市场份额。世界排名第二的厂商是美国安靠，长电科技排名第三。在封测领域全球排名前十位的企业中，中国台湾有 5 家，大陆有 3 家，美国 1 家，新加坡 1 家。大陆 3 家分别为长电科技、通富微电和华天科技，三家企业合计全球市占率超 20%。

我国在芯片封测领域具备一定的竞争优势。但是我们要认识到一幢大楼如果地基打不稳，主体建不成，何谈装修呢？尽管我国大陆企业在封装测试领域具备一定的竞争力，尽管海思已经在设计领域占据了一席之地，图纸有了，装修队有了，工程队跟不上那整个产业链条就称不上完整，所以目前来看，我国加大资本投入在制造阶段，是形势所迫，我们要想在芯片行业不受美国挟制，就必须加快芯片生产制造技术提升进程，加大对该领域的扶持，引导人才进入该行业。

4. 服务器生产

服务器是一种高性能计算机，作为网络的节点，存储、处理网络上 80% 的数据、信息，因此也成为网络的灵魂。网络终端设备如家庭、企业中的电脑上网，获取资讯，与外界沟通、娱乐等，必须经过服务器，因此可以说是服务器在“组织”和“领导”这些设备，是 IT 设施的基础之一，无论从利润空间还是从规模发展上，都有很大的增长潜力。

随着云计算的发展，便于分布式计算的 X86 架构服务器逐渐取代集中式架构的大小型机成为计算投资中的核心设备，成为市场主流。

4.1 中国服务器企业数量逐年增加

随着互联网行业的兴起和服务器行业国产替代意愿日渐强烈，近年来我国服务器行业企业数量呈现逐年增加的趋势。2014 年，我国服务器行业企业为 793 家；2018 年，我国服务器行业企业为增长至 992 家，同比上年增加 52 家。

4.2 中国服务器市场由国产品牌主导

中国服务器市场由国产品牌主导，国内参与高端计算机行业竞争的企业主要有联想、华为、浪潮信息、新华三和戴尔等企业。由于多年技术积累带来的产品实力的提升以及成本优势，本土服务器厂商的市场份额持续攀升。在技术比较成熟的 X86 服务器市场，出现了向本土品牌集中的局面。

根据 IDC 数据显示，2019 年第三季度，中国 X86 服务器出货量前三名厂商分别为浪潮、华为和新三华。相对比第二季度，戴尔市场份额大幅下滑，退出前三。

2019 年，中美贸易战对中国服务器市场造成较大影响。2019 年 11 月 17 日，戴尔科技宣布其服务器收入连续第三个季度大幅下滑，并将下滑原因归咎于中国市场表现不佳。2019 年第三季度，戴尔的服务器及网络业务营收为 42 亿美元，同比下降 16%。

除戴尔外，中科曙光服务器业务第三季度也出现大幅下滑，主要受

2019 年 6 月 22 日美国将曙光列入“实体名单”影响。

浪潮、联想、新三华则抓住市场机会，2019 年其服务器市场份额实现大幅增长。整体来看，中美贸易战加速中国服务器市场洗牌局势。

此外，从国内主要服务器生产企业分布来看，北京和广东地区为我国服务器生产企业集中地区，分别占比 31%、13.8%，其中广东地区中服务器生产企业主要集中在深圳地区，占比达到 31%。

4.3 疫情加速服务器需求爆发

受到 2020 年春节影响，远程办公需求急剧上升，钉钉和企业微信的在线办公人数都创了新高，分别超过了 1000 万家和达到数百万家。根据腾讯云公众号的数据，从 1 月 29 日开始到 2 月 6 日，腾讯会议每天都在进行资源扩容，日均扩容云主机接近 1.5 万台，8 天总共扩容超过 10 万台云主机，共涉及超百万核的计算资源投入。

此外，阿里钉钉在 2 月 3 日也通过阿里云紧急扩容 1 万台服务器，4 日再度扩容 1 万台云服务器，以应对群直播和语音视频会议的流量洪峰。服务器行业受益于扩容需求增加，短期需求暴涨。

此外，考虑到互联网是 X86 服务器最大的下游客户，此次疫情带来的远程办公和音视频会议等需求暴涨有望带来服务器需求边际改善，我国服务器市场将迎来新一轮增长，带动行业厂商洗牌加速。

4.4 服务器市场发展趋势

（1）国产替代会在服务器市场加快推进：2020 年 5 月 10 号，中国电信公开了本年度的服务器集采需求，集采总共 8 个标包，数量师 56314 台，其中集采单独列出的 H 系列服务器，是指采用华为鲲鹏芯片平台和天津海光芯片平台的服务器共计 11185 台，占总共数量的 20%左右。2020 年 5 月 14 日，中国移动发布了 2020 到 2021 的人工智能服务器集采结果，华为的 Atlas800 服务器以 50%的第一份额 1000 台占据头把交椅。由于美国政府在最近又进一步强化了对中国 ICT 企业的制裁，未来的运营商和互联网巨头的超大型数据中心需要未雨绸缪，加快进行服务器国产化的替代和备份。随着美国政府对中国科技制裁的深入，未来无法确定数据中心基础设施会被施加何种制裁。同样，在政府，海关，教育，银行等关键要害部门，需要更加快速地进行服务器国产化的备份，以有效防御美国政府的各种制裁措施。

（2）人工智能服务器会以更快的速度增长，成为服务器发展的新动力：2018 年两会《国务院政府工作报告》指出，加强新一代人工智能研发应用；发展智能产业，拓展智能生活;2019 年两会，“智能+”又被列入了两会报告，人工智能正式成为了国策级发展的战略核心产业，也是未来同美国等科技强国竞争的战略核心产业。地方政府、互联网巨头和科研院所都进行了大量的资源规划，以实践中央政府下发的政策，而当前的人工智能产业发展，需要大量的 AI 算力，满足算力的重要平台就是 AI 服务器，尽管当前主流的 AI 服务器平台是以英伟达的 GPU 卡为主流，同时采用 FPGA 加速卡来满足，国产的 AI 芯片平台比如华为的 Atlas,寒武纪的思元芯片平台都开始进行商业实践。未来的互联网和运营商大型数据中心，科研院所的实验室都会出现越来越多的人工智能服务器。

（3）服务器定制化加速，成为未来业界更常见的态势：服务器定制需要从几个层面来看，第一是互联网或者运营商的大规模定制的云服务器，2018 年 10 月 26 日，浪潮的 JDM 模式入选 2018 年拉姆.查兰管理实践奖，其核心内涵就是开启了浪潮服务器大规模定制化生产交付的敏捷创新模式，两个要素“大规模”+“定制化”，浪潮在互联网市场取得的骄人的战绩也离不开这两项核心能力;第二类就是不同垂直行业的中等规模的定制服务器，2020 年 4 月 21 日，以曙光高管团队打造的服务器新生力量宁畅信息产业(北京)有限公司在北京成立，其核心思想就是定制化思路，精耕人工智能和边缘计算等应用场景，其实也反馈出来市场对服务器的需求越来越多元化，要求也越来越精细。以曙光信息的背景，推测未来其生产定制规模应该会有一定要求，对客户群体选择也有一定要求；第三类定制化是以 AMAX 为代表的服务器厂商，甚至规模更小的厂商，会针对行业市场中更小的客户，甚至更多元的需求群体定制服务器，在欧美很多国家，同 AMAX 类似的专业细分类的中小服务器厂商也非常多，而且在技术上和市场上都有自己的细分市场，未来也会发展越来越好。

（4）边缘服务器的需求会加速，成为未来服务器市场重要的一部分：随着 5G，物联网的实践加速，在自动驾驶，工业互联网等大量的应用场景里需要使用边缘计算来满足客户应用的需求，而且未来任何行业都需要利用边缘计算来实践数字化转型，而且未来垂直行业会产生越来越多的数据，都需要边缘服务器来进行数据处理和加工，以更好地实现数字化转型。

第三节 热点和巨变

1. 中兴华为

1.1 中兴

（1）中兴芯片的发展历程

中兴的芯片研发，实际上已经有 23 年的历史。

1996 年，中兴就成立了 IC 设计部，专门从事芯片研发。

这个时间虽然比同城对手华为要晚 5 年（1991 年，华为成立 ASIC 设计中心），但比大部分国内芯片企业要早得多。

成立之初，IC 设计部的主要任务，就是通过自主研发芯片降低成本。研发的主要对象，是包括 SDH/MSTP 传输、交叉芯片在内的承载网设备芯片。

早期的此类设备芯片，基本上都是依赖国外供应商的供货，价格十分高昂。中兴 IC 设计部自研的芯片，成本远低于国外供应商的报价，直接降低了设备整机成本，大幅提高了利润。

中兴的芯片自研能力给自己争取了很大的议价权。甚至有的芯片供应商，听说中兴开始自研，立刻主动降低了报价。

这一切，都让中兴尝到了芯片自研的甜头，也坚定了自研的决心。中兴芯片的基础，就此打下。

进入 21 世纪，当时全球 3G 开始陆续起步，国内设备商迅速崛起，引起了欧美厂商的重视和警惕。中兴开始感受到上游供应链的压力。

迫不得已，中兴开始依靠自己有限的能力，逐步加大自研芯片的投入力度，期望能够满足发货需求。

也就是这一时期，2003 年 11 月，中兴在 IC 设计部的基础上，成立了全资子公司——中兴微电子技术有限公司（简称“中兴微电子”），注册资金 1500 万，专门从事芯片的研发和设计。

图十八：ZXIC，中兴微电子（早期的 LOGO）

中兴微电子成立之后的首要任务，就是以 WCDMA 为代表的 3G 核心芯片。

当时，中兴完全采购不到此类芯片，被迫启动自研。经过不懈的努力，2005 年，中兴微电子成功研制并量产了自己的首款 WCDMA 基带处理套片，打破国外芯片的技术垄断，保证了中兴 3G 产品的发货需求。

此后，在坚持不懈的投入下，中兴微电子在 TD 终端/系统芯片、高端核心路由器芯片等领域不断取得突破，芯片研发能力突飞猛进，具备了很强的竞争力。

2014 年 9 月，我们国家出于对芯片自主研发的重视，成立了国家集成电路投资产业基金，对国内芯片企业进行定点投资支持。投资对象中，就包括了中兴微电子技术有限公司（基金投资了 24 亿，占股 24%）。该年中兴微电子所供货的芯片，占母公司总采购额的 11%。

2015、2016、2017，连续三年，中兴微电子的业绩都在国内芯片设计企业中排名第三。

2018 年营收下滑，只有 61 亿元，但也能排名全国第四。

目前，中兴微电子在深圳、西安、南京、上海都设有研发部门，总共拥有员工 1800 人，76%以上都是研究生学历。

截至 2018 年底，中兴微电子累计申请芯片专利 3900 件以上，其中国际专利 1700 件以上，5G 芯片专利超过 200 件，是持有芯片专利最多的中国企业之一。

（2）中兴芯片的实力分析

看到这里，大家一定会想，既然中兴已经具备了这么强的芯片研发能力，为什么还会在美国的制裁面前这么“不堪一击”呢？

其实，大家首先要明白一点，美国作为老牌资本主义强国，在第二次和第三次工业革命中崛起，也引领了全球的信息技术革命，毫无疑问在这个领域拥有明显的领先优势。任何一个信息通信领域的企业，尤其是硬件制造企业，都难以承受美国从国家层面发动的降维打击。

你的业务范围越广，牵扯产业链上下游就越深，你对供应链的依赖就越大。如果遭到全面打击，你的损失必然也会更大。

中兴作为全球排名第四的通信设备商，是少数具备通信全领域解决方案能力的企业之一。中兴拥有众多产品线，这些产品线的核心供应链中，有大量的美国企业。不仅是硬件元器件，中兴的很多软件开发工具，也都是美国公司提供的（行业都是如此）。这就导致了“当场休克”的局面。

如果不想被卡脖子，唯一的办法，就是在全部产业链上都进行布局。而布局全产业链，不应该是一家企业的责任，更需要国家层面的战略部署和顶层设计。

因为中兴的“休克”而全盘否定它的自主研发能力，我觉得是不公平的，太极端了。只能说中兴很强，但是还不够强。

相比之下，作为行业排名第一设备商的华为，确实比中兴强得多。而且华为在核心技术上的提前布局，也更有远见。在这样的情况下，华为勉强承受住了美国的打击，真的是非常不易。

（3）中兴的芯片类型

1）无线通信系统芯片

先看看中兴的无线通信系统芯片。

接入网这块，中兴的 5G 多模软基带芯片 MSC3.0，是基站 BBU 产品的核心芯片。这个芯片集成了多种 5G 算法硬件加速 IP，完备的支持 5G 现有协议标准，并具备后续协议演进的能力，是中兴首款支持 5G 的基带芯片。

这款芯片基于超高数据能力 DSP 和超强性能 CPU 的多核异构 SOC 架构，具备灵活“软基带”能力，实现真正意义的 2G、3G、4G、Pre5G、5G 多模融合。

与此同时，这款芯片采用最新半导体工艺，是业界少有的单芯片基带解决方案，芯片集成度、能耗比、面积、成本、性能等均处于行业领先。

中频芯片是基站 AAU/RRU 产品的核心芯片。中兴的中频芯片面向 5GNR 三大应用场景（eMBB、uRLLC、mMTC），兼容支持 3G/4G/物联网等应用，支持独立（SA）/混合(NSA)组网。它同样采用最新半导体工艺，具有高集成度、高性能、低功耗的优点，满足未来 5G 设备对多通道、大带宽、低功耗的应用需求。

上述的基带芯片和中频芯片，是中兴通讯无线系统芯片的代表，在行业评选评奖中曾多次获得荣誉。

在大家最为关心的终端芯片方面，中兴其实也有输出成果。

中兴早期在 3G 数据卡时代就启动了数据终端的基带芯片研发。

2013 年，中兴推出的 ZX297510 芯片，代号为“迅龙 7510”，是中国第一款基于 28nm 工艺制程的 4G 基带处理芯片，支持 TD-LTE/LTEFDD/TD-SCDMA/GSM 多模，性能指标对标高通的骁龙 800。

此后，中兴还推出了 ZX297520 芯片，也就是“迅龙二代”，支持五模全网通，性能指标进一步提升。

物联网芯片方面，中兴也发布过相关产品。例如 2017 年 9 月，中兴微电子携手中芯国际，推出了 NB-IoT 芯片 RoseFinch7100（朱雀 7100），当时曾经引起了行业的广泛关注。

目前进入 5G 时代，中兴据说也会有相应的基带芯片推出，值得密切关注。

2）有线通信系统芯片

中兴有线产品芯片，品类比无线芯片更多一些。

中兴有线系统芯片主要包括分组交换套片、网络处理器、OTN Framer、固网局端 OLT 处理器、以太网交换芯片、家庭网关芯片等。

3）中兴的主要芯片产品方向

系统设备侧，中兴的分组交换套片（用于核心路由器）已经迭代演进出了多代产品。最新推出的单芯片交换容量可以达到 8.96Tbps，支持最大 2000T 的设备集群交换。

中兴的网络处理器（NP，也是用于核心路由器）自主完成可编程微引擎和高速查表引擎核心 IP 设计。其在研的新一代 NP 芯片，业务处理能力已达到 2Tbps，可以支撑网络从 100G 向 T 级网络的更新换代。据了解，该产品也已经规模商用。

OTN Framer 芯片方面，中兴也实现了规模化的应用，完成 20/100G/200G/600G Framer 的产品研发布局，支持 FlexE/FlexO/POTN 混合产品形态。新一代 Framer 芯片，支持 1X400G/3X200G/6X100G，最大 600G 总带宽业务接入，芯片集成度和成本优势明显。

固网局端 OLT 处理器第三代芯片，中兴也已实现大规模商用。这款芯片在 PON 口密度、转发性能上优势明显。四代实现 16 端口双向 160G 处理能力，在规格、集成度、成本、功耗上继续保持领先。目前，中兴正积极从事下一代 25G/100G-PON 技术的研发。

终端侧，中兴的 ONU（大家熟悉的“光猫”）芯片累计发货量已经超过 7000 万片，位居业界前三，表现不俗。

从整体上来看，中兴累计研发并成功量产各类芯片 100 余种，是中国芯片产品布局最全面的厂商之一。中兴的复杂 SoC 芯片设计能力已达到国际领先水平，具备从前端设计、后端设计到封装测试的全流程定制能力，可以提供整体芯片解决方案。

从工艺制程上来看，2018 年中兴 28nm 及以下先进工艺芯片出货量占比达到 84%，在研产品的工艺水平已经达到 7nm，并同步导入 5nm 工艺，也是属于世界领先水平。

不过，中兴在终端芯片、服务器芯片等弱项方面，还有待进一步提升。

1.2 华为

（1）芯片制造的发展历程

华为海思成立于 2004 年 10 月，它的前身可以追溯到 1991 年华为设立的 ASIC 设计中心，专门负责设计“专用集成电路”（ApplicationSpecific Integrated Circuit，ASIC）。海思的英文名是 HiSilicon，Silicon 是硅片、半导体的意思，而 HiSilicon 就是海量芯片的意思，我们可以看到海思在半导体行业深耕的目标和决心。

如今，海思已经掌握了国际一流的 IC 设计与验证技术，拥有先进的 EDA 设计平台、开发流程和规范，成为全球领先的 FablessIC 半导体与器件公司。除了手机 SoC 芯片之外，海思的芯片与解决方案还覆盖通信、智能终端、视频、物联网等多个领域，享誉全球。

然而在成立初期，海思却面临着很大的压力，毕竟竞争对手一下子从爱立信、诺基亚等系统公司升级到高通、博通、Marvell 等一系列国际芯片巨头，迎接海思的是技术困境与资金困境两座大山。海思就是在这样的环境下不断发展，孕育而生的。

1）自主研发设计

要在一部只有手掌大小的智能手机上实现满足人类信息化生活的大部分功能，系统级芯片（SoC）设计极其复杂。

2007 年华为海思推出巴龙系列首款芯片。3G 时代，巴龙 Modem 就已经开始探索，逐步解决性能、功耗、传输时延和成本方面的技术难题，通信规格不断升级。值得一提的是，巴龙在 3G 时代很快就以上网卡的产品形态进入全球顶级运营商，在全球范围内获得好评。而 4G 时代推出的 LTE 芯片，更是在多项核心技术规格上一路领先。

有了这些沉淀和积累，才能让巴龙芯片在 5G 时代一鸣惊人，站稳通信 Modem 第一梯队，推出全球最快的 5G 芯片巴龙 5000，速率和规格创下多个第一。

2）打造麒麟芯片通信技术攀登史

华为海思芯片发展至今已经有十余年时间，从最初 K3V1 的挣扎上线，到现在发布领先行业的手机 SoC 麒麟 990。背后既有华为海思长期积累、一以贯之的努力，也有不同时间节点取得的阶段性飞跃。

早在 2009 年，初出茅庐的海思就曾经推出过一款 AP 芯片——K3V1，2012 年推出业界体积最小的高性能四核 A9 架构处理器 K3V2，性能已经赶上主流水平，和三星猎户座 Exynos4412 相当，通信方面，这款芯片甚至比高通 2013 年 4 月实现 LTECat.4 提前了一年半，实力相当出色。

2014 年，海思推出第一款手机 SoC 麒麟 910，初次在 SoC 市场崭露头角。使用当时主流的 28nmHPM 制程工艺，向芯片的设计探索迈出关键一步。

2014 年 6 月，海思正式发布麒麟 920。全球首次商用 LTECat.6，业界最先进 4*A15+4*A7 的八核异构架构，性能非常强悍，满足了 3G 向 4G 转换时期用户对上网体验的需求。那一年，搭载麒麟 920 的荣耀 6、荣耀 6plus、

Mate7 成为一代神机，荣耀 6Plus 成为首个双摄手机，Mate7 成为国家领导人用于赠送外宾的礼品。业界普遍认为，正是麒麟 920 和搭载它的几款手机的成功，初步奠定了麒麟芯片在 4G 时代的市场地位，也为华为和荣耀手机品牌的崛起发挥了重要作用。

麒麟 920 之后，海思快速推出了麒麟 930。2015 年面临工艺选择的时候，海思大胆地选择了最先进的 16nmFF+工艺降低功耗，成为全球首个 16nm 的手机 SoC。在麒麟 950 这一代上，海思终于做到了全球首商用 16nm 工艺，第一次在工艺方面站在业界最前沿。可以说，在麒麟 950 之前，海思还是草莽时代；麒麟 950 之后，海思则跨入第一阵营。在后续的先进工艺演进路标中，麒麟芯片工艺一直处于业界最领先的地位，麒麟 960 在 16nm 上持续改进，麒麟 970 和麒麟 980 都实现了 10nm 和 7nm 的全球首商用。工艺的领先，有效保障了麒麟 SoC 的最优性能与能效，为更加复杂的芯片设计打好基础。

2016 年对于海思来说是非常重要的一年，其推出的麒麟 960 各方面综合性能均达到业界一流水准，麒麟 9 系列芯片也正式跻身行业顶级芯片市场，与高通、苹果形成三足鼎立的态势。当年，搭载麒麟 960 的 Mate9 系列、P10 系列、荣耀 9、荣耀 V9 等手机在市场上取得了巨大的成功，麒麟 960 功不可没。

到 2017 年 9 月发布的麒麟 970，则首次在 SoC 中集成了人工智能计算平台 NPU，开创端侧 AI 行业先河。不仅如此，麒麟 970 还创新设计了 HiAI 移动计算架构，这是业界终端侧第一个继承全功能 AI 业务的架构，将 NPU、GPU、DSP 的能效和功能得到最大程度的释放。正是从麒麟 970 开始，海思正式开启 AI 探索前进之路，为华为的全场景智慧战略打下坚实的技术基础。

麒麟 980 的推出，更是朝 AI 智慧手机的进化方向上再迈出了重要一步，在逼近硅基半导体工艺物理极限的 7nm 尺寸上实现最强性能，海思让业界看到芯片性能广阔的发展空间。AI 体验方面，麒麟 980 更强的 AI 计算力带来了更加具有实时性的 AI 体验，如 AI 人像留色、实时 AI 卡路里识别、AI 购物等功能都给广大手机用户带来革命性的智慧体验。

3）麒麟 9905G：全球首款旗舰 5GSoC 芯片

首发搭载麒麟 990 系列芯片的华为 Mate30 系列，将于 9 月 19 日在德国慕尼黑全球发布。这预示着，华为端到端的 5G 体验将走进用户手中，真正进入商用阶段。

（2）华为的 5G 研究发展分析

过去十年，华为在端（终端）、管（网络）、云（云服务）、芯（芯片）侧持续加大对 5G 相关技术的投入。截至 2019 年 3 月底，华为投入 5G 研发的专家工程师有 2000 多位，在全球已经建立十余个 5G 研究中心，向欧洲电信标准化协会 ETSI 声明 2570 族 5G 领域基本专利，占全球该领域的 17%，居全球第一。当前，华为已在全球 30 个国家获得了 46 个 5G 商用合同，5G 基站发货量超过 10 万个，居全球首位。

站在华为 5G 战略来看，华为从端、管、云、芯等不同维度，持续构建 5G 端到端卓越体验。麒麟 990 的发布，又预示着一个新时代的开始。它不仅是全球首款旗舰 5GSoC 芯片，在 5G 商用元年率先为消费者提供卓越的 5G 体验。同时它也是华为 5G 战略的重要组成部分，全新一代的 5G 通信技术，将凭借其高速度、低时延和高可靠性的优势，继续降低社会成本，提升社会效率，缩小数字鸿沟，它也将催生更多强大的新技术、新应用产生，让万物互联的智能世界更可期。

2. 台积电与三星

2.1 台积电

如今的台积电已然成为芯片代工的杰出代表，全球市场份额超过 50%，在高端芯片代工领域控制力度甚至更强。

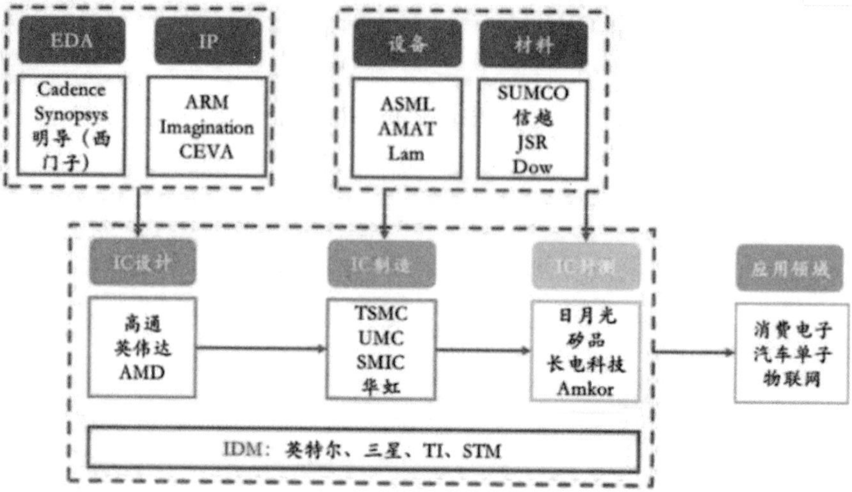

图十九：芯片产业模式

在台积电成立之前，芯片产业垂直一体化生产模式（IDM）仍是主流，即芯片公司从设计、到制造、到封装一手包办的模式，在摩尔定律推动下的芯片产业高速发展，但随着芯片制程工艺不断提高，芯片上集成的晶体管越来越多，日益复杂的技术、日趋高昂的投入、日渐激烈的竞争，使得芯片企业面临巨大的财务压力。

在这样的情形下，不少原先的垂直一体化的芯片企业开始剥离半导体业务，业务剥离后，这些企业开始成立子公司或合资公司，比如摩托罗拉剥离业务后成立飞思卡尔，西门子剥离业务后成立英飞凌，飞利浦剥离业务后成立恩智浦等等。

由此芯片企业开始转入轻资产，芯片产业也由原先的垂直一体化模式开始转向垂直分工模式，即芯片企业负责芯片设计、代工厂负责芯片制造、封测厂负责封装的模式。

（1）台积电的诞生

1955 年，张忠谋（台积电创始人）与大名鼎鼎的“八位仙童”之一的戈登·摩尔（提出摩尔定律，英特和创始人之一）一起踏入了半导体行业；

1958 年，张忠谋和“集成电路之父”杰克·基尔比同时进入美国德州仪器公司，同年，杰克·基尔比发明锗基扩散工艺的集成电路，张忠谋亲眼见证了集成电路的诞生；

1972 年，张忠谋先后就任德州仪器公司副总裁、资深副总裁，成为最早进入美国大型公司最高管理层的华人；

1985 年，在美国半导体行业打拼了 30 年的张忠谋，辞去美企高职高薪，选择回到中国台湾地区发展半导体事业；

1987 年，在时任中国台湾工业研究院院长张忠谋的积极推动下，台湾电子所原有的超大规模集成电路试验工厂改造成为商业化运营的集成电路制造公司，专做芯片代工，晶圆代工厂模式由此开启。

晶圆代工模式，即晶圆厂只代工芯片，不出售芯片，不设计芯片，严格保护客户隐私，从而消除知识产权的顾虑。

但欧美认为晶圆代工厂模式不可行，后来台积电用实践证明，晶圆代工厂模式消除了芯片设计企业在芯片制造端的高昂投入，使其主要精力用于芯片设计和开发，可以专注于应对市场变化所需的快速调整和产品开发能力，而不用过多考虑芯片制造，实践证明该模式是可行的。

（2）台积电的数次超越

台积电成立之初，当时的联华电子（联电）比台积电的规模大很多，是中国台湾地区的第一家半导体公司，1993-1997 年间联电的专利数量约为台积电的两倍、台湾工业研究院的 3 倍，芯片制造相关技术是当时业界公认的先进技术。

然而到了 2019 年，台积电与联电的营收分别为 346.13 亿美元和 47.94 亿美元，市场占有率约为 52.7%和 6.8%。

台积电的崛起开始于 2000 年前后，一方面当时芯片制程工艺技术遭遇瓶颈，台积电与荷兰阿斯麦合作研发浸润式微影技术光刻机，并于 2004 年研发成功，台积电率先获得能生产先进制程工艺芯片的光刻机。

另一方面，台积电聘请胡正明出任首席技术官，完成了在鳍型晶体管

(FinFET)等方面的技术积累，同一时期，又恰逢从晶圆从 8 英寸到 12 英寸的转型，台积电抓住机会不遗余力地投资建设 12 英寸工厂，在竞争中占据主动，由于投资建厂成本高昂，原先垂直一体化的芯片企业没有足够资金投资，台积电抓住了“行业断层”的机会。

2009 年，时值 28nm 芯片制造技术节点发展的契机，台积电加大投资全力投入，并再次赢得主动，面对 28nm 的技术优势，客户趋之若鹜，顺势抢下了三星原本独占的苹果订单，2010 年，苹果考察台积电后，将苹果手机和 Ipad 的芯片订单全部交给台积电，台积电则投资 90 亿美元建厂，11 个月以后成功量产。

2012 年，台积电 13.8 亿美元入股光刻机供应商阿斯麦，拿到先进光刻机优先供货权，台积电在 10nm 节点中再次领先，高通、华为、苹果等世界级企业都是公司的大客户，由此台积电成为晶圆代工企业的龙头企业。

（3）台积电背后的力量

台积电的崛起，不仅成功于垂直分工模式的兴起，抓住了每一个关键的时间节点，还离不开台湾工研院的资金支持、产业政策和人才、技术引进。

在政策、资金方面，中国台湾地区成立了“国发基金”，对重点企业发放政策性投资，此外还对高科技公司实施奖励和税收优惠，比如半导体企业不仅可以享受免税五年，还可以享受投资抵减优惠等。台积电成立之初，启动资金不过两亿多美金，其中接近一半是由政府出资，四分之一来自荷兰飞利浦，其余的是台企捧场。

在技术、人才引进方面，工研院发挥了重要作用，其核心作用在于，购买全球最先进的技术然后转让给台资企业，从而让技术得到转化。

同时，工研院也为半导体企业输送了大量的人才，这些人才将一流的技术和管理经验带入台企，包括台积电创始人张忠谋本人也来自工研院，随着台湾半导体产业的飞速发展，自身也吸引了越来越多的人才回流，以新竹科学园区为例，20 世纪 90 年代人才回流人数明显增加。

2.2 三星

（1）三星的诞生

1938 年李秉喆成立三星集团前身“三星商会”。1969 年三星电子成立，在 20 世纪 70 年代上半期主要生产冰箱、洗衣机和黑白电视机。三星电子当时没什么技术，有技术的日本公司不愿意转让彩色电视机技术，所以只能从黑白电视机入手。具体做法是：从日本索尼进口黑白电视机的成套散件和基本组装技术，生产低档产品，再贴上日本三洋的品牌销往海外低端市场，第一批 12 英寸黑白电视机就销往巴拿马。三星还出资与三洋、住友商社合资成立三星三洋电器。

不过三星并不满足于此，而是努力通过各种渠道获得外国技术，同时在内部全力消化吸收关键技术，并根据韩国国民的特点进行技术改良，1975 年开发出经济型的 12 英寸黑白电视机。这样虽然零部件还靠进口，但三星已经掌握了必要的技术，1976 年开发出 14 英寸彩电，1979 年开发了微波炉，1984 年开发了录像机，1989 年开发了便携式摄录像一体机。

1974 年 12 月，三星通过收购韩国半导体公司一半的股份进入半导体产业。韩国半导体产业起源于 20 世纪 60 年代中期，是从利用外资进行晶体管的封装开始的。1979 年，三星收购韩国半导体公司剩余股份，改名三星半导体，1980 年和三星电子合并。

三星进入半导体，是集团创始人李秉喆的小儿子李健熙的建议。

一开始，三星半导体的情况和最早做电视时差不多，没有技术，质量也不行。1977 年通过“逆向工程”开始生产晶体管，但集团下属企业也不愿意用，三星半导体差点倒闭。

为了在技术上突破，三星大量聘请日本半导体工程师利用周末到韩国传授技术。1980 年代初期，李秉喆决心进入 DRAM（动态随机存取存储器）市场。三星初入 DRAM 市场，抓住了美国美光科技遭遇资金困难的机会，从美光购买了64KDRAM技术，并高薪聘请在美国半导体公司工作过的韩国人，给这些技术人员的工资比三星电子总裁还高几倍。后来更在美国建立研究中心，配备相同生产设备，让技术人员培训从韩国来培训的工程师，他们接受技术培训后回到韩国本部，夜以继日地拼搏。

1983年5月三星正式开始研发首款量产产品64KDRAM，11月，三星成功自主成功开发出64KDRAM的工程、检查、组装等半导体全线工程技术，成为世界上第三个VLSI半导体（超大规模集成电路）生产国。

三星从64KDRAM起步，一次性越过发达国家过去走过的4K、16K、32K的过程，让在DRAM开发方面一筹莫展的德国、法国也大为惊叹。

1989年，三星在DRAM市场仅次于日本东芝、NEC和美国德州仪器，排全球第四。此后三星加大投资，1992年超过东芝成为DRAM市场第一，这时三星的技术已经站在全球最前沿，1992年9月25日率先公布成功开发64MBDRAM。

之后，三星1993年在存储器全部领域，1995年在SRAM（静态随机存取存储器）领域，2000年后在NAND FLASH（闪存）领域以及在显示器DriverIC等非存储式领域，都成为世界第一。三星从DRAM进入闪存时，闪存排在世界第一的日本企业曾发出合作邀请，但三星最终选择自主研发。因为三星认定闪存就在手机时代发挥核心部件作用，这个技术不能受制于他人。

（2）迎难而上，跨越发展

三星半导体1974年底起步时，落后美日企业数十年，随着存储芯片的成功，韩国成为半导体强国，以设计、微电机械方面的竞争力为依托，在存储市场独霸。2013年三星在全球率先量产三次元VNAND，2014年量产20纳米DRAM，2016年开始量产10纳米级DRAM，都遥遥领先。

在Foundry（集成电路制造）方面，三星半导体同样十分强大，率先开发了10纳米FinFet工程，既减少能耗又提高性能，还可以缩小面积，非常适合搭载手机设备。

2019 年，SamsungMemory 以 47%的智能手机存储器收益份额保持领导地位，其次是 SK 海力士和美光。三星继续加强其在 NAND FLASH 和 DRAM 市场中的地位。在 2019 年，排名前三的供应商在全球智能手机存储器市场中获得了近 84%的收益份额。

现在，台积电和三星电子的芯片工艺，目前都已到了 5nm，台积电的 5nm 工艺是已经大规模量产，三星电子投资 81 亿美元的新 5nm 芯片工艺生产线，2020 年也已经开始建设。

在提升到 5nm 之后，三星电子也会继续研发更先进的芯片工艺。三星电子已对芯片工艺路线图进行了调整，将跳过 4nm 工艺，由 5nm 直接上升到 3nm。三星电子芯片代工竞争对手台积电的 3nm 工艺，是在多年前就已开始谋划，计划 2021 年风险试产，2022 年上半年大规模量产。

3.阿斯麦尔光刻机

在晶片领域，有一样叫光刻机（MaskAligner)的设备，又名：掩模对准曝光机，曝光系统、光刻系统等，是制造芯片的核心装备。它采用类似照片冲印的技术，把掩膜版上的精细图形通过光线的曝光印制到硅片上。常用的光刻机是掩膜对准光刻，所以叫 Mask Alignment System。

光刻机是生产大规模集成电路的核心设备，制造和维护需要高度的光学和电子工业基础，世界上只有少数厂家掌握。因此光刻机价格昂贵，通常在 3 千万至 5 亿美元。说它不是印钞机，但却比印钞机还珍贵这话一点不过分。

3.1 品牌

高端的投影式光刻机可分为步进投影和扫描投影光刻机两种，分辨率通常 7 纳米至几微米之间，高端光刻机号称世界上最精密的仪器，世界上已有 1.2 亿美元一台的光刻机。高端光刻机堪称现代光学工业之花，其制造难度之大，全世界只有少数几家公司能够制造。

全球品牌主要以荷兰阿斯麦尔（ASML）（镜头来自德国）、日本 Nikon（intel 曾经购买过 Nikon 的高端光刻机）和日本 Canon 三大品牌为主，其中，ASML 独占鳌头。

3.2 光刻机工作原理

在整个芯片制造工艺中，几乎每个工艺的实施，都离不开光刻的技术。光刻也是制造芯片的最关键技术，占芯片制造成本的 35%以上。当芯片完成 IC 设计后，就要委托晶圆代工厂进行芯片制造封装。

芯片制造中，晶圆必不可少，从二氧化硅（SiO2）矿石，比如石英砂中用一系列化学和物理冶炼的方法提纯出硅棒，然后切割成圆形的单晶硅片，这就是晶圆。

光刻技术是一种精密的微细加工技术。常规光刻技术是采用波长为 2000～4500 埃的紫外光作为图像信息载体，以光致抗光刻技术蚀剂为中间（图像记录）媒介实现图形的变换、转移和处理，最终把图像信息传递到晶片(主要指硅片)或介质层上的一种工艺。

光刻技术就是把芯片制作所需要的线路与功能区做出来。大家可以想象一下胶片照片的冲洗，掩膜版就相当于胶片，而光刻机就是冲洗台，它把掩膜版上的芯片电路一个个的复制到光刻胶薄膜上，然后通过刻蚀技术把电路“画”在晶圆上。

不同光刻机的成像比例不同，有 5:1，也有 4:1。然后使用化学方法显影，得到刻在晶圆上的电路图（即芯片）。

可以说光刻决定了半导体线路的精度，以及芯片功耗与性能，相关设备需要集成材料、光学、机电等领域最尖端的技术。

3.3 ASML 江湖地位的确定

历数全球，现在也只有荷兰的阿斯麦尔（ASML）公司集全球高阶制造业之大成，一年时间造的出 20 台高阶设备，据说台积电与三星每年为此抢破了头。

ASML 向全球复杂集成电路生产企业提供领先的综合性关键设备。ASML 的股票分别在阿姆斯特丹及纽约上市。2019 年 10 月，位列 2019 福布斯全球数字经济 100 强榜第 50 名。

从光刻机总体出货量来看(含非 IC 前道光刻机)，目前全球光刻机出货量 99%集中在 ASML,尼康和佳能。其中 ASML 份额最高，达到 67.3%，且垄断了高端 EUV 光刻机市场。ASML 技术先进离不开高投入，其研发费用率始终维持在 15%-20%，远高于 Nikon 和 Canon。Canon 早已在很多年前便放弃了在高端光刻机上的竞争，目前产品主要集中在面板等领域。目前他们还在销售的集成电路光刻设备在指标标上只相当于 ASML 的低端产品 PAS5500 系列。Nikon 作为世界上仅有的三家能够制造商用光刻机的公司之一，似乎在这个领域不被许多普通人知道，许多人只知道 Nikon 的相机做得好，却不知道 Nikon 光刻机同样享誉全球。

ASML 有一个非常奇特的规定，那就是只有投资 ASML，才能够获得优先供货权，意思就是要求自己的客户要先投资自己才行。这样奇特的合作模式使得 ASML 获得了大量的资金，包括英特尔、三星、海力士都在 ASML 中有相当可观的股份，其中英特尔投资的金额十分惊人，高达 25.13 亿欧元。日前韩媒报道称，ASML 公司正积极投资研发下一代 EUV 光刻机，与现有的光刻机相比，二代 EUV 光刻机最大的变化就是 HighNA(高数值孔径)透镜，通过提升透镜规格使得新一代光刻机的微缩分辨率、套准精度两大光刻机核心指标提升 70%，达到业界对几何式芯片微缩的要求。

ASML 生产的光刻机已经支持 7nm 和 5nm 制程的 EUV 批量生产。（这里的 5nm 制程是指制作芯片时，连接晶体管的导线可以达到 5nm 的尺寸要求，一根头发的直径大概是 0.05 毫米，5nm 相当于头发的 1 万分之一大小，制程越小说明技术越先进。）台积电搭建的 5nm 芯片生产线使用的就是它，比我国自主研发的 28nm 光刻机要领先两三代。

光刻机是生产集成电路的重要机械，而中国在光学和电子工业领域发展缓慢的主要原因，就是此类关键器械的缺失。即便是我们想要进口，也会遭到西方国家的刁难，例如为了阻止中国从荷兰进口光刻机，美国政府就用尽了手段。

2018 年，荷兰政府向阿斯麦尔发放了出口许可证，允许其向一家中国公司出口一台光刻机，价值 1.5 亿美元（折合人民币 10.4 亿元）。美国在得到消息的第一时间，就对这一交易进行阻拦。2019 年 6 月，美国国务卿在访问荷兰时，强势要求盟友选边站，让荷兰的首相阻止中国从荷兰半导体巨头阿斯麦尔公司购买光刻机。荷兰媒体爆料，白宫的官员们至少在 4 次会议上施压荷兰官员，并且做出了所谓的情报分析，认为中国获得相关设备后，会给荷兰以及欧美的电子光学市场带来严重后果，制止了此次交易的完成。成为了扼住中国芯片发展的关键。

4. 英伟达 A100

2020 年 7 月 30 日，MLPerf 组织发布第三个版本 MLPerfTrainingv0.7 基准测试（Benchmark）结果。结果显示，英伟达基于今年 5 月最新发布的 Ampere 架构 GPUA100，和 HDRInfiniBand 实现多个 DGXA100 系统互联的庞大集群——DGXSuperPOD 系统在性能上分别开创了八个全新里程碑，共打破 16 项纪录。

4.1 A100：面积最大，性能最强

相比于 V100 用 300W 功率提供了 7.8TFLOPS 的推断算力，有 210 亿个晶体管，但 A100 的算力直接是前者的 20 倍。

这块 GPU 上搭载了容量 40G 的三星 HBM2 显存(比 DDR5 速度还快得多，就是很贵），第三代 Tensor Core。同时它的并联效率也有了巨大提升，其采用带宽 600GB/s 的新版 NVLink，几乎达到了 10 倍 PCIE 互联速度。

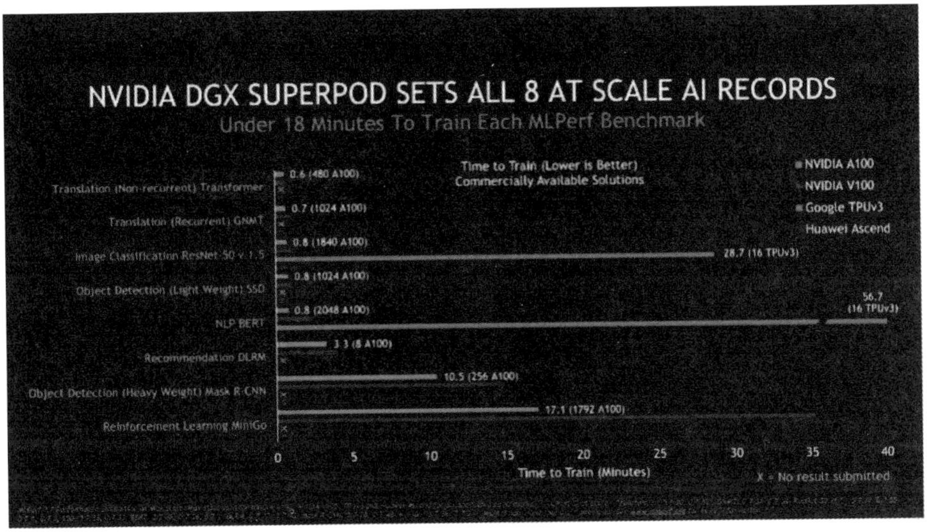

图二十：英伟达数据

创造纪录的英伟达 DGX SuperPOD 系统是基于 Ampere 架构以及 Volta 架构。GPUA100 基于台积电 7nm 工艺，面积高达 826 平方毫米，集成了 540 亿个晶体管。相比 Volta 架构实现了高达 20 倍的性能提升，并且可以同时满足 AI 训练和推理的需求。

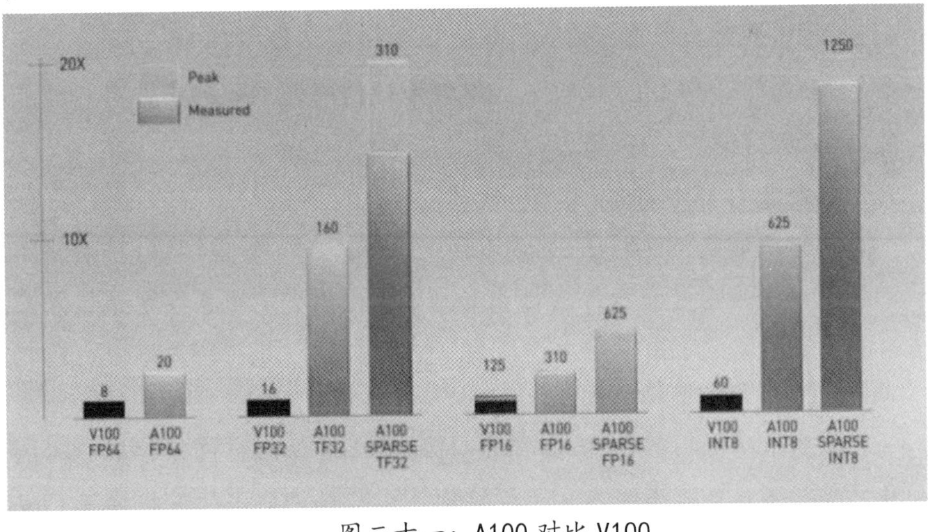

图二十一：A100 对比 V100

由 8 个安培 A100GPU 打造的 NVIDIA DGX A100 AI 系统单节点性能达到

了创纪录的 5petaflops。

此次，英伟达在 Selene 上运行了系统的 MLPerf 测试，Selene 是基于 DGX SuperPOD 的内部集群。DGX SuperPOD 是针对大规模 GPU 集群的公共参考架构，可在数周内完成部署。

根据测试结果，相较于首轮 MLPerf 训练测试中使用的基于 V100 GPU 的系统，如今的 DGXA100 系统能够以相同的吞吐率，在 18 个月内实现了 4 倍的性能提升。能够取得这样的成绩还有两大关键——软件和网络连接。

A100 GPU 搭配 CUDA-X 库的软件更新，为通过 Mellanox HDR 200Gb/s InfiniBand 网络构建的扩展集群提供支持。HDR InfiniBand 可实现极低的延迟和高数据吞吐量，同时通过可扩展分层聚合和缩减协议（SHARP）技术，提供智能深度学习计算加速引擎。

今天的数据中心假如使用 50 个 DGX-1 系统（基于 TeslaP100）用于 AI 算法的训练，600 个 CPU 用于推断，硬件成本是 1100 万美元，需要使用 25 个服务器机架，消耗 630kW 功率。

使用最新的 DGXA100，我们只需要并联 5 个 DGXA100 系统，GPU 同时用于 AI 训练和推断，成本 100 万美元，1 个机架，使用 28kW 功率。只需要十分之一的硬件成本，二十分之一电力消耗就能做同样的事。对于性能和运算力的提升有着质的突破。

5. 苹果选用 ARM 架构

据报道指苹果正计划在 2020 年弃用 Intel 的 X86 处理器，转而采用自己研发的 ARM 架构处理器，这对于 Intel 来说损失的可不仅仅是收入，而是对于整个市场的示范效应。

5.1 转向 ARM 架构的转化

苹果公司计划将整个 Mac 产品线过渡到 ARM 架构处理器。从系统自身出发，首先要看是否会影响 macOS 软件在 ARM 处理器上的运行效果，以及从外部生态出发，是否会对整个 Mac 软硬件生态变化产生剧烈影响。

对于此次架构的调整，苹果还为外部开发者考虑周到，将为外部开发者留出时间，让他们在 2021 年新 Mac 推出前做调整。因此芯片调整的计划可能会有所推迟。苹果自研处理器使用的是 ARM 架构技术，这一架构不同于英特尔芯片所使用的底层技术，所以开发者需要时间为新芯片优化他们的软件。

5.2 新的 Mac 芯片发展蓝图

苹果弃用英特尔处理的决心已经非常明显，英特尔在芯片性能和制造工艺方面的优势已经无法满足苹果对 Mac 的需求。苹果需要的是，更具发展前景的处理器，透过彭博社和 VentureBeat 的报道，我们可以略知一二。

据彭博社报道，苹果正在研发至少三款基于 ARM 架构的 Mac 处理器，已获得 ARM 处理器的许可技术，采用与 iPad 和 iPhone 处理器相同的技术。

首款 Mac 芯片基于 A14 芯片拓展，由台积电基于 5 纳米制造工艺生产，采用 8 个高性能 CPU 核心和至少 4 个节能核心，共计 12 个核心。

而目前 iPadPro 所使用的 A12Z 芯片拥有 8 个核心，分别 4 个高性能核心和 4 个节能核心。

此次首款 Mac 芯片采用的是基于 ARM 架构的 A 系列芯片。目前，最新款 iPhone 内置的 A13 Bionic 芯片堪称是业界性能最强的 ARM 架构芯片，出现在 iPad 平板电脑产品线上。

第一款搭载基于 ARM 处理器的 Mac 将在 2021 年问世。新的 Mac 电脑将继续运行 macOS，而不用切换到 iOS，这与现有使用高通 ARM 处理器的 Windows 笔记本电脑的做法类似。由于首批定制的 Mac 芯片性能较低，无法达到英特尔为高端 MacBook Pro、iMac 和 Mac Pro 台式计算机提供的性能，所以首批使用定制芯片的会是新的非专业级电脑。

实际上，早在 2018 年，苹果就基于当年的 iPad Pro A12X 处理器开发了一款 Mac 芯片原型机。这款原型机的成功被认为给了该公司信心，将转型目标定在最早的 2020 年。

无论如何，这次转变将是 MacBook 产品线自 2005 年宣布改用英特尔处理器以来最大的变化。

据苹果公司对使用基于 ARM 的芯片的 Mac 进行的内部测试表明，与英特尔的芯片相比，苹果的新芯片预计也会更加强大和省电，未来的 Mac 将会更快更薄。另外，转用 ARM 有望让苹果将其处理器成本降低 40%至 60%。

基于苹果与台积电多年的密切合作，以后生产的芯片会更小，且同样强大。台积电是目前全球仅有的两家拥有 2 纳米制造工艺的公司之一。双方近年来已经合作了多款 A 系列芯片，包括今年年底，即将商用的首批 5 纳米芯片“A14”。

据 VentureBeat 报道，苹果正在研发 5 纳米芯片可能会有两个系列，一个是用于笔记本电脑和笔记本级的 Mac，另一个是用于类似 iMac Pro 和 Mac Pro 的超高性能台式机。

苹果公司是否为这些 MacARM 处理器采用 X 系列，Z 系列或其他芯片仍待观察。根据 VentureBeat 梳理苹果 Mac 芯片在 2025 年之前发展的蓝图来看，可选择的 Mac 电脑芯片不少。

2020 年：用于 iPhone 的 5 纳米 A14，用于 Apple Watch 的 S6，以及可能用于 iPad 的 5 纳米 A14X。除非计划在 Mac 上使用 A14X，否则苹果将在 2021 之前公布入门级 Mac 笔记本电脑芯片。

2021 年：用于 iPhone 的 5 纳米 A15，适用于 Apple Watch 的 S7，最可能适用于 iPad 的 A14X/A15X，可适用于商业版本的 Mac 笔记本电脑和台式机。

2022 年：用于 iPhone 的 3 纳米 A16，适用于 Apple Watch 的 S8，可能适用于 iPad 的 A16X，可适用于第二代 Mac 笔记本电脑和台式机芯片。

2023 年：用于 iPhone 的 3 纳米 A17，适用于 Apple Watch 的 S9，可能适用于 iPad 的 A17X 或者第三代 Mac 笔记本电脑和台式机芯片以及 5 或 3 纳米 Apple 智能眼镜芯片。

2024/2025：用于 iPhone 的 2 纳米 A18，适用于 Apple Watch 的 S10，适用于 iPad 的 A17X/A18X，或者第四代 Mac 笔记本电脑和台式机芯片，以及第二代 3 纳米 Apple 智能眼镜芯片。

苹果处理器传承了 iPhone 和 iPad 中的 A 系列，这只是最合理的做法。

苹果还将能够利用台积电未来更好的芯片制造技术，使用台湾的代工厂制造其芯片设计。

近年来，台积电在制造更小、更先进的芯片节点方面的优势已经领先英特尔。如果苹果能够制造出性能更好、更省电的芯片，那说明它已经能够在智能手机市场上证明了这种能力，基于 ARM 的 Mac 可能会凭借其差异化的特点在 PC 市场获得更大的份额。

6. 中芯国际上市

根据中芯国际最新披露的发行公告，超过 2000 只公募产品参与了中芯国际报价，其中不乏多只明星基金经理管理的绩优基金。实际上，在南向资金的大力推动下，中芯国际港股股价早已一骑绝尘，今年以来涨幅达 235.85%。

6.1 拉动资金

中芯国际成立于 2000 年，是国内最大的半导体制造商，能够提供 0.35 微米到 14 纳米多种技术节点、不同工艺平台的集成电路晶圆代工及配套服务。以营收金额、市场占有率排名，中芯国际仅次于台湾的联电，在 2020 年是全球排名第 5 大的芯片代工厂。

中芯国际招股书显示，2020 年第一季度，中芯国际营业收入为 64 亿元，同比增加 38.42%；毛利率为 21.58%，同比增长 2.81%；扣除非经常性损益后归属于母公司股东的净利润为 1.43 亿元，而上年同期为-3.3 亿元。

业务方面，集成电路晶圆代工是中芯国际的主要收入来源，公司其他主营业务收入主要为光掩模制造、凸块加工及测试等配套服务。

2004 年 3 月，中芯国际分别在美国纽交所与港交所上市。2019 年 5 月，中芯国际宣布从纽交所主动退市。

此次中芯国际成功回归科创板上市，成为首个已境外上市红筹企业回归科创板的企业。

6.2 高市值：“造梦”中国芯

2020 年 7 月 16 日收盘，中芯国际港股市值为 2128 亿港元，科创板市值为 5917 亿元（约为 6554 亿港元），市值比超过 3：1。对比华润微，中芯国际的估值偏高，截至 7 月 16 日，华润微静态市盈率为 146，动态市盈率为 128，而中芯国际分别为 329、338。

支撑这样高的市盈率的还是“中国芯”这个梦想。中芯国际招股书显示：中国目前是全球最大的集成电路消费地区，市场需求持续增加；中芯国际是中国大陆第一家实现 14 纳米 FinFET 量产的晶圆代工企业，代表中国大陆自主研发集成电路制造技术的最先进水平。中芯国际在 14nm 量产后，可能会跳过 10nm 工艺，朝 7nm 的目标迈进。

中芯国际此前多次表示：中芯国际的下一代工艺是 N+1 工艺。虽然中芯国际没有透露具体细节，只是称下一代工艺与 14nm 相比，性能提升了 20%，功耗降低了 57%，逻辑面积缩小了 63%，SoC 面积减少了 55%。

在过去的很长一段时间中，我国核心芯片主要依赖进口，中兴华为事件后，国产芯片产业发展逐渐成为中国制造的重中之重。

中芯国际财报显示，中芯国际 2019 年营收主要来自中国、美国和欧亚大陆，其中中国内地和香港贡献了过半的收入，占据总营收的 59.5%，美国地区占比 26.4，欧亚大陆则占比 14.1%。最近三年来自于中国大陆及香港的主营业务收入分别约为 99.16 亿元、133.18 亿元及 127.52 亿元，占比分别为 47.26%、59.09%及 59.39%，呈上升趋势。

“中芯国际作为国产晶圆代工龙头，近年和国产设备、材料、设计厂商密切合作。2020 年起，中芯国际有望加速成长，逐渐达到世界一流 IC 制造水平。”方正证券分析表示。据 2015 年出台的《中国制造 2025》，2020 年，国内芯片自给率要达到 40%，2025 年则要达到 70%。

6.3 绝佳战略期

时势造英雄，中芯国际高光的背后也是时势，特别是国家扶持芯片产业生态的决心。

2019 年 10 月 22 日，国家大基金二期成立，根据规划，投资方向将重点放在刻蚀机、薄膜设备、测试设备和清洗设备等芯片制造及上游设备领域。作为芯片产业上游的设备制造商，如果资金尽快到位，国产设备厂商们预算上的困扰将大大缓解，则将集中精力开启追赶模式。随着芯片制造设备产能扩充，芯片制造行业的潜力也将得到进一步的释放。

除了扶持芯片产业生态，还扶持芯片产业龙头。中芯国际作为国内代工龙头，具备串联及带动封测、芯片设计等整个产业链的潜力。

国家大基金一期、二期,以及上海集成电路基金一期、二期相继重金力挺中芯国际。

市场有需求，国内半导体行业正处于晶圆产能扩张的历史机遇期，美国已经无法通过出口管制和技术封锁来彻底消灭中国的集成电路产业，随着中美在先进高端制造领域的摩擦不断，中国将芯片行业聚焦国内的基本态势越来越明显，本土芯片设备需求强劲增长。

作为国内代工龙头，中芯国际实力不俗，具备串联及带动封测、芯片设计等整个产业链的潜力。

第三章 能源赛道

能源行业算是一个比较独特的垂直赛道，论传统化程度，其并不亚于采矿业和建筑业，但它与区块链技术之间的关系，却要比很多第三产业都要紧密。当“区块链技术+实体经济”的组合被提出之后，被认为高度封闭的能源行业反而阴差阳错地成为了区块链技术落地的第一批试水者，纵观市场上“区块链+能源”的项目，比很多前沿的“区块链+服务业”数量都要多。

具体来看能源行业的产业链，与很多人对“能源”的模糊印象相契合，能源领域是一个比较庞大的行业，在横向垂直领域上，其涉及的细分行业包括煤炭、石油、天然气、核能、水力、垃圾焚烧等，而在纵向产业链上，则包括设备制造、工程施工、矿产采掘、洗选冶炼、发电输电、管道运输等环节，这两条维度的结合，使得能源行业的产业体系展现出了其他很多行业所不具备的高度复杂性。

第一节 电力服务

1. 电力政策

1.1 2020 年国家电力政策

已经沿用了十六年的煤电标杆电价+联动机制如期谢幕，2020 年起“基准+浮动”机制粉墨登场，电价定价规则被彻底改写。截至 2020 年上半年，国家发改委、能源局以及各地方政府出台了多份文件，旨在规范开展电力市场化改革。

一系列政策变动将给后续我国电力市场化交易带来新的生机，国家在反复征求各方意见，权衡各个发电主体和售电公司以及用电单位的利益，最终确定了电力价格、交易方式、责任划分等多方面的规则。上半年，国家发改委、能源局先后出台了 10 项政策，从 1 月出台的电力中长期交易基本规则的征求意见稿，到 6 月 10 日发改委正式签批电力中长期交易基本规则，期间还出台了省级电网定价规则、区域电网定价规则等规范性文件，希望利用电力交易市场起到促进新能源消纳的作用。

2020 年 1 月 22 日最先出台的《关于征求<电力中长期交易基本规则（征求意见稿）>意见的函》率先为今年的电力市场化交易筑好了基石。文件中明确发电企业、电力用户、售电公司、电网企业、电力交易机构、电力调度机构的权利与义务；对市场准入和退出条件作了确切规定；以及电力交易中的交易品种、交易方式和价格机制也做了详细的说明。文件指出：风电、光伏发电企业的电费结算方式：未核定最低保障收购年利用小时数的地区，按当月实际上网电量及政府批复的价格水平或价格机制进行结算；核定最低保障收购年利用小时数的地区，最低保障收购年利用小时数内的电量按政府批复的价格水平或价格机制进行结算。超出最低保障收购年利用小时数的部分应当通过市场交易方式消纳和结算。

1 月 22 日，关于征求《电力中长期交易基本规则（征求意见稿）》意见的函，此次文件明确了经营性电力用户的发用电计划原则上全部放开的内容。但对于不符合国家产业政策的电力用户，要求其暂不参与市场化交易，产品和工艺属于淘汰类和限制类的电力用户严格执行现有差别电价政策。

2 月 5 日，国家发展改革委关于连续印发《省级电网输配电价定价办法》的通知和《区域电网输电价格定价办法》的通知两份文件。前者强化了对电网企业的合理约束，明确省级电网输配电价与区域电网输电价格的边界、省内用户和“网对网”省外购电用户对省级电网准许收入的分担责任等。明确分电压等级输配电价的计算公式、准许成本和准许收益归集、分摊的方法，以及两部制电价构成等，也实化了监测制度。后者则进一步厘清了输电价格定义范围，明确区域电网输电价格核定，应坚持提升电网效率、合理分摊成本、促进电力交易、严格规范政府定价行为，以为区域电网输电价格核定提供遵循。进一步完善了容量电费和电量电费比例的计算方法，提出了区域电网容量电费在区域内省级电网间分摊的具体公式，并充分考虑京津唐电网特殊性，对华北电网分摊公式作了优化，提升了分摊的公平性、可操作性和透明度。

2 月 24 日，国家发展改革委 国家能源局印发《关于推进电力交易机构独立规范运行的实施意见》的通知，《实施意见》提出，推进电力交易机构独立规范运行的六项重点任务。其中完善电力交易规则制定程序，加快推进交易机构股份制改造，2020 年上半年，北京、广州 2 家区域性交易机构和省（自治区、直辖市）交易机构中电网企业持股比例全部降至 80%以下，2020 年底前电网企业持股比例降至 50%以下。

2 月 26 日，关于征求《电力现货市场信息披露办法（暂行）（征求意见稿）》意见的函，文件提出采用节点电价的现货地区，可依审批披露用于市场出清的电力系统市场模型及相应边界条件。经电力用户许可后，市场运营机构应允许售电公司可以访问电力用户历史用电曲线等私有信息。

4 月 3 日，国家发展改革委办公厅 国家能源局综合司发布了《关于做好电力现货市场试点连续试结算相关工作的通知》，《通知》指出，通知中称，高度重视电力现货市场试点连续试结算相关工作。做好电力中长期交易合同衔接工作，售电企业及直接参加电力现货交易的电力用户应与发电企业在合同中约定分时结算规则，还强调加强电力现货市场结算管理，充分发挥价格信号对电力生产、消费的引导作用，形成合理的季节和峰谷分时电价，规范确定市场限价。

4 月 15 日，国家能源局综合司发布了《关于做好可再生能源发展“十四五”规划编制工作有关事项的通知》，文件提出在做好送受端衔接和落实消纳市场的前提下，通过提升既有通道输电能力和新建外送通道等措施，推进西部和北部地区可再生能源基地建设，扩大可再生能源资源配置范围。

5 月 19 日，国家能源局综合司发布《关于建立健全清洁能源消纳长效机制的指导意见（征求意见稿）》，《意见》明确，新增清洁能源项目要严格落实电力系统消纳条件，考虑清洁能源消纳空间，合理确定规模、布局和时序，并网前原则上应与电网企业签订并网调度协议，按电力市场规则与地方政府或电力用户签订中长期购售电协议。还明确涉及清洁能源外送基础设施的内容。

6 月 8 日，国家发展改革委、国家能源局发布关于《加强和规范电网规划投资管理工作的通知》，通知主要有六大要点，其中文件明确了电网规划与输配电价监管、电力市场建设的有效衔接，要求电网规划要适应电力体制改革要求，按照市场化原则，遵循市场主体选择，合理安排跨省跨区输电通道等重大项目。

6 月 10 日，国家发展改革委 国家能源局终于签批了《电力中长期交易基本规则》，《基本规则》的修订出台是我国电力市场建设和不断深化的重要成果和标志，将进一步指导和规范各地电力中长期交易，推动形成统一开放、竞争有序的市场体系和有效竞争的市场结构，促进电力要素市场化配置和电力。

6 月 28 日，国家发展改革委发布关于《延长阶段性降低企业用电成本政策的通知》，通知再次提出延长降低用电成本，自 2020 年 7 月 1 日起至 12 月 31 日止，电网企业在计收上述电力用户（含已参与市场交易用户）电费时，统一延续按原到户电价水平的 95%结算。

1.2 地方政策

（1）北京市

作为我国首都，北京市发改委出台的电力市场化改革的政策非常干脆，目标明确。5 月 22 日发布文件直接确定了 2020 年度，北京市市场化直接交易总电量规模拟安排 90 亿千瓦时。比 2019 北京市市场化直接交易总电量规模拟安排 140 亿千瓦时，减少了 50 亿千瓦时。

（2）上海市

上海市进一步放宽了市场准入条件，删除了售电企业准入条件（第八条、第九条）中有关“实缴注册资本和技术人员比重”等相关内容。同时，考虑到国家文件中有“在 3 年内不可退出市场”规定，细则即使不明确这方面要求，电力用户仍需执行国家有关规定。

（3）天津市

天津市明确各承担消纳责任的市场主体自行制定可再生能源电力消纳计划，并在所属经营区电网企业统一组织下完成各自消纳量。按月统计各承担消纳责任的市场主体消纳量完成情况，及时发现解决存在的问题，确保按期完成消纳任务。

（4）浙江省

浙江省主要要求继续扩大电力市场化交易规模，2020 年浙江省电力市场化交易电量目标定为 2100 亿千瓦时。其中：普通直接交易、售电市场交易、现货市场交易规模分别达到 1700 亿千瓦时、300 亿千瓦时和 100 亿千瓦时，全省市场化电量占全社会用电量比例提高到 43%左右。在电力市场建设方面：完善电力中长期交易规则、保持售电市场平稳健康发展、加强售电市场与电力现货市场的衔接。

（5）福建省

福建 2020 年上半年有关电力市场化政策有 4 项政策，明确电力市场中长期交易以年度交易和月度交易为主，鼓励开展一年以上的长周期交易。

根据市场需要，可以开展周期和方式灵活的不定期交易，具备条件时可开展月内交易。

1.3 发电侧重

目前，国家针对的电力政策重点在可再生能源补贴政策收紧，国家能源局推行光伏和风电平价上网，垃圾发电井喷式发展，新的煤电电价政策将于2020年将开始实施。新的煤电电价政策将于2020年将开始实施新的煤电电价政策将于2020年将开始实施所有这些政策的改变，对电力行业的影响，特别是投资商是巨大的。而2020年将是中国电力改革的分水岭。无论对于投资商、电厂、电网公司和用电单位都是非常重要的一年，整个电力行业生态将在2020年后改变。

首先可再生能源电价补贴将注重环保民生项目，风电和光伏发电将全面去补贴。这也是为什么，最近可再生能源项目都敢抢在2020年12月底前并网的原因。同时风电和光伏存量项目，将出现巨额交易。

其次，国家能源局推动光伏和风电平价上网，既是国家能源局对可再生能源政策的重大调整，也是验证以风电和光伏为主的新能源发电，在去补贴化后，能否存活和壮大，参与和煤电的市场竞争，这一切都将在2020年后见分晓。

再次，2019年，垃圾发电井喷式发展，新审批的项目超过往年。2020年依然是垃圾发电项目建设的高发期，2020年后，随着政策的收紧，垃圾发电产业将降温，但是农林生物质发电或将爆发。

最后，煤电电价，从传统的煤电标杆上网电价转向以基准电价为主、浮动机制为辅的新电价机制。2020年之后，中国的电力交易将丰富多彩。发电来源将多元化，传统能源和可再生能源市场化竞争激烈，用电单位将获得更大的用电选择权。

2020年，许多新的发电项目将赶在2020年12月底前并网，煤电标杆上网电价和可再生能源电价补贴将完成历史使命，以市场调控主导的电力生态链将形成，因此 2020 年，对于电力行业来说将是分水岭，很多电力企业随政策的变动，而进一步发展壮大。

2. 电力设施

2.1 泛在电力建设

2019 年 1 月 13 日国家电网有限公司发布 2019 年 1 号文件，明确提出应用先进现代信息技术和通信技术，打造状态全面感知、信息高效处理、应用便捷灵活的泛在电力物联网，为电网运行与发展提供强大数据资源支撑，并与承载电力流的坚强智能电网相辅相成、融合发展，形成强大的价值创造平台，共同构成能源流、业务流、数据流“三流合一”的能源互联网。

2019 年 3 月 8 日，国家电网召开泛在电力物联网建设工作部署会议，提出加快推进“三型两网、世界一流”战略落地实施（其中“三型”要求建设“枢纽型、平台型、共享型”企业，两网要求建设和运营好“坚强智能电网”+“泛在电力物联网”），当前公司最紧迫任务即是加快推进泛在电力物联网建设。

分阶段稳步推进 2020 年全面完成建设。根据国网相关规划：1）到 2021 年国网初步建成泛在电力物联网，基本实现业务协同和数据贯通；初步实现统一物联管理，各级智慧能源综合服务平台具备基本功能，支撑电网业务与新兴业务发展；2）到 2024 年国网建成泛在电力物联网，全面实现业务协同、数据贯通和统一物联管理，公司级智慧能源综合服务平台具备强大功能，全面形成共建共治共享的能源互联网生态圈。

全面提升信息与自动化，采集与控制为主要应用场景。近年来，物联网与电网建设融合持续加强，各国发展各有侧重，欧洲以节能减排、发展低碳经济为主，日本注重可再生能源接入与消纳。我国泛在电力物联网通过构建感知层、网络层、平台层以及应用层四层结构，完成电力系统信息与数据的实时收集、传输与分析，实现电力生产和消费各环节的人、机、物实时连接，在终端层达到万物互联，在网络层实现强大通信，在平台层表现为对相关设备与数据的管控能力。

2.2 能源结构面临调整

中国基础设施建设经过几十年的快速发展，绝大多数领域已经快速改变供给紧张的局面，甚至出现了产能过剩的现象。在能源领域，我国已形成从设计到施工、运营等全产业链的生产能力，经过几十年的建设，能源短板迅速得到补齐。

现阶段总体来看能源供给充足，但结构性矛盾正在凸显。传统火电，特别是煤电依然是当下中国电力供给的绝对主力，新能源发电在政策的助推下发展迅速，但总量依然较小。2018 年全国全口径发电量 6.99 万亿千瓦时、同比增长 8.4%。其中，水电发电量 12329 亿千瓦时、同比增长 3.2%；火电发电量 49231 亿千瓦时、同比增长 7.3%；核电发电量 2944 亿千瓦时、同比增长 18.6%；风电发电量 3660 亿千瓦时、同比增长 20.2%；太阳能发电量 1775 亿千瓦时、同比增长 50.8%。2017 年，国家能源和电力“十三五”发展规划分别发布，要求非化石能源占比要达到 15%以上。国家在逐步推进实施煤电去产能政策，推动传统煤电企业清洁化、高效化、低碳化、环保化转型。长期来看，煤电新增产能将会受到抑制，清洁能源将逐步填补煤电产能压缩的空间。

2.3 新能源发展遭遇瓶颈

新能源作为传统能源的补充和替代方案，在全世界受到重视。特别是在中国，随着政策的推动新能源发展迅速。

据预测，下个 10 年中国将迎来光伏与风电大规模建设高峰。新增光伏装机容量约 80-160GW/年，新增风电装机约 70-140GW/年。到 2050 年，风能和太阳能将成为我国能源系统的绝对主力。近年来，随着政策的春风，新能源产业吸引了大量的投资。但是很快行业由过热转为局部过剩，产能利用率不足，弃风弃光现象时有发生。在这种情况下，新能源的发展进入瓶颈状态，尽管长期来看新能源发展前景依然看好，但短期调整发展节奏将不可避免。随着政策热潮退去，哪些并非真正以发展新能源为初心的企业也随之离场，市场将重新洗牌，新的发展机遇也随之展开。从发展趋势上看，未来新能源电力产业会在政策导向下，往区域差异化方向发展。风电从西北地区转向东南沿海；光伏发电项目重点在中东部地区结合采煤沉陷区治理以及农业、林业、渔业综合利用等，适度建设，因地制宜，实行新能源的区域差异化开发。

2.4 趋势

（1）节能、环保型电力设施需求广阔

改革开放四十年来，中国的基础设施发生翻天覆地的变化，其中电力基础设施已逐步完善，在中国绝大多数地方电力供应已经由短缺变为过剩。占电力供应绝对主力的煤电业出现利用率不足的问题。根据国家能源局与2017 年 4 月 20 日发布的《2020 年煤电规划建设风险预警的通知》，全国 32 个省级电网区域（含蒙东、蒙西）中，有 25 个区域为风险最高的红色，电力产能过剩可见一斑。随着经济社会的不断发展，尽管新建传统电力基础设施的需求正在急剧萎缩，但人们对高效、清洁能源的需求却在与日俱增。在新的发展时期，电力生产需要注入新的内涵，节能、环保的电力基础设施呼之欲出。新建电力设施必须符合节能、环保要求。老旧设备需要经过改造以到达新的节能环保要求。

（2）新型基础设施建设前景可期

新型基础设施建设在 2019 年政府工作报告中被重点提及。以信息化为核心的新型基础设施建设，给未来能源电力行业发展指明了前景。新型基础设施将推动 5G 通讯大量应用，万物互联的时代将来临，智能电站、智能电网将成为市场主流。

传统电力建设企业同质化竞争严重，新型基础设施建设的提出，给传统企业指明发展方向。通过实质性的创新，紧跟新的技术发展趋势，才有可能为市场中立足。

（3）一带一路继续深化，海外市场广阔

随着“一带一路”，中非论坛等重大国际合作协议的深入，中国正在为推动世界和平协作贡献力量。在这个过程中，随着中国影响力一起走出国门的还有大量的中国创造、中国技术。

亚开行预计“一带一路”沿线亚洲地区 2016-2030 基建需求达 26 万亿美元，随着美国挑起的贸易纷争愈演愈烈，中国将加大“一带一路”政策支持力度，以平抑贸易战带来的影响。中国丰富的基础设施建设经验和相对廉价的设备和施工成本，帮助“一带一路”沿线国家快速提升基础设施水平。国内过剩的基础设施设备制造和工程建设产能随着“一带一路”走出国门。就电力基础设施建设而言，一带一路沿线大部分国家人均能源供给不足。中国有足够的技术实力和经验帮助他们快速补齐发展短板。因此海外市场存在广阔的发展空间。

第二节 散热服务

散热器的最终目的就是把热量传递给空气，避免芯片过热。物理学上，温差越大的两个物体，他们之间的热交换速率就越快，我们的散热器就是利用这个原理工作的，简单来讲就是散热器本身会吸收芯片的热量，散热器越热，他与空气的温度差越大，他就越容易把热量传给空气，当散热器传递给空气的热量和散热器从芯片那吸收来热量平衡，这时候散热器就不会再涨温度了，此时温度平衡，芯片的热量全部通过散热器排到空气中了。

因此这里有两个问题，一个是导热，一个是散热，我们首先需要把热量从芯片导出来，然后再把这些热量散发出去。目前来讲，铜适合导热，铝适合散热。

1. 风冷散热

风冷散热作为比较早的散热方式，其发展历程或许有些与其他硬件有所不同，但是其性能的提升却是非常明显的。和液冷散热比起，风冷散热的方式更简单直接，通过气流进行热量传到，并且结构简单，易维护等特点。

我们最常见的摩托车发动机这就是一个风冷发式动机。发动机的气缸头和缸体上有很多散热片，这样可以增加与空气的热交换面积，提高散热效率。风冷的散热片始终暴露在空气中，所以不管发动机是否达到正常工作温度，只要发动机温度高于气温那就一直在散热，很难温度控制在比较小的范围内。而水冷发动机有节温器可以调节冷却液的循环，再配合水温传感器，可以把发动机温度控制在最佳范围内，调节精度更高。

但是风冷发散热效率不如水冷，风冷虽然也有散热风扇，但是空气的比热容比冷却液小得多,而且风冷能与空气进行热交换的散热片面积有限。而水冷发使用的冷却液比热容更大，相同流量的情况下能带走更多热量。而且水冷系统冷却液与发动机发热部位的接触面积更大，所以水冷系统散热效率比风冷系统更高。

在未来，风冷散热技术将不断推陈出现，会出现小型化、低功率、高集成化的特点，也将在不同领域的有广泛的应用

2. 液冷散热

冷散热系统利用泵使散热管中的冷却液循环并进行散热。在散热器上的吸热部分（在液冷系统中称之为吸热盒）用于从电脑 CPU、北桥、显卡上吸收热量。吸热部分吸收的热量通过在机身背面设计的散热器排到主机外面。

2.1 功能原理

一套典型的水冷散热系统必须具有以下部件：水冷块、循环液、水泵、

管道和水箱或换热器。水冷块是一个内部留有水道的金属块，由铜或铝制成，与 CPU 接触并将吸收 CPU 的热量。循环液由水泵的作用在循环的管路中流动，如果液体是水，就是我们俗称的水冷系统。吸收了 CPU 热量的液体就会从 CPU 上的水冷块中流走，而新的低温的循环液将继续吸收 CPU 的热量。水管连接水泵、水冷块和水箱，其作用是让循环液在一个密闭的通道中循环流动而不外漏，让液冷散热系统正常工作。水箱用来存储循环液，换热器就是一个类似散热片的装置，循环液将热量传递给具有大表面积的散热片，散热片上的风扇则将流入空气的热量带走。

水冷散热与风冷散热其本质是相同的，只是水冷利用循环液将 CPU 的热量从水冷块中搬运到换热器上再散发出去，代替了风冷散热的均质金属或者热管，其中的换热器部分又几乎是风冷散热器的翻版。水冷散热系统最大的特点有两个：均衡 CPU 的热量和低噪声工作。由于水的比热容超大，因此能够吸收大量的热量而保持温度不会明显的变化，水冷系统中 CPU 的温度能够得到好的控制，突发的操作都不会引起 CPU 内部温度瞬间大幅度的变化，由于换热器的表面积很大，所以只需要低转速的风扇对其进行散热就能起到不错的效果，因此水冷大多搭配转速较低的风扇，此外，水泵的工作噪声一般也不会很明显，这样整体的散热系统与风冷系统相比就非常的安静了。

水冷这种昂贵而复杂的散热方式对于 PC 来说是最强的可操作型散热器（液氮等制冷方式无法付诸于实际使用），具有探索精神的超频玩家几年前就已经开始使用它创造超频极限纪录，产品本身也从早期的自制型转变到由专业厂商设计定型批量生产，并且进入零售渠道销售。随着生产规模的扩大以及设计制造经验的逐渐积累，目前我们已经能购买到相当便宜的名牌水冷散热器，它们的身价已经不再会是想当初那样甚至超过用户 CPU 和主板价格总和，并且除了价格方面的诱惑力之外，最新的水冷散热产品的人性化设计也有长足的进步。

2.2 优点

（1）超静音

液冷散热系统利用泵使散热管中的冷却液循环并进行散热。在散热器上的吸热部分（在东远液冷系统中称之为吸热盒）用于从电脑 CPU、北桥、显卡上吸收热量。吸热部分吸收的热量通过在机身背面设计的散热器排到主机外面。也就是说液冷最大的优点在于不提高机身内部的温度即可把热量传导给散热器，而不是利用液体来冷却电脑配件。只要能提高散热器向空气中排放散热管所传导的热量的冷却性能，就能够通过降低冷却散热器的风扇转速或者采用无扇设计来实现静音设计。

（2）散热快

液冷还有一个很重要的好处就是液体的热容量大，温升慢，有利于计算机在出现突发事件时确保不会瞬间烧毁 CPU。

从开机后，温度缓慢上升，而风冷的温度是很快上升到一个稳定值，而在 CPU 有大型运算等突发事件时，尖峰可能会瞬间突破 CPU 的温度上限。而液冷则可以将这个尖峰很好的过滤掉，保证 CPU 的安全。

2.3 水冷散热系统的分类

根据二次换热器换热方式的不同，一般情况下可以将水冷散热系统分为以下三种类型：空气冷却系统、液体冷却系统、冷水机组冷却系统。

空气冷却系统一般主要由：水冷板、水泵、水箱、热交换器和风机组成。该系统结构简单，是最经济的水冷系统。

冷水机组冷却系统：由压缩机、水冷板、冷却塔等部分组成。这种方式水温可以精确的控制在环境温度以下，制冷量大。

第三节 传统 IDC

互联网数据中心（Internet Data Center，简称 IDC）是指一种拥有完善的设备（包括高速互联网接入带宽、高性能局域网络、安全可靠的机房环境等）、专业化的管理、完善的应用的服务平台。在这个平台基础上，IDC 服务商为客户提供互联网基础平台服务（服务器托管、虚拟主机、邮件缓存、虚拟邮件等）以及各种增值服务（场地的租用服务、域名系统服务、负载均衡系统、数据库系统、数据备份服务等）。据科智咨询（中国 IDC 圈）最新发布的《2018-2019 年中国 IDC 产业发展研究报告》显示，2018 年全球 IDC 业务市场整体规模达到 6253.1 亿元人民币，较 2017 年增长 23.6%；中国 IDC 业务市场总规模达 1228 亿元，同比增长 29.8%，增速放缓 2.6 个百分点，较 2017 年增长超过 280 亿元

1. 国内市场

1.1 市场现状

中国 IDC 市场方面，《2018-2019 年中国 IDC 产业发展研究报告》中数据显示，中国 IDC 业务市场总规模达 1228 亿元，同比增长 29.8%，增速放缓 2.6 个百分点，较 2017 年增长超过 280 亿元。在中国 IDC 业务市场行业结构中，网络视频行业和电子商务行业 IDC 业务需求增长明显。近年来，伴随着互联网的快速发展以及在各行业的渗透，互联网行业的 IDC 需求仍是推动中国 IDC 业务市场规模绝对值增长的主要驱动力，IDC 业务市场始终保持市场规模量级的增长。在区域市场中，由于北上广地区禁限政策的出台，数据中心布局范围逐渐向周边区域延伸，以满足区域市场内 IDC 业务需求。通过最新发布的报告数据显示，虽然 2018 年中国 IDC 业务市场规模呈现增长趋势，但是相比以往增速放缓，这与政策引领和技术升级等多重因素有关。近年来 IDC 业务市场增速放缓，但市场规模绝对值仍保持增长态势。预计 2021 年，中国 IDC 业务市场规模将超过 2700 亿元，同比增

长30%以上。IDC业务市场规模的增长，取决于既有需求的增长与新增需求的出现。既有需求主要来自互联网行业客户，新增需求则集中体现在5G、物联网、虚拟现实等新兴技术的广泛商用，更多应用场景、更加复杂的数据结构以及更加频繁的数据处理及信息交互，提升IDC需求的量级与精细度，进而推动IDC业务市场规模的增长。

1.2 未来表现和发展趋势

未来国内市场还将呈现如如下情况：

（1）在第三方IDC服务商市场中，DC业务市场集中度较高，TOP4服务商占据50%以上的市场份额，其中，阿里云的IDC业务市场份额最高，在传统IDC服务商中，光环新网的IDC业务市场份额最高，其次是网宿科技，市场份额占比为7.5%。

（2）工信部于2018年1月出台《清理规范IDC、ISP、CDN市场的通知》政策，针对相关行业市场上无证运营、跨范围运营、层层转租等不合规商业行为集中整治。随后，又连续就网络接入、不良运营、失信企业、网络安全等状况进行统一处理与公示，系列举措对IDC、ISP、CDN行业产生重大影响。

（3）北京、上海、广州为控制能耗指标依次加大限建政策执行力度，需求外移明显，IDC服务商选择向三地的周边区域布局，在地理位置上尽可能接近核心城市。国内在运营数据中心主要集中在京津冀城市群、长三角城市群、粤港澳大湾区等地区，共同占据整体市场50%以上的市场份额。

（4）新一代通信技术将延展信息承载与传输方式的内涵，同时伴随流量入口的扩大，内容服务应用场景也随之扩大，内容服务形式与数据交互方式都将发生变化。第五代移动通信技术（5G）的推进与商用，将为互联网行业带来新的流量增长点，也将为DC行业带来质的影响与变化。

（5）IDC行业已连续数年呈现高增长率态势，跨界进入IDC行业的新晋者逐年增多，主要以传统制造业为主，新晋者不止收并购行业玩家以进入 IDC 市场，快速获取利润，也会借着合作契机辅助企业自身数字化转型，寻求高互联网结合企业发展的切入点。

2. 海外市场

2.1 市场现状

2018 年，全球 IDC 业务市场（包括托管业务、CDN 业务及公共云 laaS/PaaS 业务）整体规模达到 6253.1 亿元人民币，较 2017 年增长 23.6%；其中北美 IDC 业务市场继续保持着稳定的增长，基础电信运营商全面退出数据中心市场运营；云服务对于数据中心的需求向主要区域市场集中；而以房地产基金为背景的数据中心服务商优势明显，在全球范围内为超大规模数据中心建设进行土地储备。根据公开数据统计，公共云市场增速接近 30%，是拉动整体市场快速增长的主要原因。2011 年以前，全球 IDC 增长迅速，2012-2013 年受经济影响，IDC 增速有所放缓，从 2014 年开始，大数据、人工智能、云计算等开始快速发展，带动数据存储规模、计算能力以及网络流量的大幅度增加，全球尤其是亚太地区 IDC 建设进入加速增长期，其中以中国、印度和新加坡增长最快。整体来看，全球 IDC 市场规模增速呈 U 形曲线，在 2013 年下降到最低点，为 11.44%，经过 2013 年的低点之后市场规模增速开始回升。2016 年，全球 IDC 市场规模达到 451.9 亿美元，较上年同期 17.5%。美国和欧洲地区占据了全球 IDC 市场规模的 50% 以上。其中，移动互联网领域快速发展和云计算技术的广泛应用带动数据存储规模、计算能力以及网络流量的大幅增加，是保持 IDC 市场增速提升的主要原因。根据全球 IDC 当前建设趋势，前瞻预计 2017 年全球 IDC 市场规模将达到 535 亿美元，增速超过 18%。

2.2 未来表现和发展趋势

近年来，在 IDC 需求的不断推动下，全球 IDC 服务商在机房设施、IT 设备和外包服务商的投资继续扩大，全球 IDC 投资规模由 2009 年的 750 亿元上升 2030 亿元，而随着中国、印度等新兴市场 IDC 建设的加快，预计

2020 年全球 IDC 投资规模将达到突破 2700 亿元。机房规模方面，2018 年全球机房规模约为 6400 万平方米，其中世界前三大 IDC 市场（美国、英国、日本）的机房规模约占全球 IDC 市场机房规模的 50%，这三大市场机房规模趋于饱和，增长率上趋缓。但是新兴市场 IDC 机房仍未达到成熟 IDC 市场的 IDC 机房规模水平，未来增长空间巨大。

第四节 超算市场

1. 加密超算

以 BTC、ETH 为代表的加密货币挖矿，在短短的十年撑起了一个巨大的加密超算产业市场：全球有超过 1000 万千瓦的电力负荷用于加密超算；比特大陆、神马矿机、芯动科技等 ASIC 超算服务器生产商以及 AMD、英伟达等 GPU 超算服务器生产商业务指数级增长，其中比特大陆作为第一大厂商成为台积电全球第六大、亚洲第二大客户年营收过百亿。

而中国，在加密超算产业拥有得天独厚的优势：在芯片侧，前五大 ASIC 超算服务器厂商来自中国，占市场总份额的 95%以上；在能源侧，中国是全球第一大电力生产国，相对廉价且充足的电力和安全稳定的经商环境吸引聚集了全球 65%以上的加密超算中心，并且在合规性上陆续取得了突破。

1.1 超算产业与能源产业转型

计算产业正在迅猛发展，计算需求的增长带动了芯片需求和能源需求的快速增长，以加密超算为代表的超算产业正在向规模化、专业化进化。正如石油产业一样，加密超算产业是加密资产的生产端，是一个典型的 To B 业务且会具有明显的马太效应，规模化专业化会带来成本优势，并形成正反馈进一步促进规模化专业化。散户不具有成本优势会被逐步淘汰或聚集（云算力），就像不会有人开车觉得加油站的油太贵而自己去挖油井采油一样。而对比传统 IDC 上市公司 30-40 倍的 PE 和年化 8%的投资回报率，加密超算中心超过 40%的年化投资回报率却在交易估值中只有 1.5-2 倍的 PE，这中间合规性成为资产评估差异的决定性因素。合规、成本和资本，是超算产业走向规模化专业化的基本要素。

传统能源产业也需要转型，电力资源会成为最重要的能源资源，而加密超算会让电力资源拥有者获得更高的销售溢价，同时加密资产也会逐步成为除黄金外的重要战略储备之一。

加密算法主要分为对称 IDEA 加密 算法、非对称 RSA 加密算法和不可逆 AES 加密算法。

1.2 加密算法类型

（1）对称 IDEA 加密算法

IDEA 加密算法是加密算法的基础，最效率的算法。

IDEA 加密算法属于对称加密算法，对称加密算法中，数据加密和解密采用的都是同一个密钥，因而其安全性依赖于所持有密钥的安全性。

IDEA 对称加密算法的主要优点：加密和解密速度快，加密效率高，且加密算法公开。

IDEA 对称加密算法主要缺点：实现密钥的秘密分发困难，在大量用户的情况下密钥管理复杂，而且无法完成身份认证等功能，不便于应用在网络开放的环境中。由于加密算法是公开的，所以被破解的风险比较高。

（2）非对称 RSA 加密算法

RSA 加密算法是非对称加密算法，非对称加密算法的保密性比较好，它消除了最终用户交换密钥的需要，但加密和解密花费时间长、速度慢，它不适合于对文件加密而只适用于对少量数据进行加密。

RSA 加密算法优点：解决了密钥管理问题，通过特有的密钥发放体制，使得当用户数大幅度增加时，密钥也不会向外扩散；由于密钥已事先分配，不需要在通信过程中传输密钥，安全性大大提高；具有很高的加密强度。

RSA 加密算法缺点：与对称加密体制相比，非对称加密体制的加密、解密的速度较慢、被破解风险较小。

（3）不可逆 AES 加密算法

在不可逆的 AES 加密算法中 MD5 加密算法是代表之一。MD5 加密算法属于不可逆加密算法，不可逆加密算法的特征是加密过程中不需要使用密钥，输入明文后由系统直接经过加密算法处理成密文，这种加密后的数据是无法被解密的，只有重新输入明文，并再次经过同样不可逆的加密算法处理，得到相同的加密密文并被系统重新识别后，才能真正解密。

而在加密领域这三种加密算法互相结合又各自发展，形成了三方取长补短，又相互竞争的局面。随着在全球范围内角逐了数年的激烈竞争宣告结束，AES 加密算法的问世将取代 DES、RSA 数据加密标准,成为 21 世纪保护国家敏感信息的高级算法。

与 DES、RSA 加密算法相比，AES 加密算法的优点为加、解密的速度更快、加密强度最高、且不占用硬件资源。

1.3 加密超算的未来走向

计算产业正在迅猛发展，计算需求的增长带动了芯片需求和能源需求的快速增长，以加密超算为代表的超算产业正在向规模化、专业化进化。正如石油产业一样，加密超算产业是加密资产的生产端，是一个典型的 To B 业务且会具有明显的马太效应，规模化专业化会带来成本优势，并形成正反馈进一步促进规模化专业化。而加密超算会让电力资源拥有者获得更高的销售溢价,同时加密资产也会逐步成为除黄金外的重要战略储备之一。

2. AI 超算

当前，在超算领域，全球各国之间竞争异常激烈。基于不同的科技产业基础，各国纷纷制定了本国的 5G、大数据、机器人、集成电路等产业发展规划。原本就广受关注的超算科技，此时更是被置于主流大国的“聚光灯”下。

超算和 AI 一直是两个并驾齐驱的赛道。一直以来超算重视硬件算力，一般用于国防、模拟、生物、天文科学研究等领域，比如我国的天河、神威，美国阿贡国家实验室和劳伦斯·利弗莫尔国家实验的米拉和泰坦。

世界潮流浩浩汤汤，让每一个国家都在多元化市场竞争与合作之中寻找自己的位置。产业发展智能化、自动化、机械化趋势的日益显现，也让各国主动迈上了借助物联网、云计算、人工智能等新一代信息技术实现强国战略的漫漫征途。在此过程中，数据、算力、算法所起到的作用尤为重要。超算所具备的信息检索和数据处理能力，为相关科技活动的顺利展开和人工智能应用深化创造了有利条件。

超算具有强大的数据存储、计算、分析、检索能力，在防震减灾、疾病防控、电子信息、高端智能装备制造等领域应用空间广阔。随着数据量增大和模拟精细化程度不断提高，加快云超算平台的建设篇迫在眉睫。地震防控人员如果要对一个城市百万数量级建筑群开展精细化弹塑性仿真分析，运用云超算设备及技术几分钟内就可得到结果，这就为灾害防控争取了更多时间。不过，现在的许多细分场景化应用都与新一代人工智能密切结合，这就对软硬件提出了很高要求。

超算除了可以应用于大型科学研究外，还可以为供给侧结构性改革、制造业转型等提供有力支撑，渐渐形成“超算＋”效应。举例来说，中高端制造业需要数字化模拟，神威·太湖之光大型计算装备与云环境相结合，可形成“工业制造云”“工业设计云”，为制造业向中高端转型升级提供产品数字化模拟平台。

打造人工智能超算中心、推进 E 级超算项目落地，已成为当前我国超算产业发展的两大抓手。

大数据的处理正在从粗放走向集约，性能、成本、功耗等多方面的约束为面向数据的系统结构设计提供了新的维度。一方面，众核 CPU、新型存储器件、开源硬件等的出现为面向大数据的系统结构提供了新的机会；

另一方面，新型应用对时延、吞吐等方面要求的不断提升对大数据的系统结构提出了新的挑战。

他指出，人机物融合大数据操作系统正在出现三堵墙：

（1）数据墙——随着算力的不断增加，数据的传输能力远小于算力增长；

（2）时延墙——智能驾驶、安防、医疗等交互过程的强实时性，但泛在应用在云、边、墙上却存在动态任务分割；

（3）异构墙——多种智能硬件和传统硬件共存，任务需要云边端协同。

与此同时，大数据处理也在给数据中心能效带来挑战。IDC 报告预测，2018 年至 2025 年，中国数据总量将以 30%的年平均增长速度领先全球。预计到 2025 年，中国的数据总量将占全球数据总量的 27.8%，位居世界第一。而海量的数据绝大部分都将储存在“云端”——数据中心内。近年来，国家和地方相关部门都发布了众多政策文件，以控制新投建的数据中心的能耗。不少企业已开始在数据中心的大数据处理低能耗技术上发力。

2.1 HPC 和 AI 将成为智能时代中的最强伴侣

未来，我们将进入一个人工智能研究及应用创新集中爆发的时代，人工智能只有在强大计算力的支持下，通过和成熟的算法、大数据相结合，才能真正做到改变世界。

算力、算法和大数据的进步，是 AI 发展的三大基础。AphlaGo 之所以接连战胜人类顶尖围棋选手，一方面得益于蒙特卡洛算法的突破，但 AI 服务器性能的提升、数以万计的棋手对弈大数据，也是不可或缺的要素。

事实证明，算力、算法和大数据，人工智能这三大要素者之间是相互依存、相互制约的关系。如果算力不足，那么有再多的数据也无法进行有效地驱动和利用；如果算法停滞不前，那么在当面对多数据层级时，现有算力就会力不从心；如果没有足够庞大和关联的数据，那么就像一部有绝佳性能的发动机和变速箱的超级跑车，但却没有燃油一样，AI 真正的威力也无从发挥。

目前，大量应用在算力上遇到了瓶颈，让人类在不断地探索 HPC 性能极限。在摩尔定律即将失效的今天，HPC 在追求性能的同时也需要应对不断提升的功耗挑战，在功耗优化上，AI 就可以大展身手。

HPC 超强的算力，可以让 AI 插上算力提升的翅膀，而 AI 也会反过来帮助 HPC 实现更优化的资源分配和能源管理，所以，在智能时代，HPC 和 AI 成为了一对能互补和相互助力的最强伴侣

但实际上，AI 和 HPC 是两个既有一定交叉，但又保持着很强独立性的学科，在现实中，HPC 和 AI 的发展，各自都存在着一些严峻挑战，单独解决起来都很困难，更何况要让 HPC 和 AI 能协同创新

目前人工智能在机器学习方面实现了巨大的突破，但人工智能要想在应用层面在做突破，将面临三大挑战：

第一，是数据的挑战。大量的数据，既有结构化数据，又有非结构化数据，所以如何打通数据类型、结构的壁垒，让大数据能被有效利用；

第二，是人才的挑战。人工智能是一个全新的科学领域，有很多大学刚刚开始设立这个学科，目前人工智能方面的人才还非常紧缺，人才的短缺是第二个障碍；

第三，是资源的挑战。存储、计算等硬件需要各种各样的架构，执行起来非常复杂；

而在超算方面，“应用难”是当前发展的最大障碍，主要四大难点：

第一，是问题程序化难。科研人员难以将专业知识转化成超级计算机能够识别的语言。

第二，是数据快捷传输难。对于各个学科来说，需要超算分析和处理的应用模型都是很大的量级，这也意味着如果应用人员通过网络上传到超算中心的话，需要漫长的时间。

第三，是全程自动自行处理难。超算数据自行处理能力差。由于平台的特殊性和应用的针对性，仅凭用户个人很难对所有的程序进行有效的监管，在出现错误的时候也很难第一时间获得报警。

第四，是数据应用难。超算数据应用水平低。超级计算机数据的应用是超算应用的终极目标，项目结束后需要提供对应的数据报告，对项目的结果进行分析，这是用户非常关心的事情。如果依靠人力，依然是非常漫长而繁琐的工作。

若是能够成功解决上述方面的问题，HPC+AI 组成的所谓“超级人工智能”必将颠覆人类社会。

2.2 HPC+AI，将是科技竞备赛中的制胜

超级计算是世界高端信息领域的战略制高点，是整个高科技的重要支柱之一，也是体现我国科技竞争力和综合国力的重要标志，具有基础性、战略性和标志性，是“国之重器”，其分量堪比“两弹一星”。

超算意义重大，它不仅具有非常重要的社会需求，而且无可替代，更无法依赖国际市场，必须依靠我们自己来发展。从这个意义上说，无论怎样重视都不过分。

随着互联网、大数据、人工智能等新技术和新应用的快速发展，超算的应用领域和范围还将进一步的拓展。

随着 AI 技术应用之间的互相驱动，数据量和计算方面的需求只会不断暴涨，而 5G 将数据传输管道大大拓宽之后，同样给了数据囤积量进一步拓展的空间。总之长远来看，工业、商业领域对于计算量的需求是长期看涨的，这也意味着，目前那些应用于基础科学研究、地震模拟等等领域的 HPC 能力，都将走出象牙塔进入商业市场。目前应用最为广泛的 AI 技术，起到了绝对的撬动力量。AI 对计算的需求成就了英伟达，而 AI 对计算的需求很可能是无上限的。目前很多身处于 HPC 行业的企业已经感知到了这种变化，纷纷进行了相关的布局甚至转型。例如联想提出了“智慧超算”的概

念，浪潮则在新产品 i48 中也强调了对 AI 场景应用的支持，就连 Cray 都成立了专门的 AI 部门。在近年的 ASC、ISC 等等 HPC 相关会议中，AI 的出现也成为了必然。

第五节 热点和巨变

1. 新基建

新型基础设施建设（简称：新基建），主要包括 5G、大数据中心、人工智能、工业互联网、特高压、新能源汽车充电桩、城市轨道交通七大领域，涉及诸多产业链，是以新发展理念为引领，以技术创新为驱动，以信息网络为基础，面向高质量发展需要，提供数字转型、智能升级、融合创新等服务的基础设施体系。

2020 年 5 月 22 日，《2020 年国务院政府工作报告》提出，重点支持“两新一重”（新型基础设施建设，新型城镇化建设，交通、水利等重大工程建设）建设。

1.1 新基建覆盖三方面内容

（1）信息基础设施

主要指基于新一代信息技术演化生成的基础设施，比如，以 5G、物联网、工业互联网、卫星互联网为代表的通信网络基础设施，以人工智能、云计算、区块链等为代表的新技术基础设施，以数据中心、智能计算中心为代表的算力基础设施等。

（2）融合基础设施

主要指深度应用互联网、大数据、人工智能等技术，支撑传统基础设施转型升级，进而形成的融合基础设施，比如智能交通基础设施、智慧能源基础设施等。

（3）创新基础设施

主要指支撑科学研究、技术开发、产品研制的具有公益属性的基础设施，比如重大科技基础设施、科教基础设施、产业技术创新基础设施等。

伴随技术革命和产业变革，新型基础设施的内涵、外延也不是一成不变的，将持续跟踪研究。

“新基建”将点亮中国经济的未来，提振各方信心，是应对疫情、经济下行和推动改革创新的最有效办法。正成为朝野共识，中央密集点名，地方纷纷发力，市场普遍响应。

1.2 新基建的内涵与意义

（1）内涵丰富：符合未来新时代经济社会发展需要，主要是“五新”。

“新基建”是有时代烙印的，如果说 20 年前中国经济的“新基建”是铁路、公路、桥梁的话，那么未来 20 年支撑中国经济社会繁荣发展的“新基建”则是 5G、人工智能、数据中心、工业互联网等科技创新领域基础设施，以及教育、医疗等消费升级重大民生领域。当然，在一般基础设施领域，须注重通过数字化改造和升级进行基础设施建设。

未来“新”一轮基建主要应有五“新”：

一是新的领域。调整投资领域，在补齐铁路、公路、轨道交通等传统基建的基础上大力发展 5G、特高压、人工智能、工业互联网、智慧城市、城际高速铁路和城际轨道交通、大数据中心、新能源汽车充电桩、教育、医疗等新型基建。以改革创新稳增长，发展创新型产业，培育新的经济增长点。

二是新的地区。基础设施建设最终是为人口和产业服务的，最大化经济社会效益。未来城镇化的人口将更多聚集到城市群都市圈，比如长三角、粤港澳、京津冀等，未来上述地区的轨道交通、城际铁路、教育、医疗、5G 等基础设施将面临严重短缺，在上述地区进行适度超前的基础设施建设能够最大化经济社会效益。对人口流入地区，要适当放松地方债务要求，不搞终身追责制，以推进大规模基建；但对人口流出地区，要区别对待，避免因大规模基建造成明显浪费。

三是新的方式。新基建需要新的配套制度变革。新基建大多属于新技术新产业，需要不同于旧基建的财政、金融、产业等配套制度支撑。财政政策方面，研发支出加计扣除，高新技术企业低税率；货币金融政策方面，在贷款、多层次资本市场、并购、IPO、发债等方面给予支持，规范的PPP；产业政策方面，纳入到国家战略和各地经济社会发展规划中。

四是新的主体。要进一步放开基建领域的市场准入，扩大投资主体，尤其是有一定收益的项目要对民间资本一视同仁。事实上华为、腾讯、阿里等企业已经大力投入新基建。政府、市场和企业相互支持配合，区分基础设施和商业应用，前者政府和市场一起，后者更多依靠市场和企业，市场能干的尽可能交给市场，更有效率，政府提供财税、金融等基础支持。

五是新的内涵。我们认为，除了硬的“新基建”，应该还包括软的“新基建”，即制度改革：加强舆论监督和信息公开透明、补齐医疗短板、改革医疗体制、加大汽车金融电信电力等基础行业开放、加大知识产权保护力度、改善营商环境、大幅减税降费尤其社保缴费费率和企业所得税、落实竞争中性、发展多层次资本市场、建立新激励机制调动地方政府和企业家积极性等。

从生产看，新基建需为中国创新发展、绿色环保发展，特别是抢占全球新一代信息技术制高点创造基础条件。新动能是指新一轮科技革命和产业变革中形成的经济社会发展新动力，包括新技术、新产业、新业态、新模式等等。新旧动能最大的区别在于，由依靠要素和投资驱动转向依靠创新驱动，由高污染、高消耗的粗放型经济增长方式转向绿色环保的集约型增长方式。科技是第一生产力，是国家实力的关键。从科技发展方向看，从日不落帝国到美元霸权，不论英国、法国、德国、日本、美国，无一不是依靠抓住某次关键的产业革命机遇而成功崛起，最终成为世界的科技与经济中心。人类在 18 世纪进入蒸汽时代，19 世纪进入电气时代，20 世纪进入信息与互联网时代，随着未来人工智能技术逐渐成熟，21 世纪将步入智能时代。智能社会由三个战略核心组成：一、芯片/半导体，即信息智能社会的心脏，负责信息的计算处理；二、软件/操作系统，即信息智能社会的大脑，负责信息的规划决策、资源的调度；三、通信，即信息智能社会的神经纤维和神经末梢，负责信息的传输与接收。信息与通信技术（ICT）产业是智能社会的基石，对整体经济社会发展具有明显的辐射作用，也是当前及未来各国科技竞赛的制高点。能否抓住智能时代变革的机遇，是中国建设现代化强国的关键。习近平总书记在 2018 年两院院士大会上的重要讲话指出："世界正在进入以信息产业为主导的经济发展时期。我们要把握数字化、网络化、智能化融合发展的契机，以信息化、智能化为杠杆培育新动能。"

（2）意义重大：惠民生、稳增长、补短板、调结构、促创新

新基建惠民生，满足人民美好生活需要。基础设施是提供公共服务的载体，不管是经济基建还是社会基建都为人民群众提供公共服务。通过当前基建存量的国际比较可以发现，中国虽然已经成为基础设施大国，但人均基础设施存量、质量与发达国家还存在明显差距。由于中国过去长期注重投入推动能够快速促进经济增长的能源、交通运输、通信等经济基建，对社会基建重视相对不够，医疗、环保、文化、体育等社会基础设施与发达国家相比差距更为明显。

新基建短期可拉动大量需求，对冲疫情和经济下行压力，稳投资稳增长稳就业。当前中国经济处于增速换挡、跨越中等收入陷阱的关键时刻，2019 年中国 GDP 实际增速降至 6.1%，创 1991 年以来新低；2 月中国制造

业 PMI 和非制造业商务活动指数分别大降至 35.7%、29.6%，创历史新低，短期影响超过 2008 年国际金融危机。

新基建长期将推动新动能供给，推动中国经济转型升级、提升增长潜力。从历史看，1929 年大萧条时美国总统罗斯福推出著名的“罗斯福新政”，其中一项重要政策是政府主导的大规模基础设施建设，不仅提高了就业，增加了民众收入，还为后期美国经济大发展打下坚实的基础。1998 年亚洲金融危机时中国增发特别国债加强基建，2008 年全球金融危机时中国推出“四万亿”投资，尽管当时争议很大、批评很多，但现在看来意义重大，大幅降低了运输成本，提升了中国制造的全球竞争力，释放了中国经济高增长的巨大潜力。

1.3 新基建空间巨大、带动效应明显

有观点认为“新基建”投资现在占比小，我们认为这种思维存在误区。第一，尽管新基建当前规模尚不足，但是新事物发展有过程，未来新基建的占比会越来越高，增量贡献会越来越大。第二，新时代对新基建的本质要求是创新、绿色环保和消费升级，补短板的同时为新引擎助力，央视报道的七大领域是新基建的部分核心，而非全部。第三，“新基建”通过上下游联动效应，进一步带动新兴制造业和服务业蓬勃发展，未来空间巨大；而“老基建”就像传统行业，现在占比大，但增长慢，未来空间有限。以下以央视报道的新基建七大领域为例，分析其市场及应用领域。

（1）新一代信息技术：万物互联、赋能未来新型信息基础设施为智能经济的发展和产业数字化转型提供底层支撑。5G 与云计算、大数据、物联网、人工智能等领域深度融合，将形成新一代信息基础设施的核心能力。5G 网络较 4G 具有高传输、低延迟、广连接的显著提升。5G 技术具有跨界融合的天然属性，与新一代 ICT 技术、传统行业、新兴终端的融合，未来将产生更多新产业、新业态和新模式。其应用场景主要包括增强型互联网，

应用于8K视频、3D视频、云办公、云游戏增强现实等；海量连接物联网，应用于智慧城市、智慧家居；超低时延高可靠通信，应用于工业自动化、自动驾驶等。在数字经济浪潮下，5G就如同“信息高速公路”，为庞大数据量和信息量的传递提供了高速传输信道，补齐了制约人工智能、大数据、工业互联网等在信息传输、连接规模、通信质量上的短板；人工智能如同云端大脑，依靠“高速公路”传来的信息学习和演化，完成机器智能化进程；工业互联网如同“桥梁”，依靠“高速公路”连接人、机、物，推动制造走向智造。5G使万物互联变成可能，将推动整个社会生产方式的改进和生产力的发展。

投资规模方面，预计到2025年5G网络建设累计达1.2万亿元，带动产业链上下游累计投资超 3.5 万亿元。三大运营商方面，中国移动 2020年的目标是建设30万个5G基站，并将在全国地级以上城市建设5G网络；中国电信和中国联通则表示，将力争在2020年上半年完成47个城市的10万个基站建设，并在今年前三季度完成全国25万个基站的建设目标。据中国信通院预测，到2025年5G网络建设投资累计将达到1.2万亿元。此外，5G网络建设还将带动产业链上下游以及各行业应用投资，预计到2025年将累计带动超过3.5万亿元投资。

预计2020-2025年可直接拉动电信运营商网络投资1.1万亿元，拉动垂直行业网络和设备投资0.47万亿元。另一方面，有助于扩大和升级信息消费。同样以5G为例，预计2020-2025年，5G商用将带动1.8万亿元的移动数据流量消费、2万亿的信息服务消费和4.3万亿元的终端消费。

（2）特高压：建立能源互联网的关键一环

特高压是建设能源互联网、保障能源供应安全的关键一环。虽然中国发电量、能源生产总量已经位居世界第一，但人均耗能水平与发达国家还有较大差距，随着人民生活水平不断提高，未来还有较大提高空间。并且，以5G基站、大数据中心为代表的信息新基建领域均是耗电大户。从区域看，中国 80%以上的煤炭、水能、风能和太阳能资源分布在西部和北部地区，70%以上的电力消费集中在东中部地区，资源分布消费严重不均。上述情况就迫切需要中国进一步开发新能源以保障能源供应，而风电、太阳能等新能源发电具有的随机性、波动性使得必须建立清洁能源大规模开发、大范围配置、高效利用的能源互联网，即“智能电网+特高压电网+清洁能源”。

特高压能更好连接电力生产与消费，并变输煤为输电，改善生态环境。特高压指电压等级在交流1000千伏及以上和直流800千伏及以上的输电技术，其输电能力是现有500千伏直流电网的5-6倍，具备输送容量大、送电距离长、走廊利用率高、线路损耗低的特点。一方面，特高压将电力生产与消费更好“连接”起来，优化资源配置。另一方面，特高压能够有效消纳清洁能源，将“三北”地区的清洁能源输送出去，通过建设大容量坑口电站，变输煤为输电，有助于提高综合利用效率，保护生态环境。此外，特高压作为世界最先进的输电技术，工程建设能够推进包括换流阀、电力电子、新材料等高端装备制造的发展，符合国家产业转换和升级的趋势。

（3）充电桩：服务新能源汽车，助力汽车强国梦

新能源汽车是中国实现汽车强国梦的现实选择，是推进制造强国和网络强国建设的重要支撑和融合载体。汽车是国民经济的重要支柱产业，也是体现国家竞争力的标志性产业。电动化、网联化、智能化、共享化正在成为汽车产业的发展潮流和趋势。当今欧洲、日韩等国政府纷纷加速电动化转型，一次次验证十年前中国发展新能源汽车战略的前瞻性。中国新能源汽车产业经过十年的规划和培育，已具备一定先发优势和规模优势，中国汽车人离汽车强国的梦想从未如此近过。根据中汽协数据，2019年中国新能源汽车销量达到120.6万辆，占整车总体销量仅约4.7%。2019年12月工信部发布的工信部对《新能源汽车产业发展规划（2021-2035 年）》

（征求意见稿），规划到 2025 年新能源汽车销量占比达 20%，有条件自动驾驶智能网联汽车销量占比 30%；到 2030 年，新能源汽车销量占当年汽车总销量的 40%，有条件自动驾驶智能网联汽车销量占比 70%。

作为新能源汽车的基础设施，充电桩少导致充电难是制约中国新能源汽车发展步伐的重要短板。截至 2020 年 1 月底，中国已建成公共充电桩 53.1 万台，私人充电桩 71.2 万台。私人充电桩建设远不达预期，对小区电网负荷冲击较大是重要因素，未来需推广社区智慧充电有效实现削峰填谷，降低电网负荷。假设 2025 年中国新能源乘用车销量将达 450 万辆，保有量约达 2300 万辆。即使按照目前车桩比 3.5 计算，国内仍需新建约 530 万台充电桩，如果考虑车桩比提升，市场空间更大。

2020 年充电桩投资规模超百亿元。2018 年全国新增 14.7 万台公共充电桩，2019 年新增 12.9 万台，2020 年预计我国将新增公共充电桩 16 万台，其中公共直流桩 6 万台、公共交流桩 10 万台；新增私人桩 30 万台。参考国家电网充电桩的中标价格，按照公共直流桩 8 万元/个，交流和私人充电桩 3 千元/个的成本计算，2020 年投资规模超百亿元。

（4）城际高铁轨交：推进城市群一体化、都市圈同城化

纵观人类每一次交通运输方式的变革，都会带来生活方式和生活水平深刻改变，促进经济社会跨越式发展。中国高铁里程、城市轨道交通里程已居世界前列，但人均水平仍较低，未来仍有很大发展空间。根据 2016 版《国家中长期铁路网规划》，至 2020 年底计划实现高铁 3 万公里，至 2025 年年底实现高铁 3.8 万公里，至 2030 年基本实现内外互联互通、区际多路畅通、省会高铁连通、地市快速通达、县域基本覆盖。

2020 年规划铁路投资规模达 8000 亿元。2019 年底全国交通运输工作会议明确，2020 年将完成铁路投资 8000 亿元。2020 年 1 月 2 日国铁集团工作会议指出，2020 年将确保投产新线 4000 公里以上，其中高铁 2000 公

里。2 月 28 日，国家发展改革委召开第九次铁路建设项目前期工作电视电话会议要求，扎实推进川藏铁路建设，加快推进沿江高铁等骨干通道建设，加强中西部地区和普速铁路建设，强化枢纽配套和“最后一公里”建设，有序推动城际铁路、市域（郊）铁路建设。

Part 3
算能

模块三：能源产业纵览

洞察能源与计算产业未来

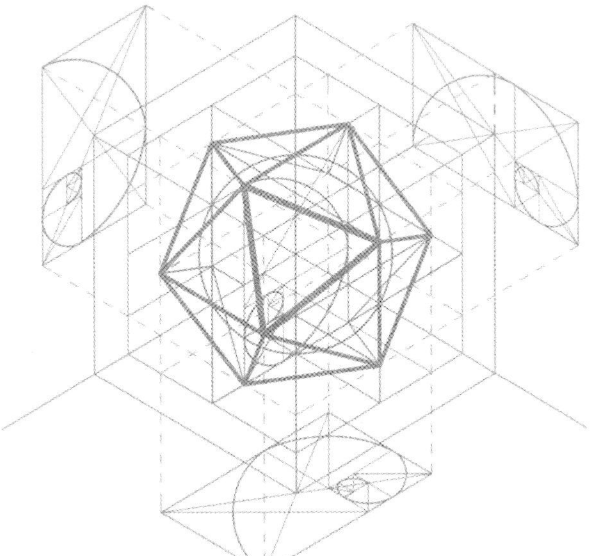

第一章 供电行业

第一节 发电

供电是现代工业生产的主要能源和动力。它既易于由其他形式的能量转换而来，又易于转换为其他形式的能量以供应用:它的输送和分配既简单经济，又便于控制、调节和测量，有利于实现生产过程的自动化。因此，供电在现代工业和人民生活中的应用极为广泛。

2019 年，我国宏观经济整体向好，社会用电量增长强劲，一季度全社会用电量增长达到 9.8%，有核省份中浙江、江苏、广西增速超过 10%。基于对宏观经济整体走势及对后续 GDP 增速的预测，业内人士预测传统发电量保持较高增速:其中十三五期间预计将保持在 6%左右，十四五期间保持在 5.5%左右。在未来需求侧已经逐步改善的局面下，供给侧有望逐步松绑。以上便是供电行业定义及分类分析所有内容了。

电力行业作为我国国民经济的基础性支柱行业，与国民经济发展息息相关。供电行业分析，在我国经济持续稳定发展的前提下，工业化进程的推进必然产生日益增长的电力需求，我国中长期电力需求形势依然乐观，电力行业将持续保持较高的景气程度。供电行业数据统计分析，2015 年，我国电力全口径发电装机容量达到了 150673 万千瓦，同比 2014 年的 136019 万千瓦增长了 10.77%.其中水电装机容量 31937 万千瓦，火电 99021 万千瓦，核电 2508 万千瓦.

2016 年，我国全社会用电量 5.92 万亿千瓦时，同比增长 5.0%;全口径发电量 5.99 万亿千瓦时，同比增长 5.2%;截至 2016 年底，全国发电装机容量 16.5 亿千瓦，同比增长 8.2%.005 年至 2016 年间，受国民经济持续稳定增长的推动，全社会用电量保持了 8.28%的年化复合增长率。

2017 年，我国经过折算后的等效装机增速为 5.7%，其下滑幅度要明显大于实际装机增速,这主要是因为我国新增装机的结构发生了一定的变化，利用小时较低的风电、光伏等新能源装机占比显著上升。从 2017 年的数据来看,用电量需求增速已经略微高于等效装机增速，使得供衢结构出现改善，存量机组利用小时企稳回升。

2018 年，我国宏观经济整体向好，社会用电量增长强劲，一季度全社会用电量增长达到 9.8%，有核省份中浙江、江苏、广西增速超过 10%。在需求侧已经逐步改善的局面下,供给侧有望逐步松绑.根据国家能源局发布3 月份全社会用电量等数据显示，2019 年 3 月份，我国全社会用电量 4544 亿千瓦时，同比增长 7.2%。1-3 月，全国全社会用电量累计 12788 亿千瓦时，同比增长 5.4%。分产业看，第一产业用电量 174 亿千瓦时，同比下降7.0%；第二产业用电量 9133 亿千瓦时，增长 5.3%；第三产业用电量 1633 亿千瓦时，增长 6.6%；城乡居民生活用电量 1848 亿。

供电行业数据统计分析,预计在一系列利好政策的支持下,我国光伏产业快速复苏，景气度不断提升，企业成本快速下降。此次调整后的标杆上网电价，不仅进一步促进全国各地按国家有关规定开展光伏发电就近消纳配电价格改革和市场化招标定价试点,逐步完善通过市场发现价格的机制，还有利地保障光伏发电项目获得合理收益，保障新能源项目投资吸引力，促进光伏全产业链持续健康发展。

1. 火电

火力发电（thermal power，thermoelectricity power generation），利用可燃物在燃烧时产生的热能，通过发电动力装置转换成电能的一种发电方式。

作为人类最早的能源利用方式，火在人类的发展历史中存在着重要的地位。随着电的发现并被人们所利用，人类步入电气时代，火力发电成为人们获取电能的一种方式。火力发电，根据字面意义，就是指利用可燃物在燃烧时产生的热能，通过发电装置将热能转换成电能的一种发电方式。

从全球来看，世界上最早的火力发电利用是在1875年的法国巴黎实现的，而后随着技术的不断进步，特别是步入电气化时代，对于电能的需求大幅度增长。自20世纪30年代开始，全球火力发电步入了大发展时期。我国煤炭资源丰富，火力发电是我国主要的发电方式，我国火电发展迅猛。火力发电按其作用分单纯供电的和既发电又供热的。按原动机分汽轮机发电、燃气轮机发电、柴油机发电。按所用燃料分，主要有燃煤发电、燃油发电、燃气发电。

随着我国火力发电技术不断加强，其自动化程度水平不断提高，性能不断增强，而成本却有所下降。我国火力发电行业发展的不断进步，产业链不断完善。火力发电上游主要为煤炭、石油、天然气等原材料行业，下游产业主要是电网公司、消费者等流通及应用环节。

自改革开放以来，随着国民经济的快速发展，中国电力工业也取得了高速增长。火力发电仍然是中国主要的发电方式，是电力生产的主力军。随着我国生态环境的逐渐恶化，我国对于火力发电的环保逐渐加强重视，大力发展新能源发电成为发电行业的新趋势。为了推动我国火力发电行业的快速平稳发展，完善我国火力发电产业链，国家加强了对于火力发电的生态环保质量把控。政府颁布一系列措施推动我国该行业的发展，规范市场竞争，提高我国火力发电的竞争力。

近年来，我国电力工业在电力建设、整体效率提高和节能减排等方面取得了较高的成就。受中国煤炭资源丰富的影响，我国发电结构在短期内难以改变主要依赖煤炭的格局。2014年，我国火力发电量为43030亿千瓦时，2019年，我国火力发电量增长为50450亿千瓦时，整体呈现增长态势。

随着我国供给侧结构改革的提出，加之我国环保观念逐渐加强以及环保频繁颁布影响，我国火电新增装机容量进一步缩小，2014 年，我国新增火力发电机装电容量为 4791 万千瓦时，2019 年，我国新增火力发电机装电容量降为 4092 万千瓦时。

随着我国火电装机容量高峰的过去，近年来，我国火电投资项目投产速度远远低于我国快速增长的电力消费。并且随着我国新能源发电投资的比重逐渐增加，非化石能源装机规模及占比得到了快速增长，对我国火电设备平均利用小时数产生重要影响。2014 年，我国火电 6000 千瓦及以上电厂发电设备利用时间为 4348 小时，2019 年，我国火电 6000 千瓦及以上电厂发电设备利用时间为 4293 小时，整体呈现波动态势。

2. 水电

水电是清洁能源，可再生、无污染、运行费用低，便于进行电力调峰，有利于提高资源利用率和经济社会的综合效益。在地球传统能源日益紧张的情况下，世界各国普遍优先开发水电，大力利用水能资源。中国不论是已探明的水能资源蕴藏量，还是可能开发的水能资源，都居世界第一位。

2.1 水电的发展

我国地势西高东低，主要河流多发源于“世界屋脊”青藏高原，奔流入海，蕴藏着得天独厚的水能资源。根据最新统计结果，我国水能资源技术可开发装机容量约 6.87 亿千瓦，年发电量约 3 万亿千瓦时，均居世界第一。

新中国成立以来，我国水电事业历经艰苦奋斗、改革开放、继往开来、高质量发展四个阶段，发生了巨大变化，为决胜全面建成小康社会和建设美丽中国作出了重要贡献。

（1）艰苦奋斗建基业（1949—1977 年）

建国初期，我国水电装机容量仅 36 万千瓦，基础十分薄弱。以学习苏联等水电技术为基础，通过艰苦奋斗，水电建设者逐步掌握了 100 米级混凝土坝和土石坝、100 万千瓦级电站建设关键技术，分别于建成了我国第一座自行设计、自制设备、自主建设，坝高达到 105 米的大型水力发电站—新安江水电站和我国首座百万千瓦级（122.5 万千瓦）水电站—刘家峡水电站，初步奠定了我国水电发展的基业。

截至 1977 年，全国水电装机容量达到 1576 万千瓦。

（2）改革开放谋发展（1978—1999 年）

1978 年党的十一届三中全会的召开，标志着我国进入改革开放和社会主义现代化建设新时期，水电行业开始逐步探索投资体制和建设体制改革：实施“拨改贷”改革，逐步解决建设资金瓶颈问题；培育市场定价机制；积极推进实施公司制；提出“流域、梯级、滚动、综合”的水电开发八字方针。以鲁布革、二滩等水电站建设为起点，引进外资、国际先进管理经验和技术，水电建设技术和设备制造能力不断提高。

1988 年，有着“万里长江第一坝”之称的葛洲坝水利枢纽工程全面完工，成为 20 世纪我国自主设计、施工和运行管理的最大水利枢纽工程，也是世界上最大的低水头、大流量径流式水电站。1994 年，在葛洲坝水利枢纽上游 38 公里处，世界最大水力发电工程——三峡水利枢纽工程开工建设，百年三峡梦想从宏伟蓝图变成伟大工程实践，以此为契机，小浪底、大朝山、五强溪等一批大型水电站陆续开工建设。大型抽水蓄能电站起步开发。

截至 1999 年，全国水电装机容量 7297 万千瓦（其中抽水蓄能 547.5 万千瓦），居世界第二位。

（3）继往开来展宏图（2000-2012 年）

新千年伊始，以全国水力资源复查为依据，我国全面形成了十三大水电基地的开发蓝图。党中央实施西部大开发战略，正式拉开了西部水电集中开发的新篇章，水电建设也全面步入流域梯级开发的新阶段。

2002 年国务院正式批准《电力体制改革方案》，推动水电开发市场主体多元化，水电建设步伐明显加快，全面推进金沙江、澜沧江、雅砻江、大渡河、黄河上游、红水河、东北诸河、湘西诸河、乌江、闽浙赣诸河和黄河北干流等水电基地建设，有力推动我国东西部区域经济平衡发展。为满足电力系统日益增长的调峰需要，抽水蓄能电站快速发展。

截至 2012 年底，全国水电装机容量 24858 万千瓦（其中抽水蓄能 2033 万千瓦），居世界第一位。

（4）高质量发展绘新篇（2013 年至今）

党的十八大以来，习近平总书记对能源发展高度重视，创造性提出“四个革命、一个合作”能源安全新战略，为新时代我国能源发展指明了前进方向。

按照新发展理念和高质量发展的根本要求，水电行业步入科学有序开发大型水电、严格控制中小水电、加快建设抽水蓄能电站、加强流域管理的新阶段。开工建设两河口、双江口、乌东德、白鹤滩等大型调节水库电站，有力提升流域的发电、防洪、供水和生态调度能力，有效保障流域经济社会可持续发展和水环境安全。

藏东南“西电东送”接续能源基地建设扎实推进，苏洼龙等水电站相继开工建设，拉开“藏电外送”序幕，有利促进了西藏等少数民族地区的经济社会发展。开展抽水蓄能电站体制机制和电价形成机制改革试点工作，形成新一轮建设高潮。“一带一路”水电国际合作持续深化，中国水电已逐步成为引领和推动世界水电发展的重要力量。

截至 2019 年底，我国水电总装机容量达到 35640 万千瓦（其中抽水蓄能 3029 万千瓦），占全国总装机容量的 17.7%；年发电量 13019 亿千瓦时，占全国总发电量的 17.8%。在建常规水电装机容量 5400 万千瓦，在建抽水蓄能电站装机容量 5063 万千瓦。

2.2 水电发展成就

新中国成立以来，我国水电建设取得巨大成就，主要体现在以下六个方面。

一是开发规模不断迈上新台阶。2000 年以来，我国水电装机规模快速跃升，于 2004 年、2010 年、2014 年相继突破 1 亿千瓦、2 亿千瓦、3 亿千瓦，水电建设实现跨越式发展，装机和发电量均稳居世界第一。

二是技术水平跻身国际前列。200 米级、300 米级高坝等技术指标均刷新行业记录；大坝工程、水工建筑物抗震防震、复杂基础处理、高边坡治理、地下工程施工等关键技术达到国际领先水平；混凝土浇筑强度、防渗墙施工深度等多项指标创造世界之最。

三是水电装备制造世界领先。常规水电机组和抽水蓄能机组设计制造能力、金属结构设备制造技术、高压输电技术等均处于世界领先水平。率先进入百万千瓦机组研发应用的无人区，实现了水电核心装备制造技术从跟跑、并跑到领跑的跨越式发展。

四是综合利用效益普惠民生。水电建设为我国社会可持续发展提供了大量优质清洁能源，新中国成立以来我国水电累计发电量约为 17.5 万亿千瓦时，相当于替代标准煤 52.5 亿吨，减少二氧化碳排放约 140 亿吨。同时，水电站的经济、社会、生态综合效益显著，在防洪、拦沙、改善通航条件、水资源综合利用和河流治理、生态环境保护、带动地方经济发展等方面发挥了巨大作用，为护佑江河安澜、人民幸福提供有力保障。

五是产业能力快速提升。我国水电行业积极服务国家发展战略，已具备投资、规划、设计、施工、制造及运营管理的全产业链能力，成为中国走向世界的一张名片。目前，中国水电国际业务遍及全球 140 多个国家和地区，参与建设的海外水电站约 320 座，总装机容量达到 8100 万千瓦，占据海外 70%以上的水电建设市场份额。

六是水电标准体系完备。结合国家科技重大专项和企业投入的重大基金支持，立足世界水电前沿，解决行业发展中的一系列重大科学技术问题，逐步转化为技术标准，形成了比较完善的水电技术及标准体系。

截至 2019 年底，我国已、在建超过 100 万千瓦以上的大型水电站共计

120 座，其中常规水电 63 座、装机容量 18812 万千瓦，抽水蓄能电站 57 座，装机容量 7781 万千瓦。

3. 光伏

光伏（Photovoltaic）是太阳能光伏发电系统的简称，是一种利用太阳电池半导体材料的光伏效应，将太阳光辐射能直接转换为电能的发电系统，有独立运行和并网运行两种方式。

光伏分为两类，一种是集中式，如大型西北地面光伏发电系统；一种是分布式（以>6MW 为分界），如民居屋顶光伏发电系统。

国际能源署，国际可再生能源署，美国风能/太阳能行业协会，欧盟委员会等国际研究机构研究报告的结论都不约而同地指出：

未来世界的能源和电力结构是高比例可再生能源，甚至是 100%可再生能源结构。高比例可再生能源结构中，光伏的占比是最高的，普遍认为光伏装机将超过全球总装机的 50%。

3.1 中国光伏全球领先

（1）从产业规模看

2007 年起连续多年世界第一，中国产量的全球平均占比超过 70%，当前我国光伏组件的产能大约 150GW，就业人数 250 万，全产业链年产值高达 5000 亿元人民币，出口超 200 亿美元。

（2）从成本下降看

10 年内组件价格和系统成本均下降了 90%以上，2008 年，中国光伏组件价格 25 元/Wp，系统造价 50 元/W，光伏上网电价 4 元/kWh，2019 年底，高效组件的平均售价低于 2.0 元/Wp，系统平均造价低于 4.0 元/W，国家公布的光伏上网电价 0.4-0.55 元/kWh，为光伏发电在中国乃至世界实现平价上网做出了重要贡献。

（3）从技术水平看

产业化技术处于全球领先水平，天合，隆基，晶科，汉能等领军企业多次在光伏组件效率上打破世界纪录，各种高效电池技术均已在我国实现规模化生产。制造装备的国产化率超过 95%，少量国外生产的高端设备也属于公有知识产权，全产业链不存在任何技术障碍。

（4）从市场开发看

我国光伏发电新增装机自 2013 年开始，连续 7 年全球第一，累计装机规模自 2015 年开始，连续 5 年位居世界首位，2019 年当年装机 30.1GW，占全球装机的四分之一；到 2019 年底，中国光伏累计装机达到 205GW，占到全国电力装机的 10.2%，发电量达到 2240 亿千瓦时，占全国总发电量的 3.1%，在我国能源转型的道路上迈出了坚实的一步。

3.2 产业发展仍存障碍

（1）国家目标

2020 年中国非化石能源占一次能源消费比重达到 15%，2030 年达到 20%；到 2030 年，中国将于 2030 年左右，使二氧化碳排放达到峰值，并争取尽早实现。

（2）发展路线图

国家可再生能源中心依据国家能源转型要求，2018 年发布了研究报告“中国可再生能源展望 2018”，提出：到 2050 年，中国可再生能源在一次能源消费中的占比达到 60%以上，在电力消费的比重达到 90%；电力在一次能源消费中的比例从现在的不到 30%提高到 60%以上。

报告中提出的保守目标为：

光伏装机需要从现在的 9.2%上升到 2050 年的 38.3%，发电量从现在的 2.5%上升到 19.3%。光伏装机到 2050 年将超过 20 亿千瓦，即 2021-2050 平均每年光伏装机 6000 万千瓦。

（3）中国光伏的发展有成本优势

光伏发电 2021 年在中国西部一类资源区可以做到 0.25 元/kWh 以下，东部三类资源区可以做到 0.35 元/kWh 以下，与常规火电相比较，具有很强的竞争优势；

未来10年之内，一类资源区光伏成本将降到0.1元/kWh，三类资源区降到0.2元/kWh，2030年之后光伏将成为世界上最便宜的电力。

（4）不稳定出力的两种解决方案

光伏也具有不连续、不稳定的特点，可以用集中式光伏电站方式、分布式光伏两种解决方案。

1)集中式光伏电站

凡接入10kV及以上公共电网，所发电量全部卖给电网的均属于集中式光伏电站。当电网接入高比例集中式光伏电站时，要求电网具有很强的调节能力，用于应对光伏的波动性和间歇性。

2)分布式光伏

分布式发电系统是在负荷侧安装的发电系统。从2021年开始，对于全国所有用电户，用光伏的电都要比用电网的电便宜，分布式光伏的规模化发展具有显而易见的商业驱动力。

与分布式光伏相结合的分布式储能市场潜力巨大。一方面是因为分布式光伏的成本大大低于电网的零售电价，价差足以支持安装储能。另一方面，安装储能之后，分布式光伏系统不但具备了很强的调节能力，可以实现100%渗透率，而且通过与电网互动，削峰填谷，还能够实现收益最大化。

4. 风电

风力发电是指把风的动能转为电能。风是一种没有公害的能源，利用风力发电非常环保，且能够产生的电能非常巨大，因此越来越多的国家更加重视风力发电。

风能作为一种清洁的可再生能源，越来越受到世界各国的重视。其蕴量巨大，全球的风能约为2.74×10^9MW，其中可利用的风能为2×10^7MW，比地球上可开发利用的水能总量还要大10倍。

4.1 风电的发展

风电行业发展至今，经历了多次的“抢装”，纵观风电发展史，抢装潮给风电行业带来了勃勃生机，从某种意义上促进了风电行业各项技术的快速发展，也推动了产业链的提升和加速扩建。然而，我们也不得不关注的是，由于建设项目和工期限制，抢装潮、大基建，同时也带来了公司短期资金短缺因素，权益转让制度给共创带来解决方案，也有了更多更好的发展空间。

共创新能源科技将大力推进信息化智能平台应用，开展大数据分析和应用，开发故障智能诊断系统、PHM 系统，不断推进风电机组智能化以及风电项目智慧化，为共创各大风电场风电机组运行保障运行正常，提升安全性和优化运维提供数据支撑。

如今，共创风电场智能发展技术已经相当成熟，一个成熟的行业，必须把技术创新和资源向产品质量和可靠性方向倾斜。共创始终以“做优、做强、做好、做久”为发展目标，稳健发展是我司的经营策略，而保障智慧风电场质量和可靠性是保证公司稳健发展的前提，共创将一如既往地以权益客户为中心的理念保障权益转让成员的收益，做更好更大的智慧风电场，回馈权益客户，回馈行业、回报社会。

4.2 风电发展预测

2020-2030 年是整个风电行业发展变革的重要阶段，变革后将会呈现和现在截然不同的产业格局，因此我们将这 11 年划分为 5 个不同的阶段。2020 年底是陆上风电补贴的最后期限，行业年内将进行最后一轮补贴抢装。这一年，我们需要重点关注吊装量、弃风率、电网能力。2021-2022 年以消耗存量项目为主，包括递延并网的补贴项目、平价大基地项目、目前核准的分散式以及自愿转为平价项目。2023-2024 年风电行业将经历整合期，装机量出现下滑；2025-2027 是我国风电换机潮初始期，新老机组更替开始出现。2027 年后为行业再次进入平稳发展期。

（1）平价大基地和分散式项目成为发展核心

2019 年开始，政府鼓励分散式风电项目的意向愈发显著。分散式可以在大型商业和工业区应用，未来可以实现自我发电，自我消纳，核心竞争力是电价便宜，符合我国电价下调的长期趋势。截至目前，共 14 个省市下发了利好分散式风电的相关政策。包括湖北、山东、河南、内蒙古、内蒙古赤峰市、黑龙江、广东、青海、广西、安徽铜陵市、安徽滁州市、安徽池州市、宁夏、天津等。近期，湖北、辽宁、安徽、江西、内蒙古、吉林六省已核准的分散式项目达到 2.78GW，这些项目预期将在 2020 年后开始建设。此外，2019 年已核准的平价大基地项目中，兴安盟和乌兰察布项目已完成招标，其余 8.96GW 预期在 2020 年开始招标。这些项目将在 2021 年开始陆续建成投产。平价大基地和分散式项目将支撑 2020 年后的装机量。

（2）后期运维服务发展将得到更多关注

风电场生命周期主要分为前期建设和后期运维两大阶段。随着风电场建设速度加快，存量风机开始走出质保期，后期运维市场已经开始成长。国内外运维市场增量主要有两类，第一类是国内即将出质保期的机组。风电机组质保期是 3-5 年，2015 年这批机组将在 2020 年集中出质保期，开始为期 15 年的后期运维服务。2015 年是风电发展史上装机量增长较快的一年，年内新增装机并网量为 32.97GW。因此，2020 年运维市场容量将显著扩张。我们预期 2020 年至 2024 年，国内运维市场容量将有望增加 110GW。

（3）行业预期

我们预期，2020 年风机吊装量为 35-40GW 之间，实际并网量在 27-30GW 之间。平价以后，2021-2022，需要消纳的存量项目容量约为 50GW，年装机量不会断崖式下滑。2023-2024 年预期是行业最为艰难的时期，需要依靠平价基地、分散式及运维服务支撑。若装机量低于 18GW，将对主机厂造成打击，行业进行新一轮洗牌，能够提供风电场全生命周期服务的主机厂商最终将赢得市场。

第二节 输电

1. 国网

国家电网有限公司成立于 2002 年 12 月 29 日，以投资、建设、运营电网为核心业务,承担着保障安全、经济、清洁、可持续电力供应的基本使命。公司经营区域覆盖 26 个省(自治区、直辖市)，覆盖国土面积的 88%以上，供电服务人口超过 11 亿人。公司注册资本 8295 亿元，资产总额 38088.3 亿元，稳健运营在菲律宾、巴西、葡萄牙、澳大利亚、意大利、希腊、中国(香港)等国家和地区的资产。

南方电网公司连续 14 年获评中央企业业绩考核 A 级企业，2016-2018 年蝉联《财富》世界 500 强第 2 位、中国 500 强企业第 1 位，是全球最大的公用事业企业。2018 年 12 月，世界品牌实验室编制的《2018 世界品牌 500 强》揭晓，国家电网有限公司排名第 30。2019 年 7 月 22 日，《财富》世界 500 强排行榜发布，国家电网有限公司位列 5 位。2019 年 9 月 1 日，2019 中国战略性新兴产业领军企业 100 强榜单在济南发布，国家电网有限公司排名第 20 位；2019 中国服务业企业 500 强榜单在济南发布，国家电网有限公司排名第 1 位。2019 年 12 月，国家电网有限公司入选 2019 中国品牌强国盛典榜样 100 品牌。2019 年 12 月 18 日，人民日报发布中国品牌发展指数 100 榜单，国家电网排名第 8 位。2020 年 4 月，入选国务院国资委“科改示范企业”名单。

引领能源新技术应用，统筹布局综合能效服务、供冷供热供电多能服务、分布式清洁能源服务和专属电动汽车服务等四大重点业务领域，完成 22 项关键技术设备研发，建成 20 个重点示范项目。建立前端开拓与后台支撑、高度协同的市场化运作体系，健全人、财、物市场化管理机制。开展混合所有制试点。2019 年、2020 年分别实现综合能源服务业务收入 95 亿元、190 亿元。

2020年，按照国家电网的规划部署，将现有电网互联整合为东、西部两大电网，进而融合为一个同步电网，届时不仅可以解决中西部地区电力消纳的问题，也可以让东南沿海等用电集中地区的用电需求得到满足，从一定程度上限制石化能源发电的扩张。国家电网通过重塑东、西部两大电网，并在2025年将其融合为一个同步电网，实际上就是在构建全国能源互联网。

2. 南网

中国南方电网有限责任公司是关系国家安全和国民经济命脉的特大型国有重点骨干企业。公司于2002年12月29日正式挂牌成立并开始运作，供电区域为广东、广西、云南、贵州和海南五省区，负责投资、建设和经营管理南方区域电网，经营相关的输配电业务，参与投资、建设和经营相关的跨区域输变电和联网工程:从事电力购销业务，负责电力交易与调度;从事国内外投融资业务。

2016年7月20日，《财富》发布世界500强排行榜，中国南方电网有限责任公司名列第九十五名。2016年8月，中国南方电网有限责任公司在2016中国企业500强中，排名第18。2017年7月12日，中国南方电网有限责任公司获国资委2016年度经营业绩考核A级。2018年《财富》世界500强排行榜第110名。2018年11月23日，社科院发布2018企业社会责任排名，中国南方电网有限责任公司位居第7位。2019年9月1日，2019中国服务业企业500强榜单在济南发布，中国南方电网有限责任公司排名第14位。2018年12月，世界品牌实验室编制的《2018世界品牌500强》揭晓，中国南方电网排名第293。2020年4月，入选国务院国资委“科改示范企业”名单。南方电网公司着眼于从国家的层面来解决急需的关键技术，以解决规模化间歇性能源与分布式电源接入问题为十二五科研问题的一个主线。其指导思想是新能源接入、储能、用户交互电动汽车等方面以科技计划支持为主体，网架、主设备和调度平台方面以企业为主体。而电网本身的问题，包括网架、主设备、调度的问题可能将以企业解决为主。所以国家在十二五先进能源技术领域部署了“智能电网关键技术研发(一期、二期)”。第一期安排了 1 个管理重点项目和 21 项课题，其中包括南方电网公司承担的 5 项课题。

第一期智能电网关键技术研发主要集中在 6 个关键的技术方向：

大规模集中接入间歇式能源并网技术、高密度分布式电源并网技术、支撑电动汽车发展的电网技术、大容量储能系统、智能配电与用电技术以及大电网智能调度与智能输变电技术。2011 年第二期称为“智能电网高级分析与优化”，安排了一个 863 重大专项，有 18 个题目，有 6 个项目由南方电网承担。这里也包括了十二五的计划，有 4 个重大的项目：江西共青城的以电网低碳化为特征的智能电网综合示范工程,宁夏回族自治区的以多环节综合互动为特征的智能电网综合示范工程，海南省的区域智能电网综合示范工程，上海崇明岛的以大规模可再生能源利用为特征的智能电网综合示范工程。这 4 个综合示范工程包含了从整个省到整个电网、一个中心地区，特别的一个区域智能电网的示范等。

南方电网未来 10 年大概分两个阶段,第一个阶段是规划、研究和示范,第二个阶段是示范、推广和完善。目前规划已经通过了专家审查.实际上智能电网从发输配用电，把它划分为 5 个关键领域，17 个研究方向，50 多项关键技术的研究。同时配送电关键技术研究安排了 50 多项标准，也包括国家标准，行业标准，企业标准，还包括有些示范工程，有专项示范和综合示范，构成了一个整体。

3. 分布式

分布式供电（Distributed Generation）是相对于传统的集中式供电方式而言的，是指将发电系统以小规模（数千瓦至 50 MW 的小型模块式）、分散式的方式布置在用户附近。

分布式电源作为现代能源体系的重要组成部分，具有较高的供电灵活性，可满足特殊场合的供电需求，有助于减少电网投资，降低输电损耗，提高能源利用率。近期中央政治局召开会议强调要落实“六保”任务，明确要“保粮食能源安全”。随着我国持续推进能源供给侧结构性改革，推动能源发展方式由粗放式向提质增效转变，发展分布式电源已成为推动能源转型、保障能源安全的重要手段。

3.1 南方区域分布式电源稳步增长，并网效益明显

分布式光伏装机及发电量快速增长。2019 年南方区域分布式光伏装机 395 万千瓦，同比增长 31.1%，占光伏总装机的 22.3%，发电量 31.2 亿千瓦时，同比增长 33.2%，占光伏总发电量的 21.0%。分布式光伏主要集中在广东，其装机及发电量分别占南方区域的 78%和 82%。

分散式风电破冰启动。2019 年南方区域分散式风电装机 0.7 万千瓦，为广东揭阳惠来县靖海镇石沃分散式风电试验项目(2019 年 12 月投产)。

天然气分布式能源稳步提升。2019 年南方区域天然气分布式能源装机 149 万千瓦，同比增长 33.0%，占天然气发电装机的 6.2%，发电量 52.8 亿千瓦时，较 2018 年增加 38.0 亿千瓦时。

清洁替代及安全效益。大力推动分布式电源发展，有利于优化能源结构，减少煤炭、石油等化石资源消耗，提升清洁能源供给，实现能源供应多元化，对保障能源安全具有积极的现实意义。据测算，2019 年南方区域分布式光伏发电量等效替代化石能源消费约 100 万吨标煤。

环境效益。为应对全球气候变化，落实《巴黎气候变化协定》，全球能源发展加速向绿色低碳化转型。分布式电源发电过程几乎不向外界排放污染物，在低碳减排方面效果显著。据测算，2019 年南方区域分布式光伏发电量等效减少二氧化硫 0.15 万吨、氮氧化物 0.14 万吨、二氧化碳 253.9 万吨，按照 0.16 元—0.3 元/千瓦时减排成本测算，对应的减排效益约 5.0 亿—9.4 亿元。

经济及节能效益。分布式电源投资少、占地小，选址灵活，可就近满

足负荷中心区、海岛、边远无电地区供能需求，有利于减少电网投资，降低输电损耗，提高能源利用效率。分布式冷热电三联供系统可实现能源的梯级利用，综合能源利用效率在70%以上。

3.2 南方区域分布式电源发展面临新形势

分布式电源发展正处在新旧动能转换的关键时期，发展形势受资源条件、消纳市场、政策环境、技术创新、成本变化、模式创新等的影响。

资源条件方面。南方区域太阳能资源可支撑发电装机规模约9400万千瓦，陆地70米、80米、90米高度风能资源技术可开发量分别约4800万千瓦、9400万千瓦、23800万千瓦，分布式电源可开发利用其中部分资源。

消纳市场方面。2019年，南方区域分布式新能源装机395.7万千瓦，占总电源装机的1.1%，预计“十四五”期间分布式新能源占比不超过3%，电网足以满足其消纳要求。

政策环境方面。近年来，国家多次出台新能源调价政策，加快补贴退坡力度，推进无补贴平价上网，导致分布式新能源收益下降，驱使分布式新能源向资源优良、建设成本低、投资和市场条件好的地区发展。

发电技术创新方面。新型高效太阳能电池技术更新换代快，转换效率提升快，2019年，使用PERC技术的单晶和多晶电池效率分别为22.3%和20.5%，2025年有望达到24.0%和21.7%；大功率、低风速风电技术稳步发展，我国2.5MW、3MW风电机组将逐渐替代2MW风电机组，可开发风速最低可达4.5m/s；燃气轮机等核心技术逐步实现国产化，冷热电三联供系统能源利用效率稳步提升，效率已超过70%。

成本变化方面。光伏发电得益于技术进步和规模化发展，发电成本不断下降，2019年单位造价3840元/千瓦，2025年有望下降到3240元/千瓦；风电技术虽较为成熟，成本受风机价格影响，降本空间有限，预计2025年单位造价为6000元/千瓦；天然气分布式能源关键设备基本依靠进口，单位造价6000元—8000元/千瓦，运行成本受天然气价格影响大。

支撑技术创新方面。智能电网技术支撑分布式电源高效并网利用，通过智能微电网、虚拟电厂和多能互补提高分布式电源的友好并网水平和电网可调控容量；区块链、“云大物移智”等数字化技术支撑分布式发电市场交易和业务发展，提高可视性、运营效率并简化监管流程。

模式创新方面。分布式电源除直接接入配电网外，还能与储能系统结合，构建区域能源网络和智能微电网，实现“横向多能源互补、纵向源网荷储协调”为主要特征的综合能源服务，提高能源利用效率和项目盈利水平。

结合上述发展形势，“十四五”期间南方区域应鼓励和引导分布式光伏在负荷中心区域发展，以自发自用形式消纳；因地制宜发展分散式风电，推进试点项目建设；鼓励在冷热需求较大、电价承受能力较强的地区发展天然气分布式能源；推动分布式电源发展由单一模式向多元模式过渡。

第三节 蓄电

1. 储能

1.1 储能的基本概念

电力储能系统可以通过一定介质存储电能，在需要时将所存能量释放发电。电力储能系统可以将间歇性的可再生能源“拼接”起来，提高电力系统的稳定性，从而解决可再生能源发展的瓶颈问题。

1.2 我国对储能的重视和应用

2020 年我国电网侧储能发展迅猛。目前，江苏、河南、青海等多地地方政府和电网企业都在积极布局电网侧储能电站，以提升电力系统灵活性、稳定性。储能是提高能源系统运行效率，促进可再生能源消纳，保障能源系统运行安全稳定的有效手段，也是推动实现能源高质量发展的关键技术。

从储能技术应用领域来看，今年突出的特点是电网企业纷纷加大储能电站投资建设力度。数据显示，今年前三季度,我国电网侧已投运电化学储能电站装机规模 150 兆瓦，其中新增装机 140 兆瓦，另有规划及在建电网侧电化学储能电站 465 兆瓦，发展速度之快前所未有。而当前全球电网侧电化学储能累计装机规模 756.5 兆瓦，新增装机规模为 301 兆瓦，我国新增电网侧化学储能电站规模接近全球新增装机规模的一半。

业内专家认为:近年来储能技术的快速发展,为平滑可再生能源发电出力和电力负荷削峰填谷等提供了有效手段。电网侧储能应用顺应了经济社会发展的客观需要，应用规模迅速扩大。

从各地的储能应用情况来看，目前青海、新疆主要将储能应用于电源侧，促进可再生能源消纳；甘肃正在开展储能多环节应用；西藏及东部岛屿主要应用于微电网，以解决偏远地区供电问题:江苏、河南、辽宁主要应用于电网侧，增强电网调节能力：山西、广东、河北主要于电源侧与火电联合调频。

大规模储能电站在电网中广泛应用是一项新生事物，要使电网侧储能技术更好发挥作用，不论是储能技术路线选择、储能电站工程建设管理，还是相关电力系统运行方面都有很多工作要做。应该客观总结储能技术的工程应用经验教训，认真研究完善政策机制，及时建立健全技术标准、运行规范，抓紧探索经济运营以及安全维护等方面的新方法、新模式、新业态。

2. 调峰

由于用电负荷是不均匀的。在用电高峰时，电网往往超负荷。此时需要投入在正常运行以外的发电机组以满足需求。这些发电机组称调峰机组。因为他用于调节用电的高峰，所以称调峰机组。调峰机组的要求是启动和停止方便快捷，并网时的同步调整容易。一般调峰机组有燃气轮机机组和抽水蓄能机组等等。

厂网分开之前，电力系统没有调峰辅助服务的概念，发电多少由调度决定，辅助服务只是企业内部使用的技术手段。厂网分开后，电厂成为独立企业，当时的国家电监会于 2006 年颁布《发电厂并网运行管理规定》和《并网电厂辅助服务管理暂行办法》，用于明确辅助服务的调用和补偿规则。这就是行业熟知的“两个细则”。

2014 年，为充分激发火电调峰的积极性，解决弃风问题，东北地区在调峰领域率先引入竞争机制。近几年，新能源发电装机比重逐步提升，电力系统调峰能力需求持续增加，调峰辅助服务市场规模逐渐壮大，各地由此纷纷开启调峰辅助服务的市场化建设。

国家能源局去年底通报的《2019 年上半年电力辅助服务有关情况》显示，从电力辅助服务补偿费用的结构上看，调峰补偿费用总额 50.09 亿元，占总补偿费用的 38.44%，各地辅助服务市场的辅助服务提供方以火电为主。

除了传统的气电、煤电灵活性改造外，随着储能成本下降，储能电站参与系统调峰调频的工程范例也陆续出现。同时，伴随电力市场建设，调峰的思路更是转至用户侧，需求侧响应、电动汽车等陆续加入调峰“大军”。

煤电灵活性改造是现阶段提高系统调节能力的现实选择，但规模不及预期，随着新能源大规模发展，电源结构发生较大变化，原有的辅助服务补偿力度对发电企业的激励作用有限。煤电灵活性改造支出高，补偿不足。在新能源富集区的火电，若不考虑尽快建立容量市场，新能源消纳的问题短期内仍然得不到缓解。

长期看，要持续推进现货市场建设，浙江省已经尝试改变原有的计划调度模式，实行全电量竞价，不再保留调峰品种，谁多发电谁少发电完全交给市场，这才是缓解电力系统调峰压力的治本之策。

第四节 热点与巨变

1.特斯拉与新能源汽车崛起

1.1 特斯拉的崛起

作为埃隆·马斯克超级产业帝国的一部分，特斯拉充满了各式的传奇，然而它的创始人却并不是马斯克，而是马丁·艾伯哈德。他从小就酷爱跑车，但出于对环境保护理念的认同，艾伯哈德希望能将跑车和新能源结合起来。2003 年 7 月，艾伯哈德在硅谷成立了特斯拉汽车公司，致力于研发高性能的纯电动汽车，客户群就是那些有环保意识的高收入人群。在公司融资的过程中，艾伯哈德遇到了当时十分成功的互联网创业者及投资人——马斯克。第二年，马斯克向特斯拉投资了 630 万美元，成为特斯拉最大的股权人和创始人。其实，在此之前，马斯克就十分关注锂电池技术，他曾和斯坦福的学者探讨用锂电池驱动汽车的可能性，“笔记本电脑用的电池是 18650 锂电池，如果把一万枚这样电池串联起来，就可以让汽车行驶 1000 英里。”这个想法让外界觉得十分疯狂甚至有点愚蠢，但正是这个想法才成就了今天的特斯拉。

特斯拉的第一款产品是豪华电动跑车 Roadster，它是在莲花 Elise 跑车的基础上开发的，利用其现成的底盘和车身结构，把核心的电池和电动机装进车内。Roadster 的电池组由近 7000 块 18650 锂电池组成，如何解决它的散热，防止电池爆炸成了 Roadster 研发途中最大的难题。为此，特斯拉专门设立了一个六人测试小组，去处理电池问题，在一次次的试爆后，他们消耗了几千块的电池，但是这些努力是值得的，工程师们最终解决了这个难题。Roadster 研发出来后，成为世界上第一辆使用锂电池技术、每次充电能够行驶 320 公里以上的电动车。2006 年 7 月，它在加州的圣莫尼卡一经亮相，就引起了轰动，各路媒体蜂拥而至，州长阿诺德·施瓦辛格等名流都参加了发布活动。活动当天就被预定了 30 辆的 Roadster，预订的人中有谷歌的两位创始人布林和佩奇，还有一些硅谷的亿万富翁。虽然之前，很多人对电动车并不看好，但 Roadster 发布后，越来越多的人看到了电动汽车市场的巨大潜力。

2013 年 5 月初，在特斯拉宣布其第一季首次盈利后，它的股价在一个月内涨了约 80%，市值一下子突破了 100 亿美元。马斯克在个人博客中写道，“只想对客户和投资人说声谢谢，你们给了特斯拉一个穿越漫漫长夜的机会，没有你们我们走不到今天。”2016 年 3 月，特斯拉发布了其第四款产品——Model 3，它是一款不忘初心的产品，特斯拉在创建之初的理想就是生产普通家庭可以买得起的电动轿车，13 年之后，特斯拉终于实现了自己的初衷。Model 3 在美国当地的售价只需 3.5 万美元，中国区的价格约为 35 万元人民币，在新能源补贴等政策下可能会更便宜些。官网开放 Model 3 预定之前，仅靠门店排队预定，Model 3 的订单数就达到了 11.5 万辆，有些持币待购者甚至还不清楚它的配置，也不知道它长什么样子，但这似乎并不能影响他们的对 Model 3 的热情，在百余年的汽车史上从来没有一辆车创造了像 Model 3 这样的奇迹。

特斯拉不仅做出了目前世界上最好的环保纯电动车，更是开放了专利，带动整个汽车行业提前进入了电动车时代，像保时捷、奥迪、宝马等传统的汽车制造商也都推出了自己的新能源汽车，力图跟上时代发展的潮流。特斯拉在 Model 3 之后也在加快步伐扩展自己的电动汽车产品线，开发更多的新能源车型，布局主要的汽车细分市场，如紧凑型的 SUV、皮卡车、商用卡车以及公交车等等。除此之外，特斯拉还致力于做一个新能源的开发者和分配者，在马斯克看来，只有太阳能才是真正环保、取之不尽的能源。2016 年 11 月，特斯拉完成了对太阳能公司 Solar City 的收购交易，打算制造高效的太阳能屋顶，来无缝整合电池储存功能，形成一个从环保能源采集到绿色出行全套产业链的超级帝国。

1.2 新能源汽车的崛起

每一次全球经济重心的转移均给汽车产业带来深刻影响，第五次转移正发生在中国，将对中国汽车产业在全球话语权的提升产生重大影响：自全球工业化以来，每一次经济重心的转换均给汽车产业带来深刻影响。欧洲发明了汽车，美国首次使用自动化流水线生产让汽车大规模普及成为可能，日本的精益生产管理进一步降低成本加速了汽车在全球的普及。随着这些地区和国家汽车工业的兴起，催生了一批在全球有重要影响力的整车和零部件企业(如德国的大众、博世、大陆等，美国的福特、通用、德尔福、李尔等，日本的丰田、电装、爱信精机等)，并促进了汽车技术的进步(如德国发明了汽车，并推进了同平台车型多样化、电气化等；美国推进了汽车自动化大规模生产，电子化和动力系统电动化等；日本推进了汽车成本的进一步降低等)。目前，全球第五次经济重心转移正发生在中国，中国的汽车产业也得以长足发展，中国市场的巨大需求对技术和产品的全球话语权将越来越高，特别在新能源汽车领域。全球经济重心转移带来的地缘博弈，将进一步加速海外优质产能(特别是新能源汽车产能)向中国转移的趋势。

全球新能源化大趋势已经形成：全球新能源汽车已完成从 0 到 1 的蜕变，目前正呈现出加速增长的态势。随着各国政府对新能源汽车支持力度持续加码，各大车企纷纷将新能源战略作为未来十年最重要的发力点。预计 2020 年及 2025 年全球新能源汽车销量分别可达 500 万辆和 1200 万辆，2018 至 2025 年复合增速 27.4%，新能源汽车产销量的巨大增长空间将为全球整车和零部件企业的崛起提供新的机遇。

2. 光伏发电成本降至火电水平

国家发改委下发的《关于完善光伏发电上网电价机制有关问题的通知》，将标杆上网电价改为指导价，并确定 I-III 类资源区新增光伏发电站指导价分别为每千瓦时 0.40 元(含税，下同)、0.45 元、0.55 元，相比 2018 年电价的下调幅度为 0.1-0.15 元。

光伏发电上网电价呈持续下降趋势，据央视报道，中国的光伏已经能够做到平价上网，与此同时，电价的持续下降也会倒逼成本下降，目前光伏发电成本等同于火电成本，不久后成本甚至会显著低于火电。从而带来了一系列的影响。

2.1 推进平价上网

“推进光伏行业平价上网”是这一政策的初衷。国家发改委能源研究所可再生能源中心副主任陶冶表示，预计今年还有 0.5 元/W 下降空间，部分地项目可以达到 3.5-3.6 元/W 的水平。这不仅促进了光伏应用规模的大幅度攀升，还实现了光伏产业的“断奶”进程，不再依靠财政补贴。

主要表现在消费、建设和技术三个方面。从消费上看，平价上网后的光伏电力有利于进一步提高清洁能源在能源消费总量的比重;在建设方面，有助于光伏电站建设，扩大了清洁能源供给规模；技术上，平价上网推动了发电企业不断改进生产技术，提升消纳能力和发电利用率，从而为实现良性循环夯实基础。

2.2 组件非硅成本下降

在光伏发电项目成本中，光伏组件约占 50%—60%。光伏组件是用光伏项目的核心构成部分，组件的发电效率和寿命关系着光伏项目建成后的收益。相关媒体了解到，某光伏企业组件生产成本已由 2017 年的 30 美分/W 一路下降至 2018 年的 21 美分/W，下降幅度多达 30%。

而在组件成本中，非硅成本占组件成本比例约 1/3。由于产业链上游的硅料价格已至低点，后续下降空间有限，想要控制住有限的成本，就要从非硅成本入手，所以如何降低非硅成本是光伏行业很多企业需要突破的关键。

解决了可再生能源补贴资金缺口问题。

全国人大代表、阳光电源创始人曹仁贤指出，截至 2018 年底，可再生能源补贴资金缺口超过 1100 亿元。而进一步降低光伏发电“非技术成本”，是尽早解决补贴拖欠等遗留问题的一大路径。

可再生能源资金缺口是阻碍新能源企业的障碍，可再生能源发电装机规模不断增加，如果不及时采取措施可能会导致缺口越来越大，降低成本为资金缺口提供了缓冲地带，随着成本的降低，可再生能源方面的资金也对企业和行业的良性发展不再是威胁。

3.清洁发电消纳问题

3.1 消纳的基本概念

因为发电厂(无论是水电、火电、核电、风电电源)发电后送上网，电能无法方便储存，不用掉就是浪费，所以就要将富余的电能经调度送到有电能需求的负荷点，这个过程就是消纳。

3.2 我国对清洁能源消纳的重视

中国清洁能源产业不断发展壮大,产业规模和技术装备水平连续跃上新台阶，为缓解能源资源约束和生态环境压力作出了突出贡献。但是，清洁能源发展不平衡不充分的矛盾也日益凸显，特别是清洁能源消纳问题突出，已严重制约电力行业健康可持续发展。

国家在清洁能源消纳行动计划(2018-2020 年)指出：清洁能源是能源转型发展的重要力量,积极消纳清洁能源是贯彻能源生产和消费革命战略，建设清洁低碳、安全高效的现代能源体系的有力抓手，也是加快生态文明建设，实现美丽中国的关键环节。

3.3 清洁能源消纳的成果与目标

目前，国家电网还将构建全国统一电力市场，扩展清洁能源消纳空间。推动完善有利于打破省间壁垒、促进清洁能源跨区跨省消纳的政策、市场和价格机制，发挥市场在资源配置中的决定性作用。优先保障清洁能源参与省间中长期交易，采取多种市场化交易方式促进清洁能源消纳，2019 年新能源省间交易计划达到 700 亿千瓦时以上。大力推进电能替代,2019 年力争完成替代电量 1450 亿千瓦时以上。2020-2021 年，受清洁能源资源、装机容量增长、电力需求增长等边界条件共同影响，新能源消纳情况可能存在--定的不确定性，诸如系统调节能力提升可能有限、新增装机存在不确定性、跨省跨区交易组织难度可能增加。结合我国电市场建设进程，以及不同交易机制对促进新能源消纳成效的评估，未来会在完善调峰辅助服务市场机制，并做好与现货市场设计衔接，鼓励各类资源为系统提供灵活调节能力；完善清洁能源跨省区交易机制，逐步建立相互开放的、跨省区的统一市场机制，促进清洁能源在更大范围消纳为主要目标。

第二章 供热行业

第一节 燃煤

燃煤是能燃烧的煤，别称煤炭。煤炭是古代植物埋藏在地下经历了复杂的生物化学和物理化学变化逐渐形成的固体可燃性矿物。

随着能源问题日益突出，能源产业已成为推动我国经济持续、高速发展的重要支柱产业。国务院在“十三五”规划纲要中，明确提出了单位国内生产总值二氧化碳排放降低 17%、主要污染物排放总量显著减少的目标。能源领域新技术的运用以及替代能源的开发和新型节能环保车辆投入运行，已成为当前狠抓节能减排、发展循环经济、保持产业结构平衡工作中最为紧迫的现实任务之一。

当今世界，社会的发展是伴随着能源的发展而发展的，能源已经成为人类发展道路上不可或缺的基础。然而，目前我们所使用的能源主要是一些化石燃料，如煤、石油及天然气等。但由于化石燃料具有不可再生性的特点，是越用越少，很容易出现能源危机，从而导致能源争夺，引起国与国之间的战争。要想解决这个能源问题，研究和开发新能源是最行之有效的途径。

世界能源发展到现在已经经历了三个阶段，分别是植物燃料时代，煤炭燃料时代，石油天然气燃料时代，而我们现在正处于石油时代。一战以后石油燃料取代煤炭成为世界上主要的能源需求产品，消耗量巨大，石油的供应甚至直接影响到了国家经济的发展。但是我国由于能源结构的原因，提供能源消耗的主要原料一直是煤炭，也就是说我国现在还是处于煤炭能源时代，这也是我们一直所诟病的。

目前我国煤炭消费量占全球煤炭消费总量的50%，巨大的煤炭消费量导致我国二氧化硫、氮氧化物、大气汞排放量高居全球首位。东、中部地区由于煤炭消费过于集中，单位面积的大气污染物排放量均高于全国平均水平，空气污染问题也最为严重，而且随着机动车数量的日益增多，空气污染问题变得更加复杂，京津冀、长三角、珠三角等区域复合型空气污染严重。

煤炭是一种廉价燃料，他可以已计提的成本提供工业所需的能量消耗，不可否认煤炭在我国的大面积使用，确实为我国经济近几十年的飞速增长提供了极大助力，是我国能取得如此成就的大功臣，但是煤炭属于高污染化石燃料，直接燃烧除产生大量烟尘以外，还会向大气中排放硫化物，氮氧化物，碳化物等对大气几句危害性的高污染化合物，每年我国燃煤燃烧向大气直接排放的污染物高达十亿吨，是我国前几年酸雨频繁的罪魁祸首。因此在我国实行去煤化举措，大力发展燃煤替代环保燃料，对于环境治理是十分有效的一个解决途径。

第二节 燃气

燃气是气体燃料的总称，它能燃烧而放出热量，供城市居民和工业企业使用。燃气的种类很多，主要有天然气、人工燃气、液化石油气和沼气。

1. 中国城市燃气行业市场现状分析

近年，天然气的消费水平以及供应能力相对提高，产量逐渐增长，解决近年来天然气供需整体宽松格局。据统计，截至到2020年上半年中国天然气产量为 940.2 亿立方米，同比增长 8.81%。

人工煤气由煤、焦炭等固体燃料或重油等液体燃料经干馏、汽化或裂解等过程所制得的气体，近年来，中国人工煤气产量增长至迅速，截至到 2020 年上半年中国煤气产量为 7615.4 亿立方米，同比增长 6.06%。

随着石油化学工业的发展，液化石油气作为一种化工基本原料和新型燃料，已愈来愈受到人们的重视。近年来中国液化石油气产量逐年增长，截至到 2020 年上半年中国液化石油气产量为 2123.2 万吨，同比增长 5.93%。

从城市燃气使用人口来看，人工煤气使用人数与液化石油气使用人数逐年下降，而更多的选择更为清洁的天然气；据统计，2018 年中国人工煤气使用人口为 778.79 万人，同比增长 3.6%，2018 年中国液化石油气使用人口为 12615.7 万人，同比下降 6.6%，2018 年中国天然气使用人口达到 36902.14 万人，同比增长 8.75%。

2. 中国现代化城镇燃气发展方向思考

随着天然气改革的逐步推进，相关政策文件陆续出台，为城镇燃气发展提供了更加优质的平台，促进城镇燃气行业大发展。未来，现代化城镇燃气将向着合作化、规模化、智能化和品牌化方向发展。

第三节 电热

1. 电锅炉

电锅炉也称电加热锅炉、电热锅炉，顾名思义，它是以电力为能源并将其转化成为热能，从而经过锅炉转换，向外输出具有一定热能的蒸汽、高温水或有机热载体的锅炉设备。

电锅炉本体主要由电锅炉钢制壳体、电脑控制系统、低压电气系统、电加热管、进出水管及检测仪表等组成。

锅炉是一个行业活力的标志，毕竟现在的工业锅炉的使用率，在工业上占有很大比例。锅炉应用于大大小小的工业上。未来轻纺工业、能源工业、建材、建筑业、化学工业、冶金工业、交通运输业和军工部门等仍将是工业锅炉的主要市场。

根据我国今年的锅炉工业从行业销售收入来看，2011 年我国工业锅炉行业销售收入为 1389.82 亿元；到 2016 年行业销售收入为 1949.70 亿元；年复合增长率为 7.00%。锅炉将是工业带动的前进动力。

随着我国锅炉行业的发展，带来的问题也悄然出现，大气的污染，越来越严重，废水的排放越来越突出。这已经是不可避免的工业污染问题，而今年来国家陆续实施的政策，可以说治标不治本。要知道现在国家燃煤锅炉站工业锅炉的主导部分，不可能一下就动摇煤锅炉的基础。煤锅炉相对其锅炉来说价格便宜。新兴的锅炉又不能很好的发挥他的优势，很难和煤锅炉进行比较。新型锅炉的道路还是很漫长的。

但是，由于会对环境造成严重的污染，随着能源供应结构的不断辩护，以及节能环保要求的日益严格，天然气开发应用也会进入高速发展阶段。所以，采用清洁燃料及相应技术的高效、节能、低污染工业锅炉将是产品发展的趋势。天然气在国内比较短缺，开口成本较高，一时国家还扭转不了这个局面。从而促使电锅炉挺身而出，能源清洁，使用电力，环保没有污染，符合当代的政策。电锅炉的发展前景是非常好的。

在今后的未来，工业锅炉产品市场的发展的前景，除了会受到国民经济的发展速度和投资规模等因素的影响之外，也会越来越受到国家能源政策和节能环保要求的制约。所以，今后燃煤锅炉的比重将会有一个显著的下降趋势，电锅炉将会得到较快的发展。

2. 热泵

热泵是一种能从自然界的空气、水或土壤中获取低位热，经过电力做功，输出可被人们所用的高品位热的设备，是一种节能、环保、清洁的采暖和热水设备，热泵技术是近年来在全世界倍受关注的新能源技术。

2.1 热泵的原理

热泵机组设备内专置一种吸热介质——冷媒，它在液化的状态下低于零下 20℃，与外界温度存在着温差，因此，冷媒可吸收外界的热能，在蒸发器内部蒸发汽化，通过热泵机组中压缩机的工作提高冷媒的温度，再通过冷凝器使冷媒从汽化状态转化为液化状态，在转化过程中，释放出大量的热量，传递给水箱中的储备水，使水温升高，达到制热水的目的。

2.2 热泵的优势

热泵机组供热主要体现在：高效、节能、环保、安全。无可燃、可爆气体，无电器推动元件，绝对安全；无任何废气、废水、废渣排放，绝对环保，热泵机组全年平均运行成本只需电直接加热的 1/4，燃油、燃气加热的 1/3-1/2，常规太阳能的 1/1.5。

与锅炉相比：

（1）热效率高：产品热效率全年平均在 300%以上，而锅炉的热效率不会超过 100%。

（2）运行费用低：与燃油,燃气锅炉比,全年平均可节 70%的能源，加上电价的走低和燃料价格的上涨，运行费用低的优点日益突出。

（3）环保：热泵产品无任何燃烧排放物，制冷剂选用了环保制冷剂 R417A，对臭氧层零污染，是较好的环保型产品。

（4）运行安全，无须值守：与燃料锅炉相比，运行绝对安全，而且全自动控制，无须人员值守，可节省人员成本。

（5）模块式安装，便于增添设备：产品采用多台机组并联的安装模式，当用户用水量增大时，可随时增添设备。

2.3 发展历程

十九世纪早期法国科学家萨迪·卡诺(Sadi karnot)在 1824 年首次以

论文提出“卡诺循环”理论，这成为热泵技术的起源。

1852年英国科学家开尔文(L. Kelvin)提出，冷冻装置可以用于加热，将逆卡诺循环用于加热的热泵设想。他第一个提出了一个正式的热泵系统，当时称为“热量倍增器”。之后许多科学家和工程师对热泵进行了大量研究，研究持续80年之久。

1912年瑞士的苏黎世成功安装一套以河水作为低位热源的热泵设备用于供暖，这是早期的水源热泵系统，也是世界上第一套热泵系统。

热泵工业在20世纪40年代到50年代早期得到迅速发展，家用热泵和工业建筑用的热泵开始进入市场，热泵进入了早期发展阶段。

20世纪70年代以来，热泵工业进入了黄金时期，世界各国对热泵的研究工作都十分重视，诸如国际能源机构和欧洲共同体，都制定了大型热泵发展计划，热泵新技术层出不穷，热泵的用途也在不断的开拓，广泛应用于空调和工业领域，在能源的节约和环境保护方面起着重大的作用。

21世纪，随着“能源危机”出现，燃油价格忽升，经过改进发展成熟的热泵以其高效回收低温环境热能，节能环保的特点，重新登上历史舞台，成为当前最有价值的新能源科技。前国际热能署专门成立国际热泵中心，设立热泵推广工程(Heat Pump Programme)，向世界上各国推广协调热泵技术的应用和发展。美、加、瑞典、德、日、韩等国政府均发出专门官方指引，促进热泵技术的社会应用。相对世界热泵的发展，中国热泵的研究工作起步约晚20-30年左右。

新中国成立后，随着工业建设新高潮的到来，热泵技术才开始引入中国。进入21世纪后，由于中国沿海地区的快速城市化、人均GDP的增长、2008年北京奥运会和2010年上海世博会等因素拉动了中国空调市场的发展，促进了热泵在中国的应用越来越广泛，热泵的发展十分迅速，热泵技术的研究不断创新。从2001年热泵起步开始，经过5年的培育，中国热泵行业开始从导入期转入成长期。热泵行业快速发展，一方面得益于能源紧张使得热泵节能优势越来越明显，另一方面与多方力量的加入推动行业技术创新有很大关系。

第四节 余热

1.热电联产

热电联产，是指发电厂既生产电能，又利用汽轮发电机做过功的蒸汽对用户供热的生产方式，即同时生产电、热能的工艺过程，较之分别生产电、热能方式节约燃料。以热电联产方式运行的火电厂称为热电厂。对外供热的蒸汽源是抽汽式汽轮机的调整抽汽或背式汽轮机的排汽，压力通常分为0.78～1.28兆帕(MPa)和0.12～0.25MPa两等。

热电联产本质是一种分布式能源，通过多联供实现能源的梯级利用，其优势在于综合能效。但目前，对热电项目的实际利用并不充分。

热电是一项综合性、系统性工程，离不开一套完整的规划设计。国家层面已有《热电联产管理办法》作为指导，但在很多地区，热电项目并未与当地的城市总体规划、能源发展规划、热力规划有效衔接，影响了其实际发展。

热电联产是一项综合利用能源的技术，在发电的同时，有效利用汽化潜热进行供热，具有能源利用效率高、保护环境等诸多优势，被认为是最好的集中供热热源。但近年来，有的地区却出现了热电联产集中供热价格高于区域锅炉供热的不合理现象，以及热电联产在城市集中供热的比重不断降低，这不利于行业的长远发展。国家应进一步加强对热电联产相关配套政策的落实完善，使这一现象得到缓解，保障热电联产行业的顺利发展。

西方国家发展热电联产已达较高水平，其热负荷的用途已经扩张到冷热利用以及海水淡化等领域，大大扩展了热电联产的热利用范围。统计来看，西方国家热电厂装机容量占电力总装机容量的 30%，用途大约为工业生产和分区集中供暖各占一半。在工业生产中，造纸、钢铁和化学工业都是热电联产的主要用户。

我国的热电联产始于 20 世纪 50 年代，第一个五年计划时期苏联援建的 156 个建设项目，就包括北京、西安、吉林等城市的热电厂建设项目，这一时期也是各地电网发展的初期。当时的热电厂以工业生产用蒸汽为主要负荷，但由于工业热负荷误差较大，热电厂投产后热负荷很长时间上不来，致使热电厂的经济效益未能充分发挥。这一时期，绝大多数热电厂选了抽凝机组，以保证供汽供电；我国新投产 6000 千瓦及以上的供热机组容量占火电机组总容量的 20%，仅次于苏联，居世界第二位。

由于热电联产是一个流程实现电能和热能同时生产的先进能源利用形式，与热电分产相比具有降低能源消耗、减少大气污染、提高供热质量、便于综合利用、改善城市形象、减少安全事故等优点，使能量得到梯级利用，减少能源损失，能量总利用率可以达到 80%以上，因此在世界各国都得到大力提倡，特别是在经历了 20 世纪 70 年代的石油危机后，热电联产受到了西方国家的重视，从而加快了世界范围内热电联产的发展。

虽然我国热电联产装机规模已有很大突破，但从中长期看，随着经济的持续快速增长和居民生活水平的日益提高，我国未来的工业和居民采暖热力需求仍将保持快速增长态势。这意味着热电联产集中供热仍然存在着巨大的市场发展潜力，有效促进热电联产集中供热，将为实现我国的节能减排目标和全球温室气体减排做出积极的贡献。此外，在技术可行、经济合理的情况下，还可进一步考虑采用热电联产替代目前既有的工业供热和居民采暖供热的部分小锅炉。如果把当前 30%的既有工业锅炉和 20%的既有采暖锅炉改造为热电联产供热方式，热电联产行业市场空间将得以进一步拓宽。

1.1 行业发展驱动因素分析

国务院发布《关于创新重点领域投融资机制鼓励社会投资的指导意见》，明确提出鼓励社会资本投资建设背压式热电联产机组。虽然国家曾出台文件支持民间资本以独资、控股或参股形式参与火电站建设，但在鼓励和引导民间投资政策中单独提及背压式热电联产项目尚属首次。

热电站审批权下放至地方政府，是热电联产行业的利好政策，节省了审批环节的时间，企业可将更多时间和精力投入到生产和技术创新上去。预计未来将会有更多的民间资本涌入热电行业，对推动我国热电行业有大向强转变有重要的作用。

1.2 热电联产行业供需前景预测

（1）热电联产总产量预测

表十：2018-2020 年中国热电联产行业供给预测

	2018E	2020E
蒸汽集中供热能力	127580 吨/时	177420 吨/时
热水集中供热能力	571671 兆瓦	734520 兆瓦

数据来源：中研普华研究院

（2）热电联产国内需求预测

表十一："十三五"期间中国热电联产装机规模预测

	2018E	2020E
装机规模（亿千瓦）	4.3	6.3

数据来源：中研普华研究院

（3）热电联产产业进出口前景预测

我国热电联产发电设备出口"一带一路"沿线国家的市场前景比较好，但目前还集中在中低端产品上，未来有望向高端产品升级。进口方面，我国热电联产目前的核心发电装备对进口的依赖比较大，特别是对德国及日本企业的产品进口，未来随着国内热电联产装机规模的提升，在国产装备替代率上升有限的市场环境下，进口装备依然有较大的容纳空间。

2.超算余热

超算余热利用是一个全新能源利用方式,超算领域的成本主要由芯片成本及能源成本两大部分组成。随着近几年国内超算技术的发展，超算中心所消耗的能源成本(主要是电力)快速.上升。其中，ASIC 和 GPU 芯片有大约 95%以上的电能转化为热能,云计算数据中心总耗电量中 31%以上都用于制冷系统来维持散热需求。

超级计算机的芯片就像电热丝一样。计算频率越高，电路越烫，直至能熔化金属。芯片越做越小，也是为了少产热。家用计算机用风扇散热；而许多超级计算机用效率更高的水冷。集成电路热量回收利用系统，该系统包括水泵、管道，带有微细通道的热沉、集成电路板、热电制冷元件，热水回收箱以及回路中的截至阀;其特征在于,冷却水由水泵控制打入带有微细通道的热沉，以冷却水流速控制冷却强度，集成电路安置在热沉上方，并且在核心发热元件下方安置热电制冷元件进行精确降温，冷却水吸收集成电路以及热电制冷元件所产生的热量，带入热水回收箱，在水温过低时，将打开截至阀，再次作为冷却水进入系统吸热，最终达到合适的水温以待利用一般的水冷系统使用十几摄氏度的冷水，出水在 20 摄氏度左右，热量难以利用。而热水做介质，热量方便利用，比如接入大楼暖气系统实现低温供暖。

世界各地的城市都在探索如何利用数据中心的废弃热量作为额外能源：在斯德哥尔摩，这个项目被称为“斯德哥尔摩数据公园”,它由市政府、Fortum Varme(当地供热和制冷机构)以及其他机构合作运营。斯德哥尔摩的各大数据中心都参与进来，而随着越来越多的企业希望通过加强气候意识提高声誉，并通过一种新的商业模式赚钱，这个数字还在不断增长。最近，爱立信和服装零售连锁店 H&M 运营的数据中心也都加入了这个项目。在斯德哥尔摩的大部分时间里，数据公园项目是这样运作的：冷水通过管道流入数据中心，在那里被用来制造冷空气，以防服务器过热。经过冷却过程加热的水再流回管道中，进入到 Fortum Varme 的工厂里，并在分散为众多住宅供热。瑞典并不是唯一一个尝试这个想法的国家。在芬兰等地的小规模项目中，也存在类似试验。自去年以来，芬兰的某个数据中心散发的热量始终被用来为小城住宅供暖。而在美国、加拿大以及法国，也有类似的项目。只是瑞典决定在全国范围内扩大规模是--项史无前例的实验。

第五节 热点与巨变

1.煤改电

“煤改电”是当下十分普及的一-种方式。所谓“煤改电”，就是在采暖季，把以煤炭为主要来源的传统锅炉改为用电这种清洁能源来取暖的采暖设备,比如电锅炉、空气源热泵等。电取暖不仅较燃气取暖对于降低氮氧化物有着明显优势,且对于大气污染治理也有着明显成效。根据估算，北京地区“煤改电”后每个采暖季可减少散煤燃烧 452 万吨，减排二氧化碳 1176.37 万吨、二氧化硫 10.86 万吨、氮氧化合物 3.17 万吨。

“煤改电”不仅可助力减少大气污染物，同时它作为电能替代的主要举措之一，也是转变经济发展方式、调整能源结构的重要切入点。国家能源局《电力发展“十三五”规划》对电能替代提出的总体目标为 4500 亿千瓦时。国家电网公司 2016-2018 年已完成替代电量 3566.02 亿千瓦时，占目标总量的 79%。其中，2018 年完成电能替代电量 1353 亿千瓦时，占当年全国完成总量的 87%，约占总体目标的 30%。

电能替代也是提升电气化水平的主要措施之一。2018 年我国电气化率为 21%，人均用电量接近 5000 千瓦时，仅为 OECD(经济合作与发展组织)国家人均用电量的 60%左右。另据统计，除去工商业用电，我国 2018 年居民人均用电为 510 千瓦时，略高于世界平均水平。2020 年是“十三五”规划的收官之年，根据《能源发展“十三五”规划》要求，到 2020 年，中国煤炭消费总量所占比重应减少到 58%，《北方地区冬季清洁取暖规划》提出，到 2021 年清洁取暖率达到 70%，代散烧煤 1.5 亿吨。由此可见，清洁供暖仍然释放着巨大的市场空间，目前电取暖工作和电能替代还处在关键期、攻坚期，截至到 2018 年我国电气化率为 21%，仅为 OECD 发达国家人均用电量的 60%。中国电力企业联合会理事长、全球能源互联网发展合作组织主席刘振亚预计 2030 年我国电气化率、全社会用电量将分别达到 31% 与 10.4 万亿千瓦时，2050 年我国电气化率、全社会用电量将分别达到 52% 和 14 万亿千瓦时。这些数字信息都在告诉我们："煤改电" 成效初显，电能替代前景广阔。

2. 余热利用

余热是在一定经济技术条件下，在能源利用设备中没有被利用的能源，也就是多余、废弃的能源。余热回收利用是提高经济性、节约燃料的一条重要途径。

根据余热资源在利用过程中能量的传递或转换特点，可以将国内目前的工业余热利用技术分为热交换技术、热功转换技术、余热制冷制热技术。

2.1 热交换技术

热交换技术是回收工业余热最直接、效率较高的经济方法，该类技术不改变余热能量的形式，只是通过换热设备将余热能量直接传递给自身工艺的耗能流程，降低一次能源消耗。主要利用方式有间壁式换热、余热锅炉、蓄热式热交换、热管的换热等。

2.2 热功转换技术

利用热功转换技术可提高余热的品位，是回收工业余热的另一重要技术。

按照工质分类，热功转换技术可分为传统的以水为工质的蒸汽透平发电技术和以低沸点工质的有机工质发电技术。

目前主要的工业应用以水为工质，以余热锅炉+蒸汽透平或者膨胀机所组成的低温汽轮机发电系统。

2.3 制冷制热技术

与传统压缩式制冷机组相比,吸收式或吸附式制冷系统可利用廉价能源和低品位热能而避免电耗,具有显著的节电能力和环保效益,得到了广泛的推广应用。

吸收式余热制冷机组制冷效率高,适用于大规模热量的余热回收。吸附式制冷系统结构简单,无噪音,无污染,可用于颠簸震荡场合,更适合利用小热量余热回收,或用于冷热电联产系统。

热泵以消耗一部分高质能(电能、机械能或高温热能)作为补偿,通过制冷机热力循环,把低温余热源的热量“泵送”到高温热媒,热泵技术常被用于回收略高于环境温度(30～60℃)的废热,达到节能降耗的目的。

3. 清洁供热

清洁供热指热能生产、管网输配及用户使用全过程的节能清洁环保。

清洁供热，是指因地制宜使用清洁化能源（热源），直接或通过高效输配管网为热用户提供安全、绿色、经济热能的供热方式，其实质是热能的生产、输配及使用的全过程实现节能清洁环保。清洁化能源主要指天然气、电、地热、生物质、太阳能、风能、空气能、工业余热、煤炭清洁利用及核能等能源。热用户涵盖工业、农业及建筑等所有生产、生活场所。

广义的清洁供热是指工业、农业和建筑等所有生产生活场所供应热水和蒸汽的供热方式。主要是指因地制宜使用清洁化能源（热源），直接或通过高效输配管网为热用户提供绿色、经济热能的供热方式。不仅涉及清洁化能源（热源）、高效输配管网（热网）、节能建筑（热用户）等全过程，还包含供热之外的方案设计、融资服务、节能改造、工程施工、精细管理及智慧运营等环节。

狭义的清洁供热主要是建筑清洁供暖，是指高效利用天然气、电、地热、生物质、太阳能、风能、空气能、工业余热、燃煤清洁利用及核能等清洁化能源（热源），直接或通过高效输配管网（热网）为节能建筑（热用户）提供绿色、经济热能的供暖方式。

推进清洁供热产业发展，可以减轻大气污染压力。我国环境和节能形势严峻，一是能源消费持续增长，尤其是高耗能行业能源消费的增加，对单位国内生产总值能源强度指标形成较大压力；二是雾霾频发，国家强化环境约束，严格控制污染物排放指标，压煤减量，推广清洁供热技术，对于提高能源利用效率、打好雾霾污染防治攻坚战意义重大。

（1）改善空气质量，提高健康水平

我国北方雾霾天气常发，严重威胁人民生命健康。据有关测算，雾霾天气中燃煤排放贡献率约占 40%。在我国能源消费构成中，2017 年煤炭消费占比 60.4%，远高于 OECD 国家平均水平 20%。我国二氧化硫排放量的 90%、氮氧化物排放量的 67%、烟尘排放量的 70%、二氧化碳排放量的 70%来自于燃煤，这些污染物是雾霾的主要物质构成。压减燃煤，推进清洁供热已是当务之急。如使用工业余热、电、天然气等优质能源以及可再生能源替换煤炭，可以作为城镇供热的主要热源。

清洁供热的出发点和落脚点均是改善环境质量，且具有节能减排和减少温室气体排放等协同效应。2017 年，中国城镇供热（集中、分散）能耗 1.24 亿吨标煤，北方地区冬季供热期燃煤量大、管理粗放，导致北方地区冬季大气污染严重、空气质量下降明显。根据美国健康影响研究所（HEI）与清华大学 2016 年 8 月发布的研究报告《燃煤和其他主要大气污染源所致的中国疾病负担》，燃煤污染物排放是中国疾病的重要诱发因素之一，估计 2013 年造成约 36.6 万人死亡，燃煤产生的大气 PM2.5 成为诱发死亡的第 12 大风险因素，死亡率甚至高于高胆固醇、吸毒和二手烟。

（2）供暖品味对口，提高能源效率

我国已探明煤炭储量占世界储量的 11%，原油占 2.4%，天然气占 1.2%，但人均能源资源占有量不到世界平均水平的一半。我国能源资源有限，城乡供热热源必须从基本国情和资源禀赋出发，坚持节约资源、能源品味对口和分级利用的原则。热是低品位的能源，燃烧优质、高品位的天然气并非最佳选择，而应将余热利用作为首选，如利用略高于供热温度的余热，可以真正实现品味对口，使能源资源得到高效、充分、合理利用，才能实现以资源的可持续利用支撑我国经济社会可持续发展。

我国城镇集中供热经过40多年的发展，已经形成以燃煤热电联产为主要热源、以区域锅炉为辅助热源的大型集中供热为主体、以天然气、热泵、地热能、工业余（废）热等其他清洁能源分布式或分散式供热为补充的基本格局。近几年，随着各地贯彻《大气污染防治行动计划》，“煤改气”的力度逐年加大，城镇供热对天然气的需求日益增加，每年冬天都会形成高达100多亿立方米的天然气供应缺口；部分缺口完全可以用清洁能源区域供热来填补，为天然气供热锅炉或天然气热电联产锅炉加装清洁能源集热场，可大幅度减少对天然气的依赖，提高城镇清洁供热的能源供应安全性。

（3）减排温室气体，引领低碳发展

依据《中美气候变化联合声明》中国的承诺，基于中国现有的集中供热安装容量447GW，中国计划在2030年前后CO_2减排达到峰值并将努力早日实现；2015年底非化石能源占一次能源消费比重为12%，计划到2020年达到15%。若非化石能源全部采用清洁供热技术，可以实现CO_2减排3000万吨，NO_2减排19万吨，SO_2减排38万吨，PM10减排29万吨，极大地缓解城镇空气污染压力，并能协同降低温室气体排放强度。但中国实际情况与计划目标尚有较大差距。到2015年底，北京市供热能源消耗中可再生能源比重仅为0.8%。提高非化石能源占一次能源消费的比重，大规模采用清洁能源区域供热、发展清洁供热产业，势在必行。

中国的行动已经得到国际社会的认可。联合国环境署2016发布的《绿水青山就是金山银山：中国生态文明战略与行动》报告指出，中国的生态文明建设，是对可持续发展理念的有益探索和具体实践，为其他国家应对经济、环境和社会的类似挑战提供了借鉴。习近平主席多次在国际舞台表示，中国将一如既往地深度参与全球环境治理，通过“一带一路”倡议等多边合作机制，为维护全球生态安全做出积极贡献，并成为全球生态文明建设的重要参与者、贡献者、引领者。

第三章 油气行业

第一节 石油

石油是指气态、液态和固态的烃类混合物，具有天然的产状。石油又分为原油、天然气、天然气液及天然焦油等形式，但习惯上仍将“石油”作为“原油”的定义用。

石油是一种黏稠的、深褐色液体，被称为“工业的血液”。地壳上层部分地区有石油储存。主要成分是各种烷烃、环烷烃、芳香烃的混合物。是地质勘探的主要对象之一。

石油的成油机理有生物沉积变油和石化油两种学说，前者较广为接受，认为石油是古代海洋或湖泊中的生物经过漫长的演化形成，属于生物沉积变油，不可再生；后者认为石油是由地壳内本身的碳生成，与生物无关，可再生。石油主要被用来作为燃油和汽油，也是许多化学工业产品，如溶液、化肥、杀虫剂和塑料等的原料。

1. 石油历史

1.1 古代人对石油的利用与开采

早在公元前 10 世纪之前，古埃及、古巴比伦和印度等文明古国已经采集天然沥青，用于建筑、防腐、黏合、装饰制药，古埃及人甚至能估算油苗中渗出石油的数量。楔形文字中也有关于在死海沿岸采集天然石油的记载。“它黏结起杰里科和巴比伦的高墙，诺亚方舟和摩西的筐篓可能按当时的习惯用沥青砌缝防水”。

公元 5 世纪，在波斯帝国的首都苏萨附近出现了人类用手工挖成的石油井。最早把石油用于战争也在中东。《石油、金钱、权力》一书中说，荷马的名著《伊里亚特》中叙述了“特洛伊人不停地将火投上快船，那船顿时升起难以扑灭的火焰”。

公元 7 世纪，拜占庭人用石油和石灰混合，点燃后用弓箭远射，或用手投掷，以攻击敌人的船只。阿塞拜疆的巴库地区有丰富的油苗和气苗，这里的居民很早就从油苗处采集石油作为燃料，也用于医治骆驼的皮肤病。1837 年，这里有 52 个人工挖的采油坑，1827 年增加到 82 个，不过产量很小。

欧洲从德国的巴伐利亚。意大利的西西里岛和波河河谷，到波兰的加利西亚。罗马尼亚，中世纪以来，人们就有关于石油从地面渗出的记载。19 世纪 40-50 年代，利沃夫的一位药剂师在一位铁匠帮助下，做出了煤油灯。1854 年，灯用煤油已经成为维也纳市场上的商品。1859 年，欧洲开采了 3600 桶石油，主要产自加利西亚和罗马尼亚。中国也是世界上最早发现和利用石油的国家之一。约 800 年前，陕北已经正式手工挖井采油，其用途已扩大到治疗牲畜皮肤病，而且由官方收购入库。

1.2 现代石油工业的诞生

现代石油工业诞生于 100 多年前的美国。1853 年，有一个叫乔治比尔斯的小伙子，探亲途中经过油溪，看到了人们用原始方法采油。随后，他又在自己老师的办公室里看到了石油样品。比尔斯是个聪明、敏锐、善于擒捉商业机会的人，当他看到石油样品的一瞬间，头脑中立刻闪过一个念头：“这石油能够燃烧，能不能用它来做照明材料呢?”当时人们普遍使用的照明方法是靠点燃没在动物油脂或植物油中的灯芯，富人用的是抹香鲸油，因此，人们对高质量、低价格的照明材料有着强烈的需求。随着工业革命的发展，大机器生产对润滑油的需求越来越大，传统用做润滑油的猪油也越来越不能满足需要。

19 世纪 40-50 年代，人们开始从煤和其他碳氢化合物中提炼所需的油料。1854 年加拿大人阿伯尔哈曼盖斯纳在美国申请了制造“蜡油”的专利。

1869 年，美国纽约的蜡油工厂日产量可达 5000 加仑(1 加仑=3.78541 升)，这一年美国 34 家公司生产的蜡油价值达 500 万美元。与此同时，纽约商人改造了一种维也纳人使用的带玻璃罩的蜡油灯，并传销世界各地。在这种情况下，蜡油的需求越来越大，油源 8 益成为问题。

比尔斯产生上述想法以后，立即找人合作，组成投资集团。他们邀请耶鲁大学的西利曼教授对石油作化学分析，以便了解它是否能够用做照明材料。1855 年 4 月 16 日，西利曼教授提交了一份划时代的试验报告。1858 年的春天，德雷克上校作为公司的全权代理人，带着公司给的 10000 美元。来到泰特斯维尔的油溪附近开始钻井采油。这是美国大规模商业开采石油的开始，一般认为这也是世界范围内大规模商业性开采石油的开始。有人评价说:“1859 年美国发现了石油这种新资源，标志着人类新纪元的开始”。从这时起，一部轰轰烈烈的石油历史开始了，现代石油工业诞生了。

1.3 我国石油产业起源于近现代

中国近代的石油产业，始于 19 世纪术 20 世纪初的台湾、陕西与新疆。1907 年陕西延长油厂提炼原油成功，标志中国炼油工业由此萌芽。1817 年，台湾苗栗居民在出磺坑口龙溪畔发现油矿。1861 年，台湾挖了一口深 3 尺的油井，每日可产油 40 公斤，是亚洲第一，世界第二口油井。1877 年，清政府开发台湾出磺坑油井，每天产油 1500 公斤，但一年后油枯关闭。1902 年，中国新疆乌莱县发现独山子石油矿藏，每公斤可提炼净油六十余斤，开采价值巨大。1904 年，陕西延长县拨款创办延长石油官厂，由候补知县洪洋任总办，开始采石油。1907 年，延长油厂聘用日本技师佑腰弥市郎，用小铜釜提炼原油成功，每日可得 125 公斤，中国炼油工业由此萌芽。

新中国成立后，在 1955 年 10 月，新疆克拉玛依油田喷油。1958 年，青海发现冷湖系列高产油井。在四川，发现了东起重庆，西至自贡，南达叙水的天然气区：川中发现南充、桂花等 7 个油田，结束了西南地区不产石油的历史。到 20 世纪 50 年代末，全国形成玉门、新疆、青海、四川 4 个石油天然气基地。我国全面开启了现代石油工业化时代。

近期，受新型冠状病毒的影响，石油市场需求低迷，国际油价持续承压，对比春节之前，国际跌幅已经超过 10%，并仍有继续下探的趋势。从当前的市场情况来看，疫情的发展态势仍是影响国际油价的主要影响因素，但近期利比亚局势动荡，原油产量迅速下滑，叠加 OPEC+考虑深化减产，给市场提供一定的底部支撑。目前，市场处于震荡期，多空博弈剧烈，同时疫情期间的石油市场动态也将对后市产生深刻的影响。

2. 市场现状

（1）疫情发展态势尚未出现明显拐点，市场需求短期难有改善

受新型冠状病毒的影响，各地区纷纷采取隔离措施，各地交通均处于管控状态，高速限行，城际交通基本停滞，交通运输行业遭受重创。同时，假期延长，2 月 10 号第一批复工多地宣告失败，绝大多数居民居家避险，私家车出行大幅度下降，多数项目工程和工矿企业处于停工歇业状态，成品油市场需求严重萎缩。根据 wind 资讯提供的市场信息显示，1 月份中石化成品油市场销售量同比下滑 12.7%，同时，我个人在节后返工期间询问加油站工作人员得知，疫情期间成品油销售仅占往年同期的三成左右，预计 2 月份成品油市场需求将出现大幅度下滑。

成品油市场需求大幅下滑，进一步传导至上游炼厂。目前，多地炼厂出现憋库现象，纷纷降低开工率来缓解库存压力，据金联创 2 月 5 日公布的数据显示，山东地炼的开工率仅为 47.76%。同时，据市场人士透露，部分企业为了缓解库存压力，出现低价抛售的现象，但即便如此，市场上也鲜有成交。近期，随着疫情的持续，炼厂为了应对下游需求的低迷，缓解自身的库存压力，仍会进一步降低开工率，令原油市场承压。目前，我国拥有约 9 亿吨的炼化产能，平均每天消费 1350 万桶原油，贡献全球约 48%的原油消费增量，是全球最大的原油进口国和第二大的原油消费国。此次疫情暴发，必然对全球石油需求产生严重冲击。

（2）OPEC 是否提前深化减产将成为影响近期油价的主要动能

2 月 5 日，OPEC 技术委员会召开会议，对新型冠状病毒对全球石油市

场的影响进行评估，建议削减 60 万桶/天的产能来应对持续低迷的油价。沙特为减产的主要推动者，但俄罗斯想有更多的时间来评估新型冠状病毒对石油市场产生的影响，至今为止是否提前执行减产仍然悬而未决。国际油价也随着 OPEC 是否执行减产的进展情况，而产生大幅度波动，但仍未出现单边行情，当前美油围绕着 50 美元/桶，布伦特围绕 54 美元/桶形成了一个短暂的市场平衡。

从供应端来看，年前利比亚出现动荡，支持哈夫塔尔的部族武装已夺取东北海岸沿线和南部多个石油出口终端，命令国家石油公司下属 5 个分公司暂停石油出口，总共涉及 50 多处油田和多座油港，严重影响了利比亚的原油生产。在动荡之前，利比亚一直保持着 110 万桶/天以上的原油产量，在遭遇封锁之后，产量迅速下滑至 18.15 万桶/天，产量的迅速缩减，为油价提供了一定的支持。这也是俄罗斯不愿意持续深化减产的主要原因。从短期来看，OPEC 是否深化减产将成为影响短期油价的关键因素，而利比亚减产的影响将更为深远。

（3）新形势下，油价下滑对美国原油市场产生的影响

最近两周，美国原油产量仍未维持在高位 1290 万桶/天的高位水平，原油库存也连续增长，给原油市场带来一定的压力。但当前，原油市场主要受疫情的发展态势和 OPEC 是否深化减产两方面因素的主导，短期内，美国原油市场基本面似乎对国际油价的影响不大。但当前，美油在 50 美元/桶的范围内波动，基本上触及了页岩油的盈亏平衡点，再加上页岩油生产商高杠杆率以及叠加的债务成本，油价的低迷会制约页岩油后期持续的投入，进而影响页岩油中长期产量。若上半年油价持续低迷，预计今年，美国原油产量会出现一个下滑阶段，给中长期的油价提供一定的支持。

第二节 天然气

天然气是指天然蕴藏于地层中的烃类和非烃类气体的混合物。在石油地质学中，通常 指油田气和气田气。天然气主要成分烷烃，其中甲烷占绝大多数，另有少量的乙烷、丙烷和丁烷，此外一般有硫化氢、二氧化碳、氮和水汽和少量一氧化碳及微量的稀有气体，如氦和氩等。天然气每立方燃烧热值为8000大卡至8500大卡。每公斤液化气燃烧热值为11000大卡。气态液化气的比重为0.55。每立方液化气燃烧热值为25200大卡。每瓶液化气重14.5公斤，总计燃烧热值159500大卡，相当于20立方天然气的燃烧热值，因此是人类非常依赖的自然能源之一。

1.天然气历史

1.1 天然气产业的诞生

世界上第一个完整的天然气产业体系是于20世纪20、30年代首先形成于美国的。在这个阶段，美国陆续发现了门罗和潘汉德-胡果顿两座大型气田，使得天然气产业进入了现代的开采使用阶段。二战以及二战后是世界天然气产业的大发展时期：一方面是战争中需要使用天然气等能源，同时战后美国、欧洲、日本的经济需要恢复振兴，因而对天然气等能源的需求十分巨大；另一方面，石油天然气勘探开发的高潮来临，在中东、北非等地相继发现了许多大气田、特大气田，而大批大油田的开发，也提供了巨大储量的伴生气气源。天然气大规模发展的年代是1970年以后。20世纪90年代初期美国率先出现了天然气期货交易，天然气产业体系的发展更加完善。此外，近十多年来，随着技术的改革和创新，越来越多的新型天然气产业出现并不断发展。天然气在19世纪初被用以照明后，其商业化进程逐渐加快。1821年，美国出现了第一家天然气公司。随后，整个19世纪，世界各国尤其是欧美等国，陆续成立了多家燃气照明公司。此时的天然气不再仅仅是煤矿中获得的极少且效率较低的煤层气，越来越多的天然气井被发现。到 19 世纪中后期及 20 世纪初期，天然气的消费不断增加，天然气贸易也随之出现。

1821 年，一个名叫威廉·哈特的年轻人为了获取天然气，在纽约的佛雷多尼亚凿下了一口 9 米深的井，成功地取得较大量的天然气，并且创办了佛雷多尼亚天然气照明公司。19 世纪中后期，世界各地，尤其是欧美等国，陆续出现了多家燃气公司，天然气的用途也逐渐不局限于照明工业。随着天然气需求的增加，天然气贸易也随之出现。1886 年，随着美孚石油托拉斯的成功，约翰·洛克菲勒创办了美孚燃气托拉斯，并且迅速购买JN·普在匹兹堡的输气权和销售权。1891 年，加拿大和美国间铺设了一条从安大略巴特尔铺到纽约布法罗的输气管线，这标志着天然气国际贸易的出现。但是，这时的天然气产业正处于发展初期，因而贸易量极少，没有规模可言。1821 年至 1916 年间，世界各国在不断普及使用城市燃气的同时，也陆续发现了天然气气田资源。但是，此时的天然气使用仍集中在欧美国家，且由于有限的管道技术，发现的天然气资源大多在当地自行使用。其中，美国天然气的快速商业化为其在接下来的 30 年垄断世界天然气产业奠定了坚实的基础。1945 年以前的世界天然气生产，美国可谓是一枝独秀。

1.2 我国天然气发展的历史

中国的天然气利用已经有很长地历史，战国时期，李冰父子在四川兴修水利时，在盐井中就发现了天然气，当时称为“火井”。随后，从公元 200 年开始，在我国四川邛崃境内就开始用气熬盐。到了北宋仁宗时期，中国的钻井工艺已经有了非常大的革新，促进了天然气的开发利用。在中国，天然气业开始从盐业中独立出来了。公元 16 世纪，四川自然井盐田的天然气成为世界上第一个开发的气田。从 1949 年到 1975 年为我国天然气发展的起步期，由于中国油气勘探开发技术的落后，中国的天然气年产量从 1000 万立方米增长到 100 亿立方米，四川盆地多个小型气田是产量主体，初步建成川渝输气管网。从 1976 年到 2000 年，中国天然气进入缓慢增长期，由于这段时间中国的主要精力都是投入在找油上，这个时期石油对于我国的用途远远高于天然气的需求。中国天然气年产量从 100 亿立方米增长到 300 亿立方米，油气工业呈现“重油轻气”特点，发现了一些小型气田，油田伴生气（溶解气）产量增加，占总产量 40%。从 2001 年开始，中国的天然气进入新时代，开始进入快速增长期，年产量由 300 亿立方米快速增长到 1300 亿立方米以上，年均增速 10.6%，建成以鄂尔多斯、塔里木、四川和南海 4 大生产基地为代表的工业格局；油气工业呈现“油气并重”特点，即将进入“稳油增气”新时期。到“十三五”末，初步形成以西气东输、川气东送、陕京线和沿海主干道为大动脉，连接四大进口战略通道、主要生产区、消费区和储气库的全国主干管网，形成多气源供应，多方式调峰，平稳安全的供气格局。

2. 市场现状

2.1 国内天然气产量不断增加

2018 年我国天然气产量为 1610 亿立方米，同比增长 7.5%，增速显著低于消费量增速。根据全国油气资源动态评价结果，我国天然气已探明地质储量为 5.44 万亿立方米，其中常规天然气 4.4 万亿立方米，页岩气 1224 万立方米，煤层气 3344 万立方米。虽然非常规天然气储量丰富，但非常规天然气开发难度较大。目前，在我国自产天然气结构中，非常规天然气的占比仍然较小。近年来，我国天然气产量增速显著跑输消费量增速，导致供需缺口不断扩大，需要增加进口量进行弥补，不利于我国能源安全。为了提然气国产量，大型常规油气田的基数大、增产空间有限，我国重要的国产气增产空间在三种非常规气源：致密气、页岩气、煤层气。

2.2 天然气能源不断受到重视

近年来过高的煤炭消费量导致污染日益严重，使用天然气等清洁能源逐步代替煤炭是改善质量的有力举措之一。进入 2017 年之后，受到自上而下“煤改气”政策的推动，我国天然气消费量大幅增长，2018 年更是达到了 2803 亿方，同比增长 18.12%。预计随着“煤改气”政策的深入推进，天然气的消费量仍将持续高速增长。天然气消费量快速增长的同时，天然气产量增速则略显缓慢。2018 年我国天然气产量为 1610 亿立方米，同比增长 7.5%，增速显著低于消费量增速。这就导致下游消费量的爆发只能靠进口来进行弥补，进而我国天然气的对外依存度不断攀升，2017 年中国超过日本成为世界上最大的天然气进口国，2018 年天然气对外依存度进一步上升至 45%。另外，国家也明确了取暖季生产的非常规天然气增量部分的重要性，体现“冬增冬补”原则，取暖季非常规气产量的增长越多，获得的补贴资金量比例越大，鼓励生产企业提升采暖季非常规天然气的保供能力。中国天然气有良好发展前景，但资源品质总体偏差，未来发展面临巨大挑战，因此应加强理论、技术攻关，常规与非常规气并重，以推动中国天然气快速发展。

2.3 未来天然气市场的变化

到 2020 年，液化天然气的买方市场几乎肯定会延续下去。全球液化天然气需求将会增长，但目前液化天然气供应过剩。国际能源机构预测，就出口量而言，澳大利亚将在 2022 年超过卡塔尔，然而到 2024 年，这两个国家都将被美国超越。由于可获得的液化天然气数量巨大，期限更短、灵活性更强、相关限制更少的合同，将成为未来趋势

第三节 页岩油气

页岩油是指以页岩为主的页岩层系中所含的石油资源。其中包括泥页岩孔隙和裂缝中的石油，也包括泥页岩层系中的致密碳酸岩或碎屑岩邻层和夹层中的石油资源。全世界页岩油总储量为 3450 亿桶，其中俄罗斯 750 亿桶，美国 580 亿桶，中国 320 亿桶。近年来，俄卢克石油公司、俄罗斯

石油公司同美国埃克森美孚石油合作、俄罗斯天然气石油公司同壳牌公司合作，计划开始对页岩油进行试验性开采。和俄罗斯情况不同的是，由于压裂和定向钻井技术的广泛应用，美国页岩油开采已达石油开采总量的30%。在对伊朗进行制裁的情况下，由于页岩油储量的存在，使国际市场原油价格能一直保持在每桶 120 美元以下。

1. 页岩油气历史

1.1 美国领跑页岩油气产业发展

21 世纪以来，美国成功开发页岩油气，改变了世界能源供需格局，极大地促进各国对页岩油气勒查开发的关注。美国在页岩油气资源的商业化生产方面一路遥遥领先，加拿大紧随其后，澳大利亚正处于起步阶段，欧洲“松绑”页岩油气开发。在亚洲，中国掀起页岩气开发热潮，但很多地区的非常规页岩油气相对未开采。阿根廷成为拉美页岩气的先行者。北非四国也准备加人页岩气的勘探开发。总体看。除北美外，目前世界多数国家的页岩油气勘探和开发仍处于起步阶段。特别是近期国际油价大幅下跌，使得世界页岩油气开发的步伐有所放慢。

美国对页岩气进行研究和钻探最早始于 19 世纪 30 年代，但直到 1980 年美国政府实施了非常规燃料免税政策后，页岩气才得到广泛的商业性开采，特别是 1981 年 Mitchell 能源公司在德克萨斯州北部 Fort Worth 盆地 Barnett 页岩的成功钻探，再一次引起了人们对页岩气的兴趣，但由于技术等原围，1989 年美国仅产页岩气 42×10m。到 20 世纪 90 年代，在政策、价格和技术进步等因素的推动下，美国页岩气产量增速加快。特别是 2003 年采用水平井开发技术后，页岩气产量大幅增长，当年达到 200m×10m2。在美国参与页岩气开发的石油公司，也从 2005 年的 23 家发展到 2008 年的 60 多家。

1.2 加拿大页岩油气的发展过程

加拿大是继美国之后世界上第二个成功开发页岩油气的国家加拿大西部黑色页岩广布，地质条件与美国西部非常接近。美国成熟的页岩开发技术可以较为方便地在加拿大移植和应用，这是加拿大页岩气发展较早的重要原因。据2013年美国能源信息署估计，加拿大页岩气和页岩油技术可采资源量分别为16.2万亿立方米和90亿桶，列世界第五位和第九位。20世纪末开始了批量钻井，开展页岩气的勘探及实验研究。2007年不列颠哥伦比亚省东北部开发了第一个商业性页岩气藏，2年后页岩气产量达到72亿立方，2012年产量近215亿立方米，2013年和2014年仍保持这一水平，约占本国天然气产量的15%。受天然气价格走低的影响，加拿大页岩油气勘探重点正从页岩气向页岩油转变。2013年加拿大页岩油平均日产量为34万桶，接近其原油总日产量（352万桶）的10%，产区全部集中在该国的西部省份的艾伯塔省、马尼托巴省和萨斯喀彻温省。2014年，受世界油价冲击，加拿大页岩油投资放缓。

1.3 我国在页岩油气的发展过程

自2012年以后，我国快节奏地明显放宽页岩气开发政策，包括出台页岩气发展规划、两轮页岩气招标等官方行为，形成了页岩气勘探开发热潮。在相关部门和政府的大力推动下，经过近5年的努力，率先在四川盆地取得页岩气勘探突破，探明首个千亿立方米整装页岩气田，并进入规模化开发的初级阶段，勘查开发技术也基本实现国产化，截至2014年12月底，全国共设置页岩气探矿权54个，面积17万km；钻井400口，累计投资230亿元，钻井780口。中石油、中石化和延长石油相继在四川长宁、威远、井研-键为，重庆涪陵、彭水，云南昭通，贵州习水和陕西延安等地取得重大突破和重要发现，获得页岩气三级地质储量近5000亿立方米，形成年产25亿立方产能，铺设管线235km。2014年页岩气产量13亿立方米。但是，我国页岩气勘查开发仍处于起步阶段，仍面临许多问题。目前产量突破主要局限于四川盆地内的海相局部地层，全国多数海相地层以及分布广泛的陆相和海陆交互相地层尚未达到商业化规模。许多勘查开发核心技术尚未完全掌握，自主化产权更是任重而道远。新进人页岩气勘查开发领域的企业多不是传统的油气勘探开发企业，在技术和经验上仍有待提高。

2. 市场现状

页岩气是指赋存于以富有机质页岩为主的储集岩系中的非常规天然气，是连续生成的生物化学成因气、热成因气或二者的混合，可以游离态存在于天然裂缝和孔隙中，以吸附态存在于干酪根、黏土颗粒表面，还有极少量以溶解状态储存于干酪根和沥青质中，游离气比例一般在 20%-85%。

中国在页岩气储量方面大幅领先其他各国，具有深厚的开采潜力。尽管目前在开采技术上处于领先的北美地区仍是全球页岩气的主要出产地区，但储量巨大的中国正在迅速赶上，经过多年勘探开发实践，我国页岩气勘探开发取得重大突破。预计到 2030 年左右，北美和中国将共同贡献全球天然气产量的 20%左右。2010 年中国开始生产页岩气，并迅速形成规模产业。在各方共同努力下，通过技术引进、消化吸收和技术攻关，我国已掌握页岩气地球物理、钻完井、压裂改造等技术，具备 3500m 以浅(部分地区已达 4000m)水平井钻井及分段压裂能力，初步形成适合我国地质条件的页岩气勘探开发技术体系。

2018 年，中国成为继美国和加拿大之后的全球第三大页岩气生产国，页岩气产量为 109 亿方，累计完成页岩气钻井 898 口，提交探明储量 1.05 万亿立方米。其中，中国石油化工集团有限公司的页岩气探明储量 7254.92 亿立方米，产量 66.17 亿立方米；中石油页岩气探明储量 3200.75 亿立方米，产量 42.64 亿立方米。

2018 年 9 月国务院印发的《关于促进天然气协调稳定发展的若干意见》中对天然气总产量的规划，测算页岩气将成为未来几年天然气自产的重要增量，2018-2020 年的复合增速约为 48%，到 2020 年页岩气产量占天然气总产量的比重将提升至 15%。

2.1 中国页岩气迈进商业化发展阶段

中国页岩气进入商业化开发初始阶段。中国页岩气产业发展历程大致分为四个阶段，一是引入阶段：2004 年以前，主要是介绍和引用国外的页岩气基础理论、勘探开发经验和技术。二是基础研究阶段：2005-2008 年，中国政府、三大石油公司和相关大学开始对中国页岩气地质特征进行基础研究，为中国页岩气资源评估、示范区选择以及商业开发提供初步依据。三是示范区勘探开发阶段：自 2009 年以来，中国相继组织开展全国页岩气资源潜力评估、有利区带优选和勘探区块招标工作，在四川盆地、鄂尔多斯盆地取得重大突破。根据国土资源部的数据，我国页岩气地质资源量 134.4 万亿立方米，可采资源量 25.08 万亿立方米，探明储量超过 1 万亿立方米。四是大规模商业开发阶段：2015 年 10 月，中国国际矿业大会公布，继美国、加拿大之后，我国成为第三个实现页岩气商业性开发的国家，目前已初步建成涪陵焦石坝、威远、长宁、昭通四个主力页岩气田，建设产能超过 110 亿立方米/年。2017 年中石化涪陵页岩气产量达 60.04 亿立方米，中石油在四川的页岩气年产量达到 30.6 亿立方米。国内页岩气发展迅速，将成为天然气供给的重要增量。自 2010 年中国首次开采页岩气以来，中国的页岩气开发就已经驶入了快车道。2012 年我国页岩气产量为 0.25 亿立方米，2014 年为 13 亿立方米，2015 年攀升至 45 亿立方米，截至 2017 年底，我国页岩气产量达到 92 亿立方米，仅次于美国、加拿大，位于世界第三位，占天然气总产量的比重达到 6.2%。

2.2 中国页岩气行业发展总体概况

从 2012 年 9 月 10 日国土资源部发布第一轮页岩气探矿权招标公告算起，2013 年我国页岩气实现商业化开采以来，我国就位列世界三大页岩气生产国之一。第一位和第二位分别为美国和加拿大。历经近 5 年时间我国页岩气工业生产已呈现规模之势。

截至 2017 年年底我国页岩气技术可采资源为 1982.88 亿立方米，累计探明技术可采量为 9208.9 亿立方米。中国页岩气可采储量为世界第一，达到了 36 万亿立方米以上。目前重点产区有涪陵、长宁、威远、昭通等多个探勘开发区。2017 年，中国石油在长宁-威远国家级页岩气示范区的新增页岩气探明储量约 1600 亿立方米，同年中国石化在重庆建成了中国最大的页岩气田-涪陵页岩气田。

新增页岩气探明储量2202.16亿立方米，累计探明地质储量达6008.14亿立方米。产量方面，2017年中石化页岩气产量为60.04亿立方米，2018年为60.2亿立方米。2017年中石油页岩气产量为30.6亿立方米，2018年产量为42.7亿立方米。合计产量仅次于美国、加拿大，位居世界第三位。此外，在美国能源信息署2016年发布的国际能源展望中，2040年中国将成为仅次于美国的世界第二大页岩气生产国，页岩气将占总产量的40%以上。

第四节 热点与巨变

1.标准石油

在2007年上映的史诗电影《There Will Be Blood》（血色将至）中，标准石油公司给人留下深刻的印象，在这部展现19-20世纪之交美国西部石油工业兴盛的影片中，标准石油作为石油巨鳄，时刻准备吞噬掉其他小公司。

1859年8月28日，一位名叫德雷克的人用他发明的钻井打出石油，引发了石油开采的狂潮。石油工业迅速崛起，吸引了一个人的目光，他就是约翰·D·洛克菲勒。18岁时，他与人合伙开办了“克拉克—洛克菲勒公司”，从事农产品贸易，并在南北战争中赚到一大笔财富。钻探出石油后不久，精明的洛克菲勒发现石油最赚钱的环节在于炼油，于是他动员克拉克一起出4000美金与安德鲁斯组成了“安德鲁斯—克拉克公司”，经过苦心经营，他们的企业很快成为当地最大的炼油厂。

1865年2月的一天，洛克菲勒以7.25万美元买下了合伙人克拉克的股份，并将公司更名为“洛克菲勒—安德鲁斯公司”。

1870年1月10日，洛克菲勒兄弟、弗拉格勒夫妻和安德鲁斯5人创建了标准石油公司。当时，从石油中主要提取的是煤油，但很多工厂生产的煤油质量低劣，而洛克菲勒一贯坚持要保证质量，这正是标准石油公司名字的由来。1872 年，洛克菲勒计划把所有的炼油厂合并成为一个巨大的联合体，以抑制价格的大起大落，挽救整个行业。

到 1879 年时，标准石油公司已经控制了美国炼油能力的 90%，还控制了几乎所有的进出产油区的石油管和汇集系统，并握有运输的支配权，人们称他为“章鱼”。

1882 年 1 月 2 日，洛克菲勒和他的合伙人正式签署了一份“标准石油公司托拉斯协定”，从而成为世界上第一个大“托拉斯”。在这个托拉斯中，洛克菲勒合并了 40 多家厂商，垄断了全国 80%的炼油工业和 90%的油管生意。为了争取消费者，标准石油公司又向销售市场进军。

1889 年，标准石油公司雇佣的德国化学家赫尔曼·弗雷彻研究成功氧化铜去硫法，利马石油的价格立即从标准石油公司买进时的每桶 15 美元涨到 30 美元，而且继续爬升。

19 世纪末 20 世纪初，汽车、飞机等交通工具的出现，使石油工业继续迎来了新的发展阶段。但标准石油公司的垄断却遭到了更多的挑战。其中以艾达·塔贝尔从 1902 年 11 月开始在《麦克卢尔》杂志上发表的揭发标准石油公司黑暗面的连载文章最为犀利，并于 1904 年结集出版了《标准石油公司历史》一书。而 1901 年上台的西奥多·罗斯福更发起了对标准石油公司和石油工业的调查。

1906 年 11 月，罗斯福政府在圣路易斯联邦巡回法院对标准石油公司提出起诉，指控这家公司违反了反托拉斯。

1909 年，联邦法院判处标准石油公司解散。1911 年 7 月，标准石油公司被分拆被分拆成 34 个独立的公司，而它的传奇则在这些公司中延续。很快这些公司又成为新的巨头。其中，几经变动，“路易斯安娜标准石油公司”1966 年更名为“美孚石油公司”，“新泽西标准石油公司”则于 1972

年更名为“埃克森石油公司”。

1999年，百年来历经合并分割的埃克森和美孚再度合并，成为“埃克森—美孚石油公司”，更荣登2001年《财富》杂志500强之首。

2. 美国页岩气第一

美国在页岩气开发领域处于领先地位。美国较早开始进行页岩气的勘探开发，经过近几十年来的技术进步，美国在页岩气开发领域取得较大成功。根据《美国页岩气开发技术及政策研究 1970-2015》，从历史上看，美国在1821年成功钻探全球第一口商业性页岩气井；1975年-2000年期间，美国的多家页岩气研究机构对页岩气进行了持续和深入的研究；2000年-2006年期间美国页岩气技术取得突破，水平井压裂、水平钻井、多井同步压裂、分级压裂技术工艺不断完善，页岩气单井产量提高，开采成本下降；2007年后美国页岩气进入快速发展期，2007年1月美国页岩气日产量仅1.65亿立方米，2019年3月美国页岩气日产量达18.73亿立方米。

根据美国能源情报总署（EIA）的统计，2017年全美的页岩气产量约为4620亿立方米，较去年增长了7%，开采量已占全美天然气开采总量的一半以上。美国能源信息署预测，到2035年，美国46%的天然气供给将来自页岩气。美国页岩气革命的成功对国际天然气市场产生重大影响，证明了页岩气大规模开采的可行性，世界主要资源国都加大了页岩气的勘探开发力度，持续促进了页岩气行业的发展。

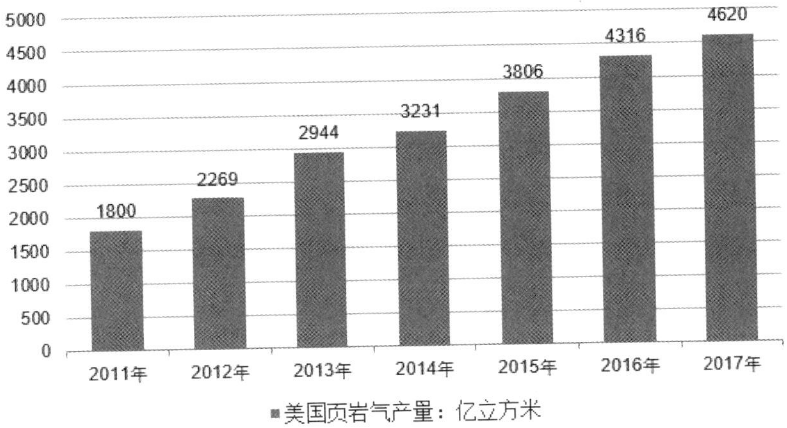

图二十二：2011—2017 年美国页岩气产量走势

近几年，得益于页岩油气开采技术的显著进步，美国页岩气产量大幅增长，2007-2018 年复合增速高达 25.2%，2018 年页岩气产量占全美天然气产量比例达约 63%。在所有页岩油气产区中，Marcellus 区块的页岩气产量独占鳌头，且产量仍保持大幅增长态势，2019 年 12 月已经占到了全美页岩气产量的 31.5%。此外，Permian、Utica 及 Haynesville 区块的页岩气产量增长势头也极为明显。预计未来 30 年美国页岩气产量将保持稳步增长，将从 2018 年 22.05 万亿立英尺增长至 2050 年 42.62 万亿立方英尺。

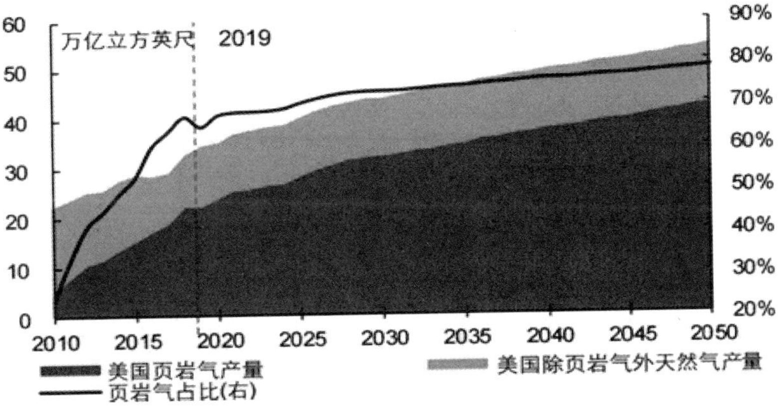

图二十三：未来 30 年美国页岩气产量

美国页岩油主产区和页岩气主产区重合度不高，油价低位背景下页岩油产量下滑主要影响油田伴生气产量。目前，美国前三大页岩油主产区页岩油产量占全美页岩油产量80%以上，分别是Permian(48%)、Bakken(18%)、EagleFord（16%）。而美国页岩气主产区与页岩油产区虽有重合，但是分布较为不同。美国第一大页岩气主产区位于Appalachia盆地的Marcellus和Utica页岩区块，占比达43%以上；第二大页岩气产区是Permian盆地，其也是美国页岩油主产区；第三大页岩气产区是Haynesvile，页岩气产量占全美页岩气产量 13%左右，其中页岩气第一大主产区和第三大主产区中页岩油产量极为有限。因此，可以看到Permian、EagleFord和Niobrara是页岩油和页岩气产区较为重合的区块。

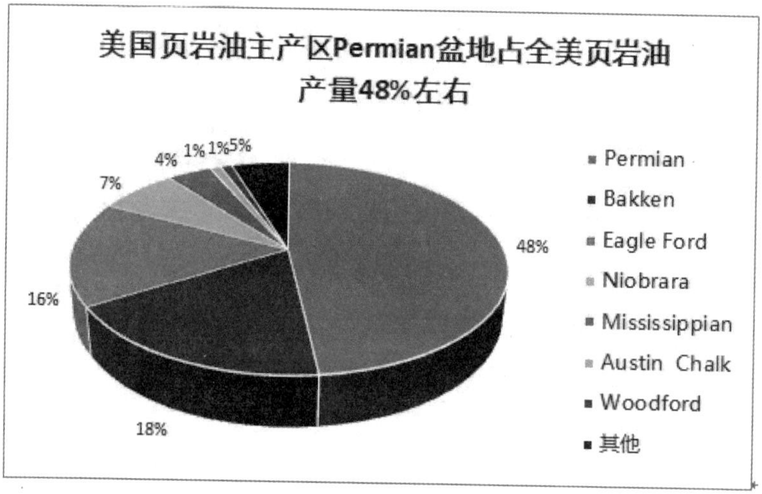

图二十四：美国页岩油产区

自2019年初以来，美国七大页岩油主产区的综合完井率连续增长，9月综合完井率高达1.17，为近三年来最高值。其中，Permian盆地完井率回升至109%，较2019年1月大幅提高了36个百分点；EagleFord完井率回升至114%，较2019年1月大幅提高了28个百分点；Bakken盆地完井率回升至120%，较2019年1月大幅提高了32个百分点。

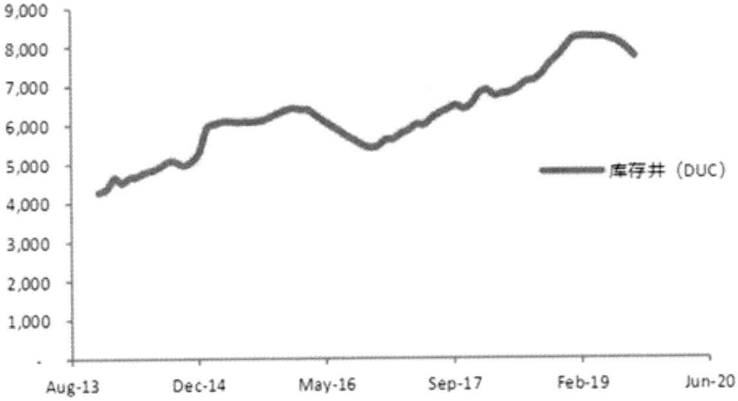

图二十五：美国48州页岩油库存井数值

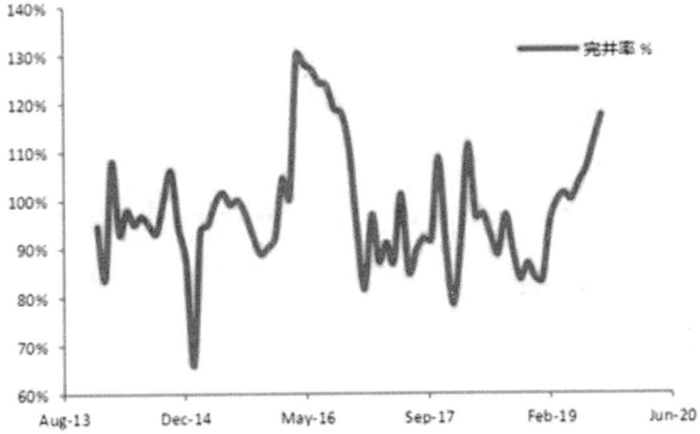

图二十六：美国48州页岩油井完井率

Part 4

算能

模块四：产业金融化纵览

洞察能源与计算产业未来

第一章 金融X计算

第一节 黄金避险

1. 黄金历史

1.1 历史沿革：黄金史就是一部人类经济史

黄金作为一种贵金属，很早就为人类发现、认知和使用。在漫长的人类社会历史中，黄金扮演了多重身份，既可以作为金属品，也可以作为一种财富储藏手段、交易媒介和价值单位。作为一种商品，黄金有着自身的价值和使用价值，伴随商品经济发展，黄金逐渐成为一种具有货币属性的特殊商品。早在公元前 4000 年的时候，古埃及人便铸造金条作为货币，公元前 6 世纪就出现了人类社会最早的金币。此后，黄金、白银铸币逐渐进入流通领域，十九世纪金本位制时期黄金成为一种世界公认的国际性货币。二战以后，布雷顿森林体系下，黄金的国际货币职能部分被美元替代。1978 年，《国际货币基金协定》宣布黄金不再作为货币价值标准，黄金进入法律层面非货币化阶段，人类社会进入完全脱离实物黄金基础的纯信用货币时代。

19 世纪之前：

（1）古代中国的黄金演变

中国古代人民对于黄金的认识和使用主要集中在装饰和货币上。早在奴隶社会早期的夏朝，黄金已经作为货币在使用，司马迁曾记述："虞夏之币，金为三品，或黄、或白、或赤；或钱、或步、或刀、或龟、贝。"

此外，从当时人们对黄金的认识上看，那时的劳动人民主要看重的是由光彩夺目外表而催生的黄金的装饰作用，而货币作用则在其次，那时的人们虽然认识到“金（金属）有三尊，黄金为上，白金（银）为中，赤金（铜）为下”，但是仍然认为“珠玉为上币，黄金为中币，刀布为下币”，可见当时尽管人们已经开始使用黄金，但是黄金还并不是人们心目中最好的货币形式。

自夏、商、周起至近代鸦片战争之前的近四千年间，中国的黄金在开采技术、政策、管理机构、税收、对外通商等诸多方面都实现了稳步增长和进步。到清王朝时期，黄金产量上虽然较前代并无太大增长，但是黄金功能出现了拓展，将黄金充当货币、用作战争赔款、支付对外通商贸易、用作国家储备。到了清代末年，政府已经开始主张大力开采金银，提升国家库存，支撑国家财政，那时的黄金储备已经被看作是国家的富强标志。

（2）其他国家的黄金演变

早在公元前 4000 年的时候，古埃及人便铸造金条作为货币，在每条金条上刻有法老美尼斯的名字，古埃及人甚至制定了黄金与白银的交换比率。不过此时黄金的作用主要仍是装饰品而非充当铸币以及用于储藏，因此，少许数量的黄金即可满足需求。直到公元前 6 世纪黄金铸币的出现与发展，才推动了黄金在普通民众间的流通和大规模的需求；即便如此，大多数的黄金储藏仍由君主和宗教人士所把持。黄金的用途大多数体现在仪式中，以作为宣扬权力、财富、非凡超群以及与神灵亲密无间的媒介。其他主要是用于珠宝饰物和个人装饰之中。

黄金充当货币具有天然的优势。黄金易于久藏，不易破碎，每一块黄金，无论其体积大小，在任何地方都能够被立即辨识，并作为极高价值的载体而被接受。而且，每一块黄金的价值仅以其重量与纯度区分。虽然黄金本身不具备任何功能性质，但在历史上，没有一种具备功用性能的物质能够长期充当货币。在英国早期，牛和奴隶充当过货币，其价值由法律确定。在中世纪，胡椒粉作为货币甚为流行。在一些地区，畜牛成为储藏财富的手段；而非像现代社会中牛被作为食品供应的来源之一。在第二次世界大战结束后的早期阶段，香烟在德国也曾被当作货币来使用。不过这些具备功能性质的货币只是商品经济欠发达时期的一时之选，而黄金这样高价值、可分割、可久藏的物质作为货币是商品经济发展过程中的必然产物。

当黄金仅仅作为财富的贮藏手段时，人们之间的支付行为并不经常发生。支付过程麻烦且耗时。在古代，任意两块黄金或项链在大小与纯度上并不是完全一致的。于是，每项交易中都须精确测度黄金的纯度与重量。铸币的出现，免去对黄金重量与纯度测度的诸项麻烦，使商业活动成为常态。世界上公认最古老的金币大约出现于公元前 6 世纪的小亚细亚半岛西部。根据古希腊史学家希罗多德的记载，“吕底亚（Lydia）人是我们所知第一个铸造并使用金币和银币的民族”。

1.2 金本位制

1816 年英国通过了《金本位制度法案》，从法律的形式承认了黄金作为货币的本位来发行纸币，成为第一个实行金本位制的国家。在英国之后，德国、瑞典、挪威、荷兰、美国、法国、俄国、日本等国先后宣布施行了金本位制。到一战前夕，大多数资本主义国家都已经实行了金本位制度。由于当时英国在世界经济体系中的突出地位，它实际上是一个以英镑为中心，以黄金为基础的国际金本位制度。在金本位制度的全盛时期，黄金是各国最主要的国际储备资产，英镑则是国际最主要的清算手段，黄金与英镑同时成为各国公认的国际储备。

在十九世纪金本位制度之所以能在各个国家相继实行主要原因是 17 世纪以来，世界各地先后发现了丰富的金矿资源，仅 19 世纪后半叶，人类生产的黄金就超过了过去 5 千年产量的总和。

1914 年第一次世界大战爆发后，由于庞大的军费开支，各国纷纷发行不兑现的纸币，禁止黄金的自由输出，金本位制自此开始走向终点。在 1918

年第一次世界大战结束之后，各国期望于恢复金本位制度，不过由于战争的影响，各国通货膨胀问题较为严重，加之各国黄金极不均衡，已经失去了重建金币本位制的基础。1922 年在意大利热内亚召开的世界货币会议上决定采取“节约黄金”的原则，实行金块本位制和金汇兑本位制。

实行金块本位制的有美、英、法等主要资本主义国家。金块本位制度下，黄金只作为货币发行的准备金储藏于中央银行，不再铸造金币和实行金币流通，流通中的货币完全由银行发行的纸币货币单位所代替，人们持有的银行发行的纸币在一定数额以上才可以按纸币规定的含金量与黄金兑换。用这种办法压制了市场对黄金的需求，达到节约流通中黄金的目的，各国的中央银行严格掌管和控制黄金的输出和输入，禁止私人买卖黄金。中央银行保持一定数量的黄金储备，以维持黄金与货币之间的联系。

在金汇兑本位制下的国家货币同另一个实行金块本位制国家的货币保持固定比价，并在该国存放外汇和黄金作为准备金，通过无限制买卖外汇维持本国货币与金块本位国家货币的联系，即“盯住”后者的货币。国家禁止黄金自由输出，黄金的输出输入由中央银行负责办理。

到 20 世纪 30 年代世界经济危机爆发，各国被迫放弃金块本位制和金汇兑本位制，纷纷加强贸易管制，禁止黄金自由买卖和进出口，公开的黄金市场失去了存在的基础，金本位制度就此退出历史舞台。

1.3 布雷顿森林体系下的黄金

20 世纪 30 年代金本位制度崩溃之后，国际货币体系混乱损害着各国的利益，到 1944 年，由于美国强大的军事实力以及美国的黄金储备事实上拥有世界各国官方黄金储备总量 75%以上，参与筹建联合国的 44 国政府代表在美国布雷顿森林签订了“布雷顿森林协议”，建立了金本位制崩溃后的新国际货币体系—布雷顿森林体系。

“布雷顿森林体系”的核心内容是：

第一，美元与黄金挂钩，其他国家货币与美元挂钩。各国确认 35 美元一盎司的黄金官价，各国政府或中央银行可按官价用美元向美国兑换黄金。为使黄金官价不受自由市场金价冲击，各国政府需协同美国政府在国际金融市场上维持这一黄金官价。其他国家政府需规定各自货币的含金量，通过含金量的比例确定同美元的汇率。

第二，确定国际储备资产。美元是国际货币结算的基础，是最主要的国际储备货币。

第三，实行可调整的固定汇率。各国货币对美元的汇率，只能在法定汇率上下各 1%的幅度内波动。若市场汇率超过法定汇率 1%的波动幅度，各国政府有义务在外汇市场上进行干预，以维持汇率的稳定。

布雷顿货币体制中，黄金是稳定这一货币体系的最后屏障，所以黄金的兑换价格及流动都仍受到各国政府非常严格的控制，各国基本上都禁止居民自由买卖黄金，黄金的市场定价机制难以有效发挥作用。从另一个角度看，黄金实际上是被美元囚禁在牢笼里，美国将世界黄金控制在自己手中，用美元取代了过去黄金的作用。

不过布雷顿森林体系本身存在的内部矛盾使得这一体系难以长久维持，1960 年，美国经济学家特里芬提出“由于美元与黄金挂钩，而其他国家的货币与美元挂钩，美元虽然取得了国际核心货币的地位，但是各国为了发展国际贸易，必须用美元作为结算与储备货币，这样就会导致流出美国的货币在海外不断沉淀，对美国国际收支来说就会发生长期逆差；而美元作为国际货币核心的前提是必须保持美元币值稳定，这又要求美国必须是一个国际贸易收支长期顺差国。这两个要求互相矛盾，因此是一个悖论。”

事实上，20 世纪 60 年由于美国深陷越战的泥沼中，财政赤字上涨，国际收支情况恶化，国内通货膨胀难以遏制，美元的信誉受到极大的冲击。由于美国引发的通货膨胀，各国政府和市场力量都预期美元即将大幅贬值，于是各国为了避险美元危机和财富保值需求而纷纷抛出美元向美国兑换黄金，使美国政府承诺的美元同黄金的固定兑换率日益难以维持。到 1971

年，美国的黄金储备减少了60%以上。美国政府被迫放弃按固定官价美元兑换黄金的政策，各西方国家货币也纷纷与美元脱钩，金价进入由市场自由浮动定价的时期，布雷顿森林国际货币体系彻底崩溃。

1.4 牙买加体系：非货币化后的黄金

国际货币体系的黄金非货币化到1978年才正式明确。国际货币基金组织（IMF）在1978年以多数票通过批准了修改后的《国际货币基金协定》，即《牙买加协议》。该协议删除了以前有关黄金的所有规定，宣布：黄金不再作为货币定值标准，废除黄金官价，可在市场上自由买卖黄金；取消对IMF必须用黄金支付的规定；出售IMF六分之一的黄金，所得利润用于建立帮助低收入国家优惠贷款基金；设立特别提款权代替黄金用于会员国与IMF之间的某些支付等等。自此，黄金不再和货币直接挂钩，黄金的商品属性和投资属性增强。在黄金与货币脱钩之后，长期来看，黄金的价格受到供求关系、美元指数（美国非农与通胀，美联储财货政策）、各国通胀水平、其他资产收益率、以及与系统性风险有关的企业信用利差因素的影响，短期来看，受到期货多空头势力的影响。

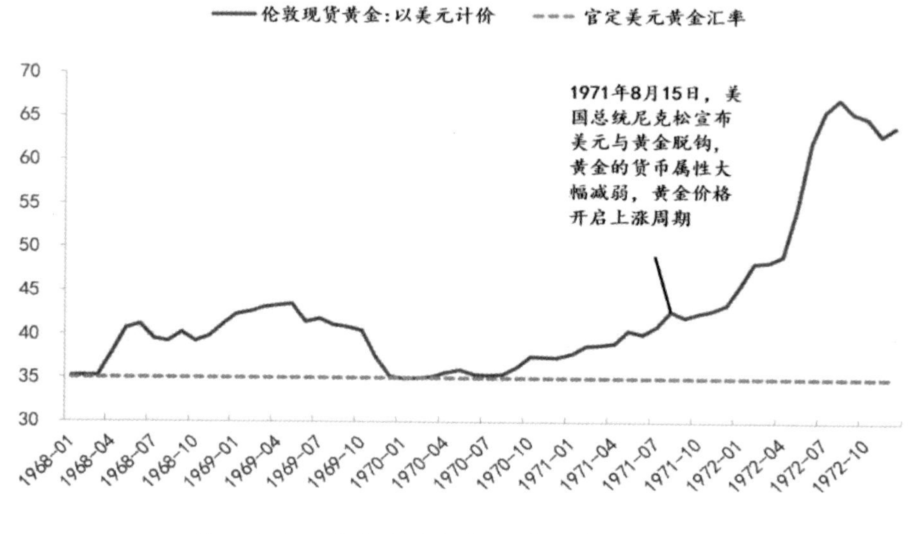

图二十七：伦敦黄金数据与官定美元黄金汇率

由于布雷顿森林体系本身存在的特里芬两难问题，使得布雷顿森林体系难以成为一个长期稳定的国际货币体系。另外，二十世纪六十年代美国深陷越南战争的泥沼，国内财政赤字上涨，国际收支情况恶化，国内通货膨胀难以遏制，美元的信誉受到极大的冲击。彼时，美国黄金储备已经不像布雷顿森林体系建立之初占有绝对优势地位，其他发达国家经济逐渐复苏，各国美元储备已经达到一定高度。到 1971 年，美国已经没有维持黄金官价的能力，8 月 15 日，尼克松政府宣布实行“新经济政策”，停止履行美元兑换黄金的义务，美元与黄金脱钩，伦敦现货黄金价格快速上行，黄金进入市场化定价时代。

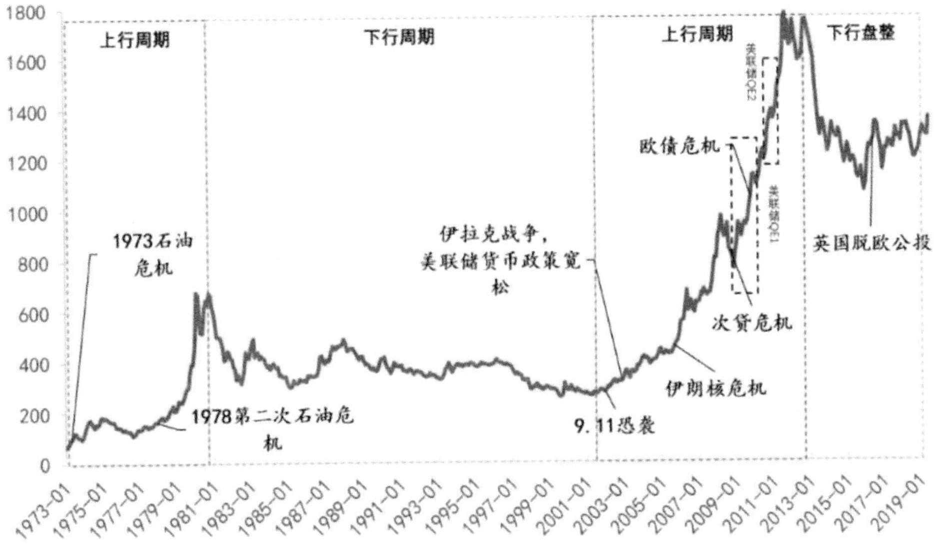

图二十八：黄金经历的五轮上行周期

美元与黄金脱钩至今，从长期金价走势来看，金价经历了两次上行周期；从短期事件和政策变动来看，金价大致经历了五轮上行周期。第一轮周期是 1973 年至 1980 年，由石油危机和美国经济滞胀引发第一轮黄金价格上涨。这期间由于受到 20 世纪 70 年代世界石油危机的影响，以及美国“滞胀”现象的发生，黄金价格从 1973 年的 97.32 美元/盎司涨到 1980

年的 607.14 美元/盎司，1980 年的金价高度直到 2006 年才被打破。第一轮金价上涨之后是持续二十年的黄金下行周期。

第二轮周期自 2001 年 9 月至 2003 年 11 月，由“9.11 恐袭事件”引发，而后由美联储的宽松货币政策和伊拉克战争的影响推动金价进一步上涨。“9.11”发生之后股市暴跌，油价上涨， 美联储实施的宽松货币政策带动全球大宗商品价格上涨，伊拉克战争打响，中东恐怖袭击事件日益加剧，地缘政治持续紧张。黄金价格从 2001 年 9 月 11 日的 287 美元/盎司涨到 2002 年 6 月的 398.35 美元/盎司，黄金牛市的大幕自此拉开。

第三轮周期自 2003 年 12 月开始至 2006 年 5 月结束，由美元疲软、通胀忧虑和全球黄金投资需求上升引发。黄金价格从 2003 年 12 月的 400.25 美元/盎司涨到 2006 年 5 月最高点的 725 美元/盎司。这轮周期波动高度和波动深度都比较大， 2005 年和 2006 年是黄金牛市快速抬升之年，石油价格猛涨，美元走软，通胀忧虑，俄罗斯等央行增加黄金储备，伊朗核危机等地缘政治影响，再加上全球投资黄金热情高涨，投资需求强劲，黄金价格不断走高。

第四轮周期自 2006 年 6 月开始至 2008 年 3 月结束，美联储降息和中东地缘危机引发黄金的第四轮上涨。2006 年下半年次贷危机渐露锋芒，流动性危机引发黄金市场盘整，金价波动深度不大，但收缩时间稍长。2007 年金融危机爆发，美联储紧急降息，原油价格快速上涨，黄金避险投资需求增强，加上中东地缘政治等因素的共同推动，黄金价格一路上涨。黄金价格从2006年6月的625美元/盎司涨到2008年3月最高峰时期的1011.25 美元/盎司。

第五轮周期自 2008 年 4 月开始至 2012 年 10 月，2008 年全球金融危机爆发，各国央行购买黄金储备、美国三次 QE 以及欧债危机共同推动黄金价格的第五轮上涨。随着对美国经济衰退、欧债危机的担忧，多国央行大举购金、美联储多次量化宽松购买国债等因素成为国际金价扩张的有力推动因素。黄金价格从 2008 年 4 月的 887.75 美元/盎司涨到 2012 年 10 月最高峰时期的 1787 美元/盎司，在 2011 年一度接近 1900 美元/盎司。自 2012 年 12 月以来，随着金融危机影响的逐渐消弭，美国逐渐退出量化宽松，美国经济有向好趋势，黄金价格见顶下行，进入盘整阶段。

从黄金的发展脉络来看，从古至今，黄金都与人类的经济活动息息相关。在黄金铸币出现之前，黄金主要由权贵阶层把控，流通量少，属于贵重物品。在黄金铸币出现之后，黄金有了作为货币流通的基础，但由于黄金的稀有，流通量仍然很小。彼时黄金的定价方式单一，主要由其产量决定。到金本位时期，黄金或直接，或间接作为货币，其价格主要受各国货币体系变动的影响，产量不再是黄金价格的主要影响因素。到布雷顿森林体系时期，黄金价格受到严格把控，市场金价基本围绕美元的官定金价 35 美元/盎司波动。在上述的几个时期，黄金大多都掌控在皇权、宗教、各国央行手中，流动在普通人手中的黄金数量稀少。一直到牙买加体系时期，黄金彻底和货币脱钩，黄金作为一种商品、投资标的在市场上流动，黄金的需求较之前发生大幅度的变化，黄金的交易更加频繁，黄金的定价因素更加复杂，黄金的需求变得多元化。因此，在后文中，我们主要阐述牙买加体系建立之后市场、供求和定价方式。

2. 市场规模

2.1 全球黄金饰品需求较大

黄金资源十分珍贵，在自然界中的储量较低，在世界范围内的分布相对较广，澳大利亚、俄罗斯、南非、美国、印度尼西亚、巴西、秘鲁、中国、加拿大、乌兹别克斯坦等是目前世界查明黄金资源可控制的基础储量最多的国家。其中，我国黄金资源可控制的基础储量为 2000 吨，位居世界第八位。

黄金兼具商品与金融工具的双重特点，其需求可分为黄金饰品需求、投资用金需求、中央银行需求和工业用金需求四大类。从全球黄金需求的分布来看，黄金饰品需求和投资用金需求所占比重较大。2019 年全球黄金饰品需求为 2107.04 吨，投资用金需求为 1271.70 万吨，中央银行需求和工业用金需求分别为 650.32 吨和 326.62 吨。

2.2 全球矿产黄金为主要供应源

黄金的供应主要由矿山生产黄金、再生金和生产生对冲额构成，其中矿上生产黄金是黄金供应的主要来源。2019 年全球矿山生产黄金 3463.67 吨，占黄金总供给的 72.52%;再生金产量 1304.11 吨，占黄金总供给的 27.30%。

根据美国地质调查局的统计数据，2019 年全球矿产金总产量达到 3300 吨，其中，黄金产量过百吨的国家合计 10 个，分别为中国、澳大利亚、俄罗斯、美国、加拿大、印度尼西亚、加纳、秘鲁、墨西哥和乌兹别克斯坦。这些国家黄金产量合计约为 2030.23 吨，占 2019 年全球矿山黄金总产量的 61.52%。

2.3 全球金价大幅上涨

2005 年起，国际黄金价格持续上行，至 2011 年 9 月达到 1900 美元/盎司的历史高位后，此后至 2013 年 4 月中旬，国际金价在 1500 美元/盎司至 1900 美元/盎司之间的区域波动。2013 年 4 月中旬以来，受全球经济形势前景预期及美国货币政策等因素的影响，国际黄金价格出现下跌，由 2013 年 4 月上旬的 1560 美元/盎司左右一路下跌至 2013 年末的 1200 美元/盎司左右，此后国际黄金价格在 1100 美元/盎司至 1300 美元/盎司左右宽幅震荡。

2019 年度，国际黄金价格自年初以 1282.40 美元/盎司开盘，6 月起黄金价格开始向上突破，2019 年 9 月 4 日达到 1，557.03 美元/盎司，年末收于 1517.10 美元/司。2019 年度国际黄金平均价格为 1395.60 美元/盎司，同比增长 9.84%。

截至 2020 年 6 月 30 日，全球央行启动新一轮宽松政策，利率下滑降低了黄金持仓成本，黄金作为对冲通胀和风险的工具受到市场追捧，全球更多的避险资金进入黄金市场，国际金价达到 1732.43 美元/盎司，国际金价进入快速上升通道。

2.4 山东省黄金储量最多

我国黄金资源的地区分布不平衡，东部地区金矿分布较广，类型较多。从金矿资源特点来看，主要以岩金为主，伴生金比重较大，难选冶金矿占比较高，小型矿床多，大型、超大型矿床少。根据《中国黄金年鉴 2019》，2018 年我国 30 个省(区、市)有黄金查明资源储量报告，黄金查明资源储量 200 吨以上的共有 18 个省级行政区，黄金查明资源储量合计为 12845.55 吨，占全国黄金查明资源储量的 94.19%，其中四川地区黄金查明资源储量为 458.40 吨，占全国黄金查明资源储量的 3.36%，位居第十一位。

我国黄金市场近年来消费总体保持增长趋势，但存在一定程度的波动，其中 2013 年黄金消费量最高，达到 1176.40 吨。2019 年我国黄金消费量为 1002.78 吨，同比下降 12.91%。2019 年全国黄金实际消费量有所下降主要是受经济下行压力增大等因素影响，国内黄金消费疲软，尤其随着下半年黄金价格的不断攀升，黄金首饰消费出现下滑，未能延续上半年同比增长的趋势。

我国黄金消费量主要来源于黄金首饰用金、金条及金币用金、工业及其他用金等，其中黄金首饰用金、金条用金成为黄金市场消费用金的重要组成部分。2019 年，我国黄金首饰用金量为 676.23 吨，金条及金币用金量为 225.80 吨。

2.5 黄金产量连年下降

近年来，随着国家先后出台环保税、资源税政策、自然保护区等生态功能区内矿业权退出、矿业权出让收益政策、氰渣作为危险废物管理、矿山资源枯竭等因素的影响，部分黄金矿山企业减产或关停整改，2017 年度黄金产量自 2010 年以来首次出现下滑。2017 年全国黄金产量为 426.142 吨，与 2016 年相比，减产 27.344 吨，同比下降 6.03%。2018 年全国黄金产量为401.119吨，与2017年相比，减产25.023吨，同比下降5.87%。2019年全国黄金产量为380.23吨，与2018年相比，减产20.89吨，同比下降5.21%。虽然产量持续下滑，但中国黄金产量连续13年位居全球第一，近年来黄金行业积极响应新时代高质量发展要求，深化供给侧结构性改革，正经历由规模速度型向高质量效益型的转变。

3. 重点事件

3.1 历史避险事件

1987年爆发的全球股灾，以美国纽约股市暴跌为开端，并迅速引起西方主要国家股票市场连续大幅下挫的过程。这是迄今为止影响面最大的一次全球性股灾。股灾造成了世界主要股市的巨大损失：美国股票市值损失8000亿美元，日本损失6000亿美元，英国损失1400亿美元，台湾损失320亿美元，香港损失300亿美元。这次股灾共造成世界主要股市损失达17920亿美元，相当上第一次世界大战直接和间接经济损失3380亿美元的5.3倍。在这场股灾中，黄金由于其出色的变现能力，为投资者在第一时间换回了“救命钱”，再次被证明是非常时刻满足不时之需的绝佳避险品种。

1997年，亚洲金融风暴使韩国经济陷入严重危机，当时韩国的外汇储备只剩下可怜的39亿美元。为渡难关，韩国国民在金融危机后发起“捐金募银”运动，在短短2个月的时间内，收集到349万群众自愿捐赠的家藏黄金225吨，价值217亿美元，使国家度过难关。

1999年末，由于担心“千年虫”在世纪交替时，对全球金融、电讯、电力、交通造成不可估量的损失，如到了2000年，银行里面的电脑可能将2000年解释为1900年，引起利息计算上的混乱，甚至自动将所有的记录消除；您在1999年12月31日23：59打了三分钟的电话，电话局的账单却显示为（100年—3分钟）；由于控制雷达的电脑失灵，空中管制完全瘫痪，班机停飞；最要命的是飞机也会因为自动控制失灵而突然从空中掉下来……世界各地的投资者都纷纷买入黄金，规避风险。

2002 年 4 月 1 日，日本政府取消了多年实行的政府为居民存款担保的政策，政府不再为老百姓在银行的存款提供全额保险，这意味着今后老百姓的存款与银行的经营风险交织在一起，存款也有了风险。日本投资者随后大量购入黄金，以规避银行倒闭的风险。

3.2 金价波动里的避险逻辑

2014 年，俄罗斯外交部确认装甲部队已进入克里米亚地区，6000 俄军增援克里米亚。3 月 3 日周一，金价在亚洲盘面即跳涨，金价上行的分时形态，以及上行幅度，与 2017 年 4 月 7 日报道美国导弹袭击叙利亚一样。早间金价即大幅跳涨，上行约 18 美元，幅度都基本一样。

2016 年，英国举行退出欧盟公投，伦敦黄金现货价格暴涨。公投结果公布后，当天英镑兑欧元汇率和兑美元汇率分别下挫 6.02%和 7.95%。这个趋势一直持续到 7 月底。从 16 年年初至英国脱欧公投前夕期间，美元总体疲弱，从年初的 98.65 下滑至 6 月 22 日的 93.55，中间最低达到 92.60。这段时间内美元与黄金价格的相关系数为-0.8272；而脱欧公投之后的一个多月期间两者的相关系数为 0.4002。

“大炮一响，黄金万两”因为战争、政局动荡，都会让实体经济面对不确定风险，而黄金是始终保值的，别的都跌了，黄金不退则进，比如朝鲜阅兵这样的风险预期前，更多的资金躲进黄金板块里避险，就抬升了股价，不难看出地缘政治下的避险需求对金价的波动还是有直接作用的。

随着市场信号频出，全球范围内地缘政治风险升温，美元资产和人民币汇率均存在不确定性，也有可能贬值；加上目前中国楼市处于高位，房地产的风险和泡沫仍在不断累积。许多投资者已开始为可能爆发的系统性风险提前做好准备，大量资金开始涌入黄金资产。

3.3 地缘政治不能主导金价

加拿大皇家银行（RBC）最新的一份报告，地缘政治事件对于金价的影响已经不同于以往，宏观经济如今才是金价的主要驱动因素。尽管围绕朝鲜和叙利亚的持续不断的地缘政治紧张局势令金价一度反弹，但 RBC 在研究了重大地缘政治事件与金价上涨之间的历史关联后发现，地缘政治事件对于金价的影响在过去几年中一直在减弱。

该行审查了主要地缘政治事件与黄金价格上涨之间的历史性联系，指出多年来地缘政治事件对黄金的影响一直在下降。报告称，最近，地缘政治冲击似乎对黄金的影响要小得多，例如在 2015 年，当时该行没有看到希腊债务危机全民投票或巴黎袭击的短期影响。

该行研究了 1970 年至 2017 年主要地缘政治事件后的黄金价格走势

1970-1993 年，在全球不稳定事件发生一周后，黄金价格平均会上涨 1%，两个月后会上涨 12%，三个月后会上涨 16%；该比例在 2001 年至 2005 年间下降，黄金价格在政治事件发生第一周后上涨 1%，一个月后上涨 2%，两个月后上涨 3%，三个月后上涨 4%；2013 年以后，该比例大幅下滑，黄金价格在第一周平均上涨 1%，后几个月为 0%。

该行把这种变化归因于流动性的显著增加，以及以金币、金条和 ETF 产品形式的实物金市场准入。该行并称，虽然 2016 年英国脱欧公投和叙利亚、朝鲜地缘政治紧张局势加剧之后，黄金的短期价格有所上升，但是该行依然认为地缘政治事件将不再是黄金价格的主要驱动力，全球宏观经济情况和市场情绪才是。

3.4 黄金疫情期间的避险作用

逻辑一：疫情后半场，依旧不确定

疫情目前从世界范围来讲，依旧非常严重，仍然具备再次爆发的可能性，因为只要存在这样的可能性，从避险的角度来说，只要是风险资产类，流动性会打折扣，资金会流向低风险的方向，而黄金的避险作用，就会开始显现

黄金为什么具备避险作用呢？

第一：是黄金比较稀少，且性质稳定。

第二：黄金自古以来就是一种可以换其他物品和财富的一般等价物。

第三：黄金的自身价值，一直比较稳定。

第四：黄金是全球公认的一种稀缺且珍贵的资源。

逻辑二：货币宽松政策助推避险情绪

一方面，美国考虑新增规模达到万亿美元的新一步刺激性政策，另一方面欧洲也将7500亿欧元的复苏基金计划提上日程，这会使得全世界范围内货币宽松的预期得到加强。

而货币宽松政策会导致流动性过剩，流动性过剩必然导致物价上涨，从而购买力下降，而黄金的储量有限，保值作用明显，对黄金的需求就会增加，最终金价就会延续上行的节奏。

逻辑三：美元弱势

美元现在的走势很弱，美国卫生事件控制不力，欧洲及中国等地区卫生事件控制较好，美国对外增长差缩小。尤其是6月以来，美国卫生事件反弹，令其经济复苏可能在7—8月暂时缓一缓。

而与此相反，欧洲卫生事件控制较好，复工复产及需求修复进度近期已经赶上美国。

中国更是在卫生事件控制等各方面均走在全球前列。因此，美国相对外部增长差的缩小，令美元承压。然后就是全球化停滞甚至倒退，美元需求减少。

二战以来的全球化浪潮中，美国获益良多。其中之一就是全球化带来贸易大发展，而贸易中广泛使用美元作为结算货币，从而导致全球对美元需求上升，美国坐收美元铸币税。然而，近年来美国贸易政策的转变，已经令全球化进入停滞甚至倒退趋势。

我们认为，全球贸易退潮，也将令美元贸易结算需求减少。从而在供需方面，决定美元需求减少，美元贬值。而黄金和美元是负相关的，所以在较长一段时间内，美元贬值，黄金升值。

逻辑四：政治因素

包括美国大选在内的时间窗口期间会不确定性事件增加。那么黄金作为避险货币，可以用来规避不确定风险。

第二节 数字法币

1. 数字法币历史

法币是“法定货币”或“法偿币”的简称。国家以法律形式赋予其强制流通使用的货币。其中，主币为无限法偿币，可以自由铸造；辅币为有限法偿币，国家实行限制铸造。旧中国 1935 年 11 月 4 日至 1948 年 8 月 19 日流通货币的名称。旧中国长期采用银本位制，1933 年 4 月“废两改元”以前，实际上是银两与银元并用。“废两改元”后，虽然货币得到统一，但国民党政府财政经济上的困难并未得到解决，英美两国为控制旧中国的货币权，又展开了激烈的争夺。

2018 年国际清算银行，英文是 BIS（Bank for international Settlements），提出批发数字法币（wCBDC）概念。这 wCBDC 大大简化数字法币的复杂度，使数字法币更容易发行。

2018 年 7 月 18 日，IBM 公司发行了它的稳定币，当时我在中国就已提出数字法币。很多人说这不是数字法币（美元），这怎么可能是数字法币，又不是央行发的？事实上它有数字法币几乎所有的要素的存在，过了一个月，IBM 公司也自己就宣称数字美元。九个月后，国际货币基金组织也说这就是“合成的数字法币”（sCBDC），所以一下子之间，IBM 在 2018 年 7 月 18 日发的稳定币就是数字法币。刚开始的时候，大家觉得稳定币不是很重要的事情，但是 2019 年 6 月 18 号后，才发现这一下子冲击到了央行和商业银行的基础，等于是一个金融市场的大改革。事实上真正的开始是

2018 年 7 月 18 日 IBM 事件。

在 2018 年 11 月 3 国央行（英国央行、加拿大央行、新加坡央行）又出了一个报告，讲到批发数字法币如何设计，这是非常重要的。应该说央行所出的报告里面，在科技上这是一个最重要的报告。里面的内容非常多。

2018 年瑞士政府出了一个数字货币的法律框架，这个法律框架讲到一个非常重要的概念，它说数字法币应该不是政府要搞的，央行有自己的工作。如果央行也要发数字法币，有人打电话说，我的数字法币密码不见了，谁能够把我的密码找回来？央行会做这种事情？央行主持国家货币政策的，不是主持金融服务或是科技。所以就应该找专门的单位做专门的事，应该是央行跟科技公司合作。等于证实 IBM 公司在以前说的，政府包括央行和民间例如科技公司合作一起建立数字法币。

2019 年 6 月出了不少稳定币，USC(Utility Settlement Coins)先发布白皮书，联合央行和 15 家系统重要银行（Global Systemically Important Bank,GSIB）发行数字美元、英镑、欧元、日元、加拿大币。当时有些单位已经抓头发了，后来又出现脸书的 Libra 白皮书，终于认识严重了。2019 年 7 月国际货币基金组织发言，说这些稳定币是合成数字货币，而且这些稳定币公司比现在商业银行还要有竞争力，以后说不定会挤压商业银行，这又是另一个震动。

英国数字法币原来计划的目的是服务英国商业银行、商家与个人，这等于银行结构会有大改变。把部分商业银行业务跑到央行。但是，实际的目的是要打击第三方支付以及比特币，因为他们认为比特币和以太坊再不限制以后会有金融危机出现。所以实际目的是在第三方支付公司的正面作战。

2019 年英国央行行长 Mark Carney 退下来的时候发表了一个演说，这些都是他直接讲清楚的。英国央行在 2015 和 2016 年开辟了四个项目：

第一个项目是科技项目，就是 RSCoin，它是数字法币的运行模型。

第二个是宏观数字法币的经济模型以及数字法币的规则，英国央行时世界第一个已经数字法币宏观经济学的国家。现在所有的相关文献引用都指明英国央行是世界第一个研究单位，包括美国都比它晚两年。

第三个计划是沙盒计划，监管沙盒，产业沙盒，保护伞沙盒。

第四个是开放 RTGS 和科技公司合作，希望英国科技公司完成世界第一个有基于 RTGS 的央行。

数字法币的发行主体可实现多元化，它并不局限于中央银行，财政当局可以发行数字债券，邮政当局可以发行数字邮票，官方有价证券的数字化发行，均可视为“法定数字流通证券”。进而，中央银行并不会只发行一种数字法币，可以根据需要发行不同流通范围、不同流通期限的数字法币。

数字通货或数字证券的多样化，是数字经济稳定与发展的必然趋势与要求，不存在技术上的阻碍，法律上的安排也不困难。与此同时，记账货币单位仍将保持单一；且多元化发行主体和多样化数字通货，其基础数字账户体系依然基于中央银行的数字法币账户系统。这就促使数字法币账户体系的结构化与分层化，相较银行货币体系，数字法币体系将更趋灵活、复杂与适变。

数字法币是 24 小时运行的，没有隔夜问题，其实时记录入账，完全不同于银行货币。这就意味着，未来财务活动数字化，将实现“实时”“无间隔（全时）”，既有的记账周期、财务科目、财务规则等都将因数字法币的发行与运行，发生根本“时间革命”。现有社会经济体系中的财务时间节律是人为设定的，以银行作息时间为依凭，未来的数字经济是全时、实时的货币经济运行。

这就表明，数字货币，特别是数字法币，是货币金融历史发展不可移易的必然趋向，是社会经济历史进步不可逆转的步伐。

2. 市场规模

全球法币总市值约 100 万亿美金，美金作为全球通货占 14%。按照所有稳定币 1:1 对标美金的前提，稳定型加密货币总市值理论上可达到 280 亿美金。据 Stablecoinindex 数据，8 种主流稳定币总市值约 23.5 亿美金，占全球加密货币总市值 1.7%。其中 Dai 的市值为 6066 万美金，和 USD、TUSD、USDC 存在一定差距，仅占全部稳定型加密资产市值的 2.5%，市场规模较小。

数字法币是数字化的现钞，即任何时间点数字法币只有唯一一个确定的持有者。没有人也无法为别人的现钞付利息，这就表明，数字法币无息，或利息恒为零，这是完全不同于银行货币的情况。由此，数字法币与银行货币的二元化体系，在利率结构上，出现了截然的大分流，根本上改变了货币政策的利率基础。数字法币所支持的大量资金往来及资金存量都将极大地减低付息压力，局部尚可期待实现负利率。

这就表明，数字法币的发行和运行，更加有助于中央银行推行其货币政策，货币政策将更加精准有效，并整体性地提高金融运行的效率和稳定性。进而，不仅极大地缓解了金融体系的资金运行成本，提高了效率，更促使金融风险特别是系统性风险出现结构性的降低。这更预示着，各主权货币乃至中央银行体系之间的竞争与合作必将历史性地步入数字法币时代。

第三节 BTC 数字黄金

1. 自身价值

2018 年，根据世界黄金协会最新发布的报告，BTC 和数字通证将成为比各国法币更有利的投资替代方案，在投资选项中排名第 10。

然而就在今年年初的时候，世界黄金协会的态度还是截然相反的，当时世界黄金协会称，2018 年 BTC 都快跌没了，BTC 不是黄金的替代品，更称不上是「数字黄金」。

世界黄金协会的调查包括 18000 名投资者的意见，这些投资者主要来自美国，中国，印度，俄罗斯，德国和加拿大等国家，尽管数字通证体系只有 10 年的历史，但是从结果来看，投资者仍然将 BTC 和数字通证视为一种良好的投资选择。

在各种投资方案中，得票前三名分别是储蓄账户，人寿保险和黄金。其他选择包括投资基金，收藏品，主权债券，知名法币（美元，欧元），数字通证的票数高于公司债券，众筹活动和黄金周边领域。

另外根据世界黄金协会的研究，曾经投资过加密资产的投资者，有 40%仍会继续投资加密资产，即加密投资者对加密资产的忠诚度与传统投资者对基金和股票等传统资产的忠诚度一样。

1.1 宏观视野来看

（1）用数学降低减熵共识中的人性权重

根据热力学第二定律，宇宙天然熵增，最终将无序而归于热寂。天文望远镜的观测也从实际验证了这一理论。

人类有史以来的所有努力无非是追求构建暴风雨中一只茶杯内的秩序。但这思想那实验，减熵共识中的人性却常引我们误入歧途，徒耗生命。

只有数学的共识才是无争议的真实。BTC 全网算力已达到了 1.3 万万万亿次哈希碰撞/秒，这千叠浪万仞岗一样飞速壁立陡增的算力，可以看作是用硅基的数学运算为人类构筑数字世界的共识壁垒，或曰驶往外星（Exoplanet）的共识方舟。

（2）可同时推进民主与科学的唯一利器

人类有史之来的减熵共识，努力追求的无非两大目标：民主与科学。而很多时候，这两个方向是平行，甚至互不相干的，我们个人的努力或者项目的进展，往往仅侧重于二者之一。

比如华盛顿的成就侧重于民主，而爱因斯坦的贡献则在科学。而二战时的德国，科学很发达，民主却被践踏。

区块链，迄今为止，似乎是人类第一个可以同时推进民主与科学的伟大工程。

她的分布式共识，当然就是民主的最好实践。而她在AI、5G、云计算、芯片、Fintech、智能合约等领域的广泛运用，更是加速科技，牵引我们奔向外星的火箭。

（3）圣洁的开始，逆袭的风口

区块链创始人中本聪从未露面获名，也未售BTC得利，可谓名利双抛。

而且BTC一开始就开源，就自组织、自激励，谁都可以自由选择加入或退出，机会开放。你虽错过了上个十年，但今后十年百年却可自主把握。

从这个角度看，BTC仍然是底层跃迁，打破阶级固化，实现财富自由的最佳逆袭风口。但机会永远属于有备者。

（4）Exoplanet的价值

人类向外星移民早已不是梦想，而是三五十年内可期的现实。那么将来我们在月球、在火星上建立的新国，或曰新的政治经济实体，将采用何种货币、何种价值锚定物呢？

货币大概率是数字币，而价值锚定物也绝不会是美元、美债或中国房地产，也不可能运几万吨黄金上天，甚至外星上完全可能发现取之不尽的黄金等稀有金属。

现在BTC的算力已超过1.3万万万亿次哈希碰撞/秒，这千叠浪万仞岗一样壁之陡增的算力才是人类奔向外星（Exoplanet）时真正有价值的锚定物和价值贮藏工具。

（5）稳步跃升的安全性

2019年9月21日，美国谷歌公司研究人员在NASA官网上发表论文，称其所研究的量子计算机仅需200秒就可完成目前全球最快超级计算机（“超算”）Summit需一万年才能完成的计算。

谷歌方还对此称“这意味着首个只能由量子计算机完成的工作已经出

现并完成”，将之誉为“迈向全面量子计算机的里程碑”，并使用了“谷歌获得量子霸权”的字眼，引发了广泛轰动。

消息发布的第二天 BTC 大幅波动。

历史上看，类似超导的研究，1911 年荷兰科学家昂内斯（Onnes）就取得了突破，并荣获诺奖。1980 年我上川大物理系时，对超导材料的研究，各国也陆续有了新的进展，但实际在一百多年后的今天，超导体也只有在 -70° C 下才能发挥作用，并未引发室温下的新的现代工业革命。

BTC 诞生以年来，经历了分叉、闪电网络、拥堵、矿难、瀑布式暴跌等各种考验，从未出现宕机。

谷歌的所谓量子霸权离实现破解非对称加密的 Shor 算法还相去甚远，对 SHA-256 一类的安全哈希算法更束手无策。

2020 年，石油美元的立场发生了根本变化：在这之前，美国是石油净进口国，为了维护美元与石油的绑定关系，以及低油价对俄罗斯的经济限制和对美国 GDP 的促进，美国在中东的军费超过 7000 亿美金；从现在开始，美国成为石油净出口第一大国（中国依旧是净进口第一大国），石油出口带来的收入既可以维护石油美元的全球地位，又可以缓解美国国债压力，还可以增加相关能源公司的收入缓解企业债压力，同时油价提振也会给美股信心。因此，从此开始，美国从军事上撤离中东压缩军事开支，但维护以色列（一方面是犹太与伊斯兰的对抗，另一方面是为了美国国内犹太人的选票，当然也许还有特朗普女婿库什叶家族在犹太人当中的斡旋），从经济上加大页岩油气开发出口占领市场份额增加收入，解决债务问题变向保护能源企业债务和美股，从政治上继续转移全世界的矛盾到亚洲。

我们以比特币为例（未来可能是类似的产品在竞争中替代比特币，没那么绝对，凡事都在不断变化），做一个大胆的假设：如果产油国选择用欧元、人民币部分替代美元作为贸易结算时，也使用了比特币会发生什么？

比特币的中期发展目标，是成为石油贸易的结算货币之一。

从产油国角度，天下苦美元久矣！美元的经济制裁和超发膨胀让他们成为直接受害者，最近可能要通过的NOPEC法案可能让所有OPEC成员国面临美国反托拉斯垄断的起诉，这也是美国在为自己的出口和定价权铺路。目前全球石油年贸易额在4000亿美金左右，比特币市值稍微小了点但前期够用了。使用比特币结算，首先依靠比特币去中心化安全特性突破的就是美元的封锁，同时比特币的全球流动性仅次于外汇市场但超过任何一种证券产品，可以快速方便的转换成各国法币用来交易也可以直接交易。至于价格波动不用那么担心，衍生品市场（期货与期权）的逐步完善可以解决。

更重要的是，遇到油气资源过剩的情况，可以直接发电通过挖矿的形式得到比特币，说不定还比卖掉赚得多。而且任何人和政权都无法直接干预。

从比特币的角度，使用价值是发展的大前提。黄金不是一开始就用做避险储值的，是先用做交易发现种种不利于交易的问题(参见《再论比特币：财富的区块理论和杠杆理论》）；美元也是先锚定黄金后来锚定石油才成为全球贸易载体的；不然为啥委内瑞拉的石油币没什么人用？为什么古玩和收藏的市场越来越小？这些产品的本质特性（总量有限，去中心化，易存储）其实跟比特币一模一样，但都逐步衰退。比特币渗透到石油贸易领域，既符合使用者的核心诉求，又能为自身创造更多的价值。

从能源的角度，竞争已经从工业上升到了计算产业。计算需求的快速增长带来能源需求的快速增长，未来产油国、产气国的问题是其他能源的替代品（比如电动汽车、可再生能源）的逐步出现，他们自己的出路在哪里。比特币挖矿只是计算产业对能源竞争的一个缩影，未来AI、5G等更多的计算需求的爆发才是高光时刻。

1.2 微观视角来观察

（1）与区块链同生共存

区块链的价值已为人类所共知，中共中央政治局为此发文件支持，美国国会多次听证；Facebook 与我国中央银行将发行基于区块链技术的数字币。

而 BTC 与区块链同生共存，互为表里，就如鸡与蛋的关系一样密不可分。

区块链在跨境结算、汇兑、供应链金融、保险、存证等等全方位社会各种生活场景的落地应用，必将大大夯实 BTC 的信用。事实上从 2013 年开始，德国、日本、韩国、加拿大等多个国家承认 BTC 的合法性，并已在全球分布有上万台 BTC 的自动提款 ATM 机。

（2）正在全面改造传统社会

BTC 及其带来的区块链正走向区块链+，正在全面改造我们所处的世界，仅就金融而言，它至少已带来了六大改变：

a）它首先带来了革命者梦寐以求的金融平权，即开户无须事先被审查被许可。

b）成本极高的中介（包括银行等金融机构）都可能被点对点的数学算法替代。

c）交易与清算同步完成，中心化的记账主体消失，传统的年终轧账消失。

d）存折存单等消失，私钥即权属证明。

e）交易边际成本趋零，国际汇兑等高成本、繁手续成为传统。

f）记账时间由传统金融的以日计，变为秒计。

更广义看，BTC 带来的数据与程序合二为一，可以说是人类自图灵机、冯诺依曼现代计算机以来的第三次计算革命。它正在带来的加密货币与法币之争，实际上就是市场与计划之争，数字时代与传统社会之争。

（3）数字时代之钥

人类正在进入万物互联的数字时代，所有通电设备甚至人体将来都可能有芯片，都可记录、存储、演算数据。

数据将成为最大的财富，我们的信誉、语言文字、声音、创造力、权力、偏好等等都可编程，都可数据化，从而为人类每一行为的价值量化、可测量化提供了依据。

而区块链则可为数字资产用一串字符组成的密钥确权并提供安全保险之锁。

资产不确权，如农村的小产权房，是没有多少价值的。

我们的语言曾经需要报刊杂志、电视广播、出版社通讯社的加持背书才能广泛传播，为大众所接受，而互联网、特别是移动互联的崛起，使传统媒体日益衰落，马斯克的脸书影响可能超过一个报业集团，川普的推特常常打脸美联社、路透社。

过去我们的资产是否有价值需要权威机构如工商局、房管局等认定、加持，而区块链则可以将我们的所有资产、所有场景，甚至我此时落笔写作时的表情数据化、资产化，如手机可以利用我们排队等一切碎片化时间一样，区块链也可以整合我们一切碎片化的数据，并确权。

同时，我们要自主掌握自己的数据资产，把自己的诸如病历、购物偏好、旅游及住酒店习惯等数据从医院从电商从携程收回，锁进自己的保险的数据黑匣子。在与制药公司谈好售价后，可以自主地向他解锁自己的病历、家族病史、基因图谱等。

这个数据黑匣子的保险之钥，也正是非对称加密的区块链。

（4）区块链实现了个人财富的完全独立自由、自主

为什么英国作为一个小岛，却导引人类率先诞生了现代工业文明和政治文明，因为英格兰早在 12 世纪就产生了真正意义上的个人财产权：即财产持有者，充分享有对自己财富的处理权。

英格兰人可以自主、自由地传递自己的财富，可赠给教会、可扶贫济困，可给一只狗一只猫，可给外姓人，而不一定非给自己的子女，就算给，也可以只给长子而不是其他孩子。他们不以家庭、家族为单位，不强调家庭共同拥有财富，而是完全的个人主义、个人自由。

而其他国家却不是这样的，他们的财产可能被家族束缚，要按照家庭的传承、风俗或族规、法律的规定，把财产平均或部分平均地分给子女或继承人，而不能由财产持有者自主处置。

所以英国小说中，经常看到异乡打工自谋生路的年轻人，突然意外从远房亲戚处收到了一笔财产。

这感觉仿佛是父母不关心有血缘关系的直系亲属，道德有所缺失等等，实际上却有利于社会发展，包括迫使年轻人自主创业，特别是明晰了个人财产的独立自主权，有利于个人价值，实际上是个体生命光芒的彰显。

而现实中个人财产往往是局限的，比如进出海关有携带黄金、货币的数量规定，更有甚者如唱红打黑、查封身家，可以让你一夜赤贫。

滥发的钞票也可能偷偷地盗走你的财富，即使相对稳定、政府超发的狂欲受联储控制的美元，现在的购买力也只有 100 年前的 5%不到。

但云端加密的 BTC 却可以让你个人的财富自主权在地球、乃至在人类将来可能涉足的外星（Exoplanet）中得到充分保证，法院、警察、离婚、边检都不可能强制拿走你的财产，也不可能通胀缩水。

在如何对待私有财产权的问题上，我们还有一个根深蒂固的错误：认为财产权是个经济学问题，最多算半个政治学问题，实质上，财产权是最重要的政治哲学，财产权是自由的先导。

经济学大师米塞斯将自由的定义浓缩为一个词：私有财产，而经济学家霍普在《私有财产的经济学与伦理学》中则“匪夷所思”的指出，不是因为财产权能够保障我们的自由和幸福才重要，而是因为私有财产本身就是公理，这一公理是一切认知的起点，而非工具。

（5）数字时代的高流动性

封闭型农耕社会的最大特点即缺乏流动性。交通、信息不畅导致各种割据，1992 年我在海南岛时，听说小小的岛竟有三四十种方言，甚至同一个县的人，隔一座山就听不懂对方的话。

我国哪怕 14 亿人使用同一文字，但前互联网时代，信息交流也并不便捷，需要报刊杂志、广播电视、各级文件、书号通稿等背书，基本上是树状结构，比如从《人民日报》→《宁夏日报》→《银川日报》，或者从省军级→地师级→县团级，从党内→党外，等等。

互联网，特别是移动互联网兴起后，人类的信息交流从树状变成了网络状，有些个人网红、大咖的粉丝甚至上千万，远多过可能有数百亿固定资产的报业集团，比如《重庆晨报》最鼎盛时期七十万份的发行量。

正在到来的 5G、6G 乃至更高维数字时代，将使我们的每个通电设备包括人体都植入芯片，都可记录、存储、联网、分类、计算每一微小的碎片化的数据变动。

万物、万象都将数据化，同时经区块链确权的数据又在全球，包括将来人类外星殖民地的每个角落、365 天 24 小时全天候的可流动可交易，打破现在由国界，由美股、A 股、港股、集邮市场、古玩市场、农贸市场等等各自分割、划地为牢的僵局。

那将是一个多么青春美丽的排山倒海、雷霆万钧、风云际会、气象万千的磅礴之态啊。

（6）BTC 的市值

到 2140 年，BTC 可以全部挖出，共计 2100 万枚，现在已经挖出的约 1800 万枚，据分析大致有 400 万枚因忘记秘钥而永久丢失。鉴于不可能通过硬分叉来恢复丢失的 BTC，这 400 万枚实际上已无法找回。

2017 年底 BTC 最高达 2 万美元，去年 6 月最高 1.36 万美金，最近由于冠状病毒与油价狂跌的双杀效应，从二十天前的 1 万多美金暴跌至 3 月 13 日的 3800 美金，创 6 年来最大跌幅，致加杠杆抵押贷款的 10 万人爆仓，BTC 全网爆仓总金额达 29.3 亿美元。

但新加坡交易商 Exoplanet Capital 的 CEO Kevin 表示，“市场低迷并未削弱公众购买加密货币的热情，很多人已经将近期的下跌视为购买的机会。”“3 月 13 日急跌以来，冒出了超出正常两到三倍的买单。”

按 2020 年 3 月 20 日每枚 5400 美元的价格，1400 万枚的总市值是 760 亿美元，还不敌星巴克。

传统产业最大的公司沃尔玛、壳牌石油、中国工商银行等市值最高也就千亿美元级。目前超过万亿美金市值的公司有苹果、亚马逊、微软、谷歌这四家互联网企业。将来超十万亿美元的项目，在我看来，非开启万物互联的数字时代的 BTC 莫属。

BTC 的哈希算力已达全球砂粒的数十倍，其通缩的特质及算力的壁垒所捍卫的数学共识导致了其不可磨灭的稀缺性，加上其在全球乃至外星的安全性、高流动性，从一个较长的时段（比如五年十年）看，如果此物不是有价值的避险资产，何物敢称雄？

2. 二级市场现状

2020 年是区块链的关键之年，从国家对区块链的重视，到列入新基建范围，区块链成为数字时代的基石，也是我们未来发展的趋势。

区块链发展至今，市场普遍认为比特币给我们带来了区块链 1.0 时代，不过最初却只有币没有链。以太坊是区块链 2.0 时代，首次引入了智能合约，并在发行数字货币的基础上扩大了区块链的应用。很多人都期待着区块链 3.0 时代的到来，认为这必将是一种完全去中心化的互联网时代。期间也出现了被称为区块链 3.0 的 EOS，但是，EOS 的发展却并不尽人意。而 2020 年 8 月中下旬上线的 Filecoin，运用区块链技术作底层技术，基于去中心化思维构建的交易货币，必将实现区块链 3.0 时代。

2019 年 12 月 20 日，根据标准共识情绪指数反映，目前市场情绪稳定，最新指数为 0.78，市场处于震荡下跌阶段，成交量方面持续增长，市场多空情况开始产生分歧。同时根据比特币占总市值比例图，比特币市值占比较大程度上涨，同比上涨 1.61%，比特币市值占比已低于 70%，但仍大于 65% 处于市场控制地位；而其他币种市值占比无明显变化，仅同比下降

0.04%。BTC 仍处于市场的统治地位，BTC 的涨跌仍将持续影响市场走势。

3. 一级市场现状

目前加密货币市场，与传统股票市场有很多相似之处，也有一级市场和二级市场。在一级市场中，股市有 IPO，币圈有 ICO；在二级市场中，股市有订单驱动的证券交易所，币圈则有数字货币交易所；股市有报价驱动的场外 OTC，币圈也同样有数字货币场外 OTC；此外，币圈还在衍生品、固定收益等金融产品形态上不断探索并由此诞生了比特币合约交易及 Staking 质押生息。

3.1 一级市场发行机制

加密货币的一级市场可以定义为：发行人首次向投资者发行新的加密资产，投资者直接从发行地购买。

有些文章简单粗暴的与股票 IPO 相提并论：将加密货币的一级市场定义为 ICO，但这是有失偏颇的。因为在股票 IPO 过程中是没有矿工的，也不需要矿工来保障股票的成功发行。而对于加密货币，则必须在某个时间点启动，其发行机制决定了 Token 基础。因此在 ICO 之前，挖矿也应被认为是一级市场的投资行为。

3.2 一级市场的资产发行机制

随着加密货币行业的发展，一级市场的发行机制在过去十年中发生了巨大变化，并在发行人和投资者之间引入了更加公平的互动。截至到目前（2019 年 10 月），我们可以将一级市场的资产发行机制划分为以下 7 种类型：

（1）PoW 挖矿：投入资源开采原始资产

（2）分叉资产：基于原始网络分叉发行

（3）非公开的 DLT：基于分布式账本技术发行

（4）ICO：首次代币发行

（5）STO：证券化代币发行

（6）改进的 ICO：更公平的 ICO 发行

（7）连续发售：与 ICO 单轮销售相对

第四节 数字货币信托

1.灰度基金

1.1 灰度基金的情况

灰度基金成立于 2013 年，属于数字货币投资集团 DGC(Digital Currency Group)的分支机构。目前已经有包括 BTC、ETH、ETC 等多支主流数字资产信托基金，其中，基金市值规模最大的要数比特币信托基金 GBTC。

据灰度基金 2020 年第一季度报告显示，其比特币信托基金的用户中，88%为机构投资者。灰度目前持有的 37.11 万比特币，占当前比特币全网流通总量近 2%，按近期市价平均值约 9300 美元计算，其持仓价值已达 34.51 亿美元。该基金已经在美国合规证券交易市场上市。

每个季度，GBTC 基金都会在一级市场上对合格投资者和机构用户开放私募，最低入金门槛为 5 万美元，以法币或 BTC 入金均可，锁仓期为 6 个月。根据灰度官网(Grayscale.co)的年度财务报表显示，GBTC 在 2017 年、2018 年和 2019 年连续三年分别买入了 7213 枚、32281 枚和 61555 枚 BTC，其中也在这三年分别卖出了 3469 个、3843 个和 4641 个比特币。这三年里，比特币价格从 780 美元上涨至 9500 美元。灰度基金的收入源于每年 2%的基金管理费。仅靠 GBTC 信托基金一个产品，灰度信托一年可赚取约 6000BTC 的纯利润，价值约 5700 万美元。

1.2 灰度主力产品 GBTC

GBTC 是当前全球唯一可以在美股二级市场交易以数字资产为标的的信托投资品。投资者可以在 OTCMarkets 上购买该基金，而 OTCMarkets 是美国知名的股票证券交易市场。当投资者买入 GBTC 时，相当于买入了灰度信托持仓 BTC 中的对应份额。灰度基金可以视为合规的数字资产交易渠道。

根据灰度官网(Grayscale.co)提供的数据显示，当前一股 GBTC 相当于 0.001 枚 BTC 的价值。GBTC 一直都存在溢价情况，以 2020 年 6 月 26 日数据为例，1 份基金价值 9.7 美元，同期与基金份额等值的比特币价值 9.1 美元，溢价率为 6.5%。

从历史看，灰度基金产品溢价的情况一直存在(绿色线为信托股价，黑色线为每股对应比特币价值)。2020 年 6 月 17 日，同一单位下，GBTC 价格比全球比特币现货价格高出了 16%。

如此高昂的溢价，在一级市场必然会吸引大量的机构投资者参与套利交易，套利路径也很清晰。机构投资者从 BTC 借贷平台借入 BTC，置换同等净值的 GBTC 并锁仓 6 个月。解锁后，投资者在 OTCMarkets 市场上售出 GBTC 份额。由于 GBTC 价格高于 BTC 现货价格，肯定会获得一定受益。投资者需再使用美元买进数字资产将本金偿还给借贷方，并支付 BTC 放贷方一定的利息。

1.3 GBTC 存在对比特币价格有怎样的影响

今年上半年其实也有灰度机构持仓到期的情况，但是当时并没有出现所谓砸盘的情况。事实上，高溢价一直存在，这种套利的游戏并非目前才有，但是这样的套利并非机构用户一厢情愿的如意算盘，那就是数字资产市场的价格需要持续地保持稳健。

变相地看，六个月的锁仓期其实已经在一级市场募集的过程产生了期权的效应，而这个期权的成本比一般期权都来得要大。对于机构来说，币价越涨，在灰度基金中的锁仓就越安全，而如果锁仓期到期，其即使做出抛售的动作，首先消耗的是二级市场的溢价，对币价本身导致的影响并不会那么大。所以可以大致判断，灰度持仓导致的溢价虽然对市场埋下了一定风险，但这并非是系统性风险。

2. 数字稳定币

以法币背书的数字稳定币，一旦被纳入监管，则具备了国家信用，成为一种“法定数字货币”。同时，拥有稳定币的传统法币，也间接实现了“数字化”。数字稳定币在中短期内可能对中央银行数字货币产生替代作用，但长期看，中央银行数字货币仍具不可替代性。

Facebook 宣布发行数字稳定币 Libra，在全球引起了巨大反响。以往不为人熟知的数字稳定币，一时间成为热点话题。事实上，数字稳定币的出现，是数字货币领域重大的应用创新。通过承诺与法定货币实现 1:1 的兑换，私人机构发行的数字稳定币在信用上得到了法定货币的背书，使自身获得了稳定的价值锚。数字稳定币与中央银行数字货币，有可能在当前及未来形成替代、竞争与合作的关系，从而对世界各国金融体系产生重要影响。我国政府应鼓励民营企业研发数字稳定币，积极参与国际货币竞争。

2.1 数字稳定币的兴起与发展

数字稳定币最早出现于 2014 年 7 月，即由全球最大的加密货币交易平台之一 Bitfinex 组建的 Tether 公司发行的泰达币（USDT）。此后，各种稳定币陆续问世，如：TrustToken 公司开发的 TUSD，IBM 和美国金融服务公司 Stronghold 合作推出的 Stronghold USD，日本三菱 UFJ 金融集团推出挂钩日元的 MUFG Coin，等等。

从 2018 年下半年至今，在数字稳定币领域出现了几个重要事件，对稳定币的发展起到了关键性的推动作用。

2018 年 9 月，纽约金融服务局（NYDFS）同时批准了两种基于以太坊 ERC20 发行的数字美元稳定币，分别是由 Gemini 公司发行的 Gemini Dollar 与 Paxos 公司发行的 Paxos Standard。这两家私人企业需要按照 1:1 的兑换价往托管银行账户存入美元，同时还需要满足纽约州的反洗钱等监管标准，并履行化解风险的流程。这一举动表明美国官方已经对数字美元稳定币持认可态度并将其纳入监管体系，从而显著提升了市场对于数字美元稳定币的信心。

2019年2月，美国金融巨头摩根大通宣布已经完成开发并测试数字货币JPM Coin。JPM Coin同样承诺与美元1:1兑换，虽然现阶段仅用于实现机构客户之间的即时转账结算，但是不排除未来向个人用户提供服务。2019年3月，IBM在新加坡的亚洲金融科技论坛上与Stellar联合宣布，六家国际银行已经签署了一份意向书，在IBM打造的区块链支付网络"Blockchain World Wire"（BWW）上发行由本国法定货币支持的稳定币，其中包括巴西的Bradesco银行，韩国的釜山银行和菲律宾的Rizal商业银行公司。剩下尚未公开的三家银行将发行由欧元和印尼盾支持的稳定币。BWW目前支持超过47种货币在72个国家/地区进行支付，它通过搭建基于数字稳定币的全球跨境支付公共平台，摆脱了传统的银行跨境结算系统。

2019年6月18日，Facebook发布白皮书，宣称将要推出锚定一篮子货币的数字稳定币Libra。Facebook用户还可以使用Libra用于支付、购物、偿还信用卡等服务。如果这些功能得以实现，Facebook实际上将转型为在全球跨境支付领域最具影响力的大型跨国金融机构。当然，Facebook将要面临巨大的国内外监管挑战。从国际层面来看，基于一篮子货币的Libra，有可能对欠发达国家产生货币替代，即：这些国家的居民可能会争相把币值不够稳定的本国货币换成币值较为稳定的Libra，从而威胁这些国家的货币主权。因此，欠发达国家的政府有可能不允许Libra进入本国，或者会对Libra进行十分严格的监管，包括采取资本管制。

2.2 与中央银行数字货币的替代、竞争与合作

与数字稳定币的快速发展形成鲜明对比的是，中央银行数字货币的发展速度却是低于人们早先的预期。

2018年国际清算银行明确地表达了对于发行中央银行数字货币的保守态度。该行《2018年年度经济报告》认为，中央银行数字货币将带来金融脆弱性，而效益不太明显。该报告进一步指出，包括加拿大央行、欧央行、日本央行和新加坡金融管理局都进行了批发式中央银行数字货币的试验，结果表明，"在初始阶段，每项实验都大大成功地复制了现有的高价值支付系统，但是结果并不明显优于现有的基础设施”。2018 年 9 月，欧央行行长马里奥·德拉吉向欧洲议会宣布，他们没有计划发行数字货币。与此同时，欧央行行政部门表示，在考虑发行中央银行数字货币之前，要对其进行彻底的测试，并需要继续发展分布式账本技术。日本央行副行长雨宫正佳在 2018 年 4 月和 10 月两次公开表示，由于中央银行数字货币对现有金融体系可能产生冲击，且无法解决零利率下限问题（因为日本不能取消现金），日本央行不会在近期发行中央银行数字货币。可以预见，近期世界主要发达经济体发行中央银行数字货币的可能性较低。

在这种情况下，全球法定数字货币的试验与推广，有可能从中央银行数字货币转向数字稳定币。以法币背书的数字稳定币，一旦被政府纳入监管，则具备了真正的国家信用，将成为一种“法定数字货币”。同时，拥有稳定币的传统法币，也间接实现了“数字化”。数字稳定币和传统法币的相互支撑，或将在近期内主导全球数字货币的发展。换言之，数字稳定币在中短期内可能对中央银行数字货币产生替代作用。

长期来看，中央银行数字货币仍然具有不可替代的价值。作为央行直接发行的法定数字货币，它完全在央行的掌控之下，央行可以直接、高效地控制数字货币的发行量，提升货币政策执行效力。因此，我们认为，在长期中，当央行对于数字稳定币的监管和运行积累了足够的经验，并对分布式账本技术有了更为清晰深入的理解之后，还是有动机发行中央银行数字货币的。到那时，同被作为法定数字货币的数字稳定币和中央银行数字货币，将形成积极的竞争—合作关系。央行和市场机构发行的法定数字货币，将在全球市场上形成竞争，谁的技术平台先进，谁提供的服务质量高，谁的审慎监管到位，谁的数字货币就能够赢得更多的市场青睐。可以想见，央行的权威地位和最后贷款人职能，至少可以保证中央银行数字货币在审慎监管方面优于市场机构发行的数字稳定币，因此中央银行数字货币可以与数字稳定币形成有效的错位竞争，共同为市场提供差异化的优质金融服务，也许这就是哈耶克“自由银行制度”的现实版吧。

2.3 IDC发行ABS

2020年7月，远洋集团联合远洋资本、云泰数通于上海证券交易所成功发行远洋-中金-云泰数通一号第1-10期IDC新型基础设施收益权资产支持专项计划（下称“IDC新型基础设施ABS”）。

此次IDC新型基础设施ABS，项目储架规模为32亿元人民币，首期产品规模11.06亿元人民币，产品期限最长为9年。远洋资本成功把握最佳发行窗口，顺利实现首期产品低成本发行，其中优先级 01 档利率低至3.50%、各档加权平均票面利率为4.03%。其基础资产为远洋资本投资企业云泰数通的IDC服务收费收益权，本期项目原始权益人为云泰数通，计划管理人为中国国际金融股份有限公司（“中金公司”），中诚信评级为AAA级。

成功发行全国首单以IDC新型基础设施收费收益权为基础资产的ABS，这意味着远洋资本在 IDC 新型基础设施资产证券化领域实现了历史性突破。

REITs自20世纪六十年代在美国诞生后，经过50多年的发展，目前已成为除股票、债券、现金之外的第四大类资产，具有分红比例高、参与门槛低、流动性强的特点，是中小投资者间接参与房地产投资的良好途径，日渐成为资产配置的新蓝海，得到国际市场的认可。

自改革开放以来，经过40多年的快速发展，我国的基础设施建设、房地产开发已进入存量时期，上万亿资产急需盘活，我国公募REITs迎来发展先机。

2020年4月30日，中国证监会、国家发改委联合发布《关于推进基础设施领域不动产投资信托基金（REITs）试点相关工作的通知》以及《公开募集基础设施证券投资基金指引（试行）（征求意见稿）》，首次对公募REITs的参与主体履职安排、产品注册、投资范围、份额发售和信息披露等重要方面进行了规范，标志着我国公募REITs试点正式启航。未来，公募REITs将成为我国金融产品创新的重要发展方向。

第二章 金融X能源

第一节 电力多边交易

电力多边交易是指交易电价在多边交易模式中不仅存在 Pool 市场或PX 机构，电力多边交易并且考虑了经纪人(Bro-ker),零售商(Retailer)等市场中间环节,它是在双边交易模式的基础仁发展起来的一种更为广泛的、基于分布式协调的市场模式，电力多边交易可以看做是双边交易模式和Poo 工模式的组合，电力多边交易它是由经纪人安排，有两方以上参与者达成合同的交易.

当在多边交易模式中完全不存在 Pool 市场或 PX 机构时，电力多边交易由 SC 负责能量市场的管理。ISO 的功能仅限于维护运行和监测系统安全，在系统安全不受到威胁的情况下并不干涉能徽市场的结算.因此，多边市场上的经济性和安全性是分开决策的，电力多边交易发电公司和配电公司或大用户按照经济性原则制定供需计划 I.SO 负责系统的安全决策，传统的集中调度功能被设计到信息结构之中。

多边市场的特点是竞争更加自由、充分，电力多边交易能为市场参与者带来新的商机，它作为双边交易的高级形式，电力多边交易从理论上讲是比较完美的，但只适用于充分竞争的市场环境、

电力多边交易，主要参与主体为发电、电网和用户三方，旨在发电企业间形成竞价机制，打破价格壁垒，促进发电企业加强内部管理，通过创

新产业模式，降低发电成本，提高发电效率等方式直接降低用户用电价格，进而降低工业产品成本，激发工业企业活力。

电力多边交易市场相对以往发电企业“电量全部上网，由供电企业进行销售”的模式有了很大的改变。如今，发电企业可以自行寻找市场用户，同用电企业签署用电合同，并通过电力交易中心平台完成电量交易，发电量更具灵活性和挑战性。

第二节 合同能源管理

合同能源管理（EPC——Energy Performance Contracting）：节能服务公司与用能单位以契约形式约定节能项目的节能目标，节能服务公司为实现节能目标向用能单位提供必要的服务，用能单位以节能效益支付节能服务公司的投入及其合理利润的节能服务机制。其实质就是以减少的能源费用来支付节能项目全部成本的节能业务方式。这种节能投资方式允许客户用未来的节能收益为工厂和设备升级，以降低运行成本；或者节能服务公司以承诺节能项目的节能效益、或承包整体能源费用的方式为客户提供节能服务。合同能源管理的国家标准是GB/T24915-2010《合同能源管理技术规范》，国家支持和鼓励节能服务公司以合同能源管理机制开展节能服务，享受财政奖励、营业税免征、增值税免征和企业所得税免三减三优惠政策。

1. 商务模式

1.1 节能效益分享型

在项目期内用户和节能服务公司双方分享节能效益的合同类型。节能改造工程的投入按照节能服务公司与用户的约定共同承担或由节能服务公司单独承担。项目建设施工完成后，经双方共同确认节能量后，双方按合同约定比例分享节能效益。项目合同结束后，节能设备所有权无偿移交给用户，以后所产生的节能收益全归用户。节能效益分享型是我国政府大力支持的模式类型。

1.2 能源费用托管型

用户委托节能服务公司出资进行能源系统的节能改造和运行管理，并按照双方约定将该能源系统的能源费用交节能服务公司管理，系统节约的能源费用归节能服务公司的合同类型。项目合同结束后，节能公司改造的节能设备无偿移交给用户使用，以后所产生的节能收益全归用户。

1.3 节能量保证型

用户投资，节能服务公司向用户提供节能服务并承诺保证项目节能效益的合同类型。项目实施完毕，经双方确认达到承诺的节能效益，用户一次性或分次向节能服务公司支付服务费，如达不到承诺的节能效益，差额部分由节能服务公司承担。

注：节能量保证型合同适用于实施周期短，能够快速支付节能效益的节能项目，合同中一般会约定固定的节能量价格。

1.4 融资租赁型

融资公司投资购买节能服务公司的节能设备和服务，并租赁给用户使用，根据协议定期向用户收取租赁费用。节能服务公司负责对用户的能源系统进行改造，并在合同期内对节能量进行测量验证，担保节能效果。项目合同结束后，节能设备由融资公司无偿移交给用户使用，以后所产生的节能收益全归用户。

1.5 混合型

由以上 4 种基本类型的任意组合形成的合同类型。

目前只有节能效益分享型合同可以申请国家合同能源管理财政奖励和税收优惠，应当依据《合同能源管理技术通则》附件提供的参考合同签订节能效益分享型的节能服务合同。

2. 起源

20 世纪 70 年代中期以来，一种基于市场的、全新的节能新机制——“合同能源管理”(简称 EPC)在市场经济国家中逐步发展起来，而基于这种节能新机制运作的专业化的“节能服务公司”（在国外称 ESCO，在国内简称 EMCo）的发展十分迅速，尤其是在美国、加拿大，合同能源管理已发展成为一新兴的节能产业。合同能源管理机制的实质是一种以减少的能源费用来支付节能项目全部成本的节能投资方式。这样一种节能投资方式允许用户使用未来的节能收益为工厂和设备升级，以及降低运行成本。

3. 业务流程

3.1 与用能单位接触

节能服务公司与用能单位进行初步接触，了解用能单位的经营现状和用能系统运行情况。向用能单位介绍本公司的基本情况、节能技术解决方案、业务运作模式及可给用能单位带来的效益等。向用能单位指出系统具有节能潜力，解释合同能源管理模式的有关问题，初步确定改造意向。

3.2 节能诊断

针对用户的具体情况，对各种耗能设备和环节进行能耗评价，测定企业当前能耗水平，通过对能耗水平的测定。此阶段 ESCO 为用户提供服务的起点，由公司的专业人员对用户的能源状况进行测算，对所提出的节能改造的措施进行评估，并将结果与客户进行沟通。

3.3 改造方案设计

在节能诊断的基础上，由公司向用户提供节能改造方案的设计，这种方案不同于单个设备的置换、节能产品和技术的推销，其中包括项目实施方案和改造后节能效益的分析及预测，使用户做到“心中有数”，以充分了解节能改造的效果。

3.4 谈判与签署

在节能诊断和改造方案设计的基础上，ESCO 与客户进行节能服务合同的谈判。在通常情况下，由于 ESCO 为项目承担了大部分风险，因此在合同期（一般为 3 至 10 年左右）ESCO 分享项目的大部分的经济效益，小部分的经济效益留给用户。待合同期满，ESCO 不再和用户分享经济效益，所有经济效益全部归用户。

3.5 项目投资

合同签订后，进入了节能改造项目的实际实施阶段。由于接受的是合同能源管理的节能服务新机制，用户在改造项目的实施过程中，不需要任何投资，公司根据项目设计负责原材料和设备的采购，其费用由 ESCO 支付。

3.6 全过程服务

合同签署后，节能服务公司提供项目设计、项目融资、原材料和设备采购、施工安装和调试、运行保养和维护、节能量测量与验证、人员培训、节能效果保证等全过程服务。

3.7 培训

在完成设备安装和调试后即进入试运行阶段，ESCO 还将负责培训用户的相关人员，以确保能够正确操作及保养、维护改造中所提供的先进的节能设备和系统。在合同期内，设备或系统的维修由 ESCO 负责，并承担有关的费用。

3.8 能耗基准、节能量监测

改造工程完工前后，ESCO 与用户共同按照合同约定的测试、验证方案对项目能耗基准和节能量、节能率等相关指标进行实际监测，有必要时可委托第三方机构完成节能量确认。节能量作为双方效益分享的主要依据。

3.9 效益分享

由于对项目的全部投入（包括节能诊断、设计、原材料和设备的采购、土建、设备的安装与调试、培训和系统维护运行等）都是由 ESCO 提供的，因此在项目的合同期内，ESCO 对整个项目拥有所有权。用户将节能效益中应由 ESCO 分享的部分按月或季支付给 ESCO。在根据合同所规定的费用全部支付完毕以后，ESCO 把项目交给用户，用户即拥有项目的所有权。

4. 项目优势

1）用能单位不需要承担节能项目实施的资金、技术风险，并在项目实施降低用能成本的同时，获得实施节能带来的收益和获取 ESCO 提供的设备。

2）节能效率高，EPC 项目的节能率一般在 5%—40%，甚至可超过 50%。

3）改善客户现金流，客户借助 ESCO 实施节能服务，可以改善现金流量，把有限的资金投资在其他更优先的投资领域。

4）使客户管理更科学，客户借助 EPC 实施节能服务，可以获得专业节能资讯和能源管理经验，提升管理人员素质，促进内部管理科学化。

5）提升客户竞争力，客户实施节能改进后，减少了用能成本支出，提高了产品竞争力。同时还因为节约了能源，改善了环境品质，建立了绿色企业形象，从而增强市场竞争优势。

6）节能更专业，由于 ESCO 是全面负责能源管理的专业化“节能服务公司”，所以能够比一般技术机构提供更专业、更系统的节能技术和解决方案。

7）节能有保证，ESCO 可向用户承诺节能量，保证客户可以在项目实施后即刻实现能源利用成本下降。

8）投资回收短，EPC 项目投资额较大，但投资回收期短。从已经实施的项目来看，投资回收期平均为 1-3 年。

9）市场机制及双赢结果，ESCO 为客户承担了节能项目的风险，在客户见到节能效益后，才与客户一起分享节能成果，而取得双赢的效果。

附录 参考文献

1.汤艳君主编．常见操作系统分析：群众出版社，2008.07：第 2 页

2.王化文，胡岚，李燕主编;陈奇，王智超，温静副主编.WINDOWS SERVER 2008 网络构建与系统管理：武汉大学出版社，2011.09：第 2 页

3.杜根远，张火林编著．信息技术概论：武汉大学出版社，2015.09：第 44 页

4.张伟，高清华，宋远行主编；郭玮莉，孙桂萍，祝培培，尹光辉，孙国菊，谢聪副主编．网站开发实训教程 第 2 版：东软电子出版社，2013.07：第 288 页

5.陈洪，李娜，王新蕊，郭鑫．数字媒体技术概论：北京邮电大学出版社，2015.08：第 147 页

6.孙弋，李贵民，王树奇．Android 微博应用开发实践：西安电子科技大学出版社，2014.04：第 2 页

7.Discover Android. Android 官网

8.辰光，互联网作者.Android 操作系统发展史：电子发烧友网，2012 年 2 月 2 日

9.刘振洪、吴敏凤．Linux 操作系统实用教程．天津：天津科学技术出版社，2016：4-20

10.穆长春：DCEP 以广义账户体系为基础，不会冲击现有移动支付格局．中国电子银行网．2020-06-12

11. 张晓云，蔡俊辉.：图形加速技术的发展. 绵阳职业技术学院. 四川绵阳 621000

12. 杨丽娟. 浅析如何利用内容发布网络技术为网站加速.《广东通信技术》,2004 年 S1 期

13. 张崇唐:中央处理器集中处理与控制技术探究,电脑迷,2018,(4)

14. 魏强,李锡星,武泽慧,曹琰. X86 中央处理器安全问题综述. 通信学报. 2018,39(z2)

15. 杨喜权主编. 数字逻辑电路：电子科技大学出版社，2004 年 11 月第 1 版：第 150 页

16. 田雨晨 .FPGA 芯片设计及其应用[J]. 数字通信世界,2019,(4):228. DOI:10.3969/J. ISSN. 1672-7274. 2019. 04. 187.

17. 舟丹. 区块链的发展阶段[J]. 中外能源,2019(12)

18. 王玮. 区块链的意义与数字货币应用中的难点思考[J]. 财富时代,2019(11)

19. 何立民. 从互联网演化进程看区块链[J]. 单片机与嵌入式系统应用,2019(12)

20. 莫开伟. 区块链将带来巨大的投资机会[J]. 理财,2019(12)

21. 余丰慧. 区块链不能乱用[J]. 理财,2019(12)

22. 吴桐,李铭. 区块链金融监管与治理新维度[J]. 吴桐,李铭. 财经科学,2019(11)

23. 张国云. 区块链，未来已来[J]. 杭州金融研修学院学报,2019(12)

24. 冯岗. 区块链问题需引起重视[J]. 上海人大月刊,2019(12)

25. 何支军. 区块链三大瓶颈如何突破？[J]. 上海人大月刊,2019(12)

26. 陈浩. 区块链创业与资本环境[J]. 财富时代,2019(12)

27. 王跃峰. 德国新能源发电发展和运行研究[J]. 中国电力,2020(05)

28. 王志强. 新能源发电特性与经济性分析研究[J]. 中国新通

信,2016(23)

29. 1-7 月份新能源发电量比重提高 太阳能同比增长 27.5%[J]. 电源世界,2016(09)

30. 刘志刚,刘冠池. 加快我国新能源发展的几点建议[J]. 能源,2016(12)

31. 冯喜. 探讨国内新能源发电发展思路[J]. 现代工业经济和信息化,2016(15)

32. 徐振虎. 新电改对新能源发电项目带来的机遇和挑战[J]. 科技创新导报,2019(25)

33. 向志平. 浅析新能源发电企业全面预算管理[J]. 时代经贸,2019(34)

34. 许伟. 新能源发电企业的税务风险及防范措施研究[J]. 财会学习,2020(09)

35. 陈磊. 新能源发电项目工程建设及其控制策略[J]. 住宅与房地产,2020(03)

36. 杨卧龙. 国外新能源发电技术开发及应用的方式对我国的启迪分析[J]. 中国设备工程,2020(13)

37. 钱源源,李桂来. 2020 年影响黄金市场的五大因素(上)[N]. 中国黄金报,2019-12-24 (006)

38. 钱源源,李桂来. 2020 年影响黄金市场的五大因素(下)[N]. 中国黄金报,2019-12-31 (006)

39. 王亚宏. 日美俄加 2019 年黄金市场同样强劲[N]. 中国黄金报,2020-01-21 (005)

40. 钱源源,李桂来. 2020 年中美关系展望及对黄金市场影响分析[N]. 中国黄金报,2020-01-21 (006)

41. 毕雁飞. 防范黄金市场违规风险不能松懈[N]. 中国黄金

报,2020-02-07 (005)

42. 毕雁飞. 我国黄金市场已然更加成熟[N]. 中国黄金报,2020-02-25 (005)

43. 蒋舒. 疫情对黄金市场的冲击有所减弱[N]. 中国黄金报,2020-05-12 (006)

44. 姚长志. 全国两会后，黄金市场的发展有哪些期许？[N]. 中国黄金报,2020-05-26 (005)

45. 梁永慧. 从衍生品市场活跃度看我国黄金市场的发展[N]. 期货日报,2020-07-06 (003)

46. 蒋舒. 黄金市场的上半年和下半年[N]. 中国黄金报,2020-07-07 (006)